U0953873

乡村产业空间发展丛书

乡村全域旅游发展与规划实践

潘 悦 丁陵生 著

中国建材工业出版社

图书在版编目（CIP）数据

乡村全域旅游发展与规划实践/潘悦，丁陵生著. --北京：中国建材工业出版社，2022.9

（乡村产业空间发展丛书）

ISBN 978-7-5160-3585-6

Ⅰ.①乡… Ⅱ.①潘… ②丁… Ⅲ.①乡村旅游—旅游业发展—研究—中国 ②乡村旅游—旅游规划—研究—中国 ③乡村规划—研究—中国 Ⅳ.①F592.3 ②TU982.29

中国版本图书馆 CIP 数据核字（2022）第 183560 号

乡村全域旅游发展与规划实践

Xiangcun Quanyu Lüyou Fazhan yu Guihua Shijian

潘 悦 丁陵生 著

出版发行：中国建材工业出版社

地　　址：北京市海淀区三里河路 11 号

邮　　编：100831

经　　销：全国各地新华书店

印　　刷：北京印刷集团有限责任公司

开　　本：787mm×1092mm 1/16

印　　张：11

字　　数：230 千字

版　　次：2022 年 9 月第 1 版

印　　次：2022 年 9 月第 1 次

定　　价：69.80 元

本社网址：www.jccbs.com，微信公众号：zgjcgycbs

前　言

在党中央和国务院的高度重视下，全域旅游上升到国家发展战略的高度。2016年7月，习近平总书记在宁夏视察时指出“发展全域旅游，路子是对的，要坚持走下去”。2017年，李克强总理在政府工作报告中提出“大力发展全域旅游”。2018年，国务院办公厅发布了《国务院办公厅关于促进全域旅游发展的指导意见》（国办发〔2018〕15号），意见指出，旅游是发展经济、增加就业和满足人民日益增长的美好生活需要的有效手段，旅游业是提高人民生活水平的重要产业。

传统旅游局限于“景点旅游”模式，而对接乡村振兴战略布局，推广全域旅游，发现系统研究旅游产品空间单元布局特征与组合模式、全域旅游差异化发展战略及其空间组织模式的相关文章甚少。而进一步聚焦县（镇）空间单元，跨学科梳通全域旅游规划逻辑、全面突破全域旅游规划的技术难题，以产品空间单元划分和发展战略矩阵为核心突破口，助力资源要素向全域空间构成要素转化，推进空间统筹、多业融合的相关研究尚属空白领域。近年来，旅游经济学、乡村人居环境学等学科领域有关全域旅游推进乡村振兴的研究日益增多，在方向和内容上侧重于由顶层设计到布局谋篇的递进关系，为本书提供了扎实的理论基础。

全域旅游助推县（镇）闲置旅游资源的盘活与新兴旅游资源的创新，为乡村振兴提供了资本储备，助推了全域空间统筹和产业融合发展。本书着重研究我国县（镇）空间单元的乡村资源、旅游产品、战略选择、空间布局、系统配套等内容，从理论指导、逻辑梳理、技术支撑和实践验证四个方面展开研究，疏通了全域旅游发展的一体化路径。具体而言，本书全面疏通从资源认知、产品转换到产品类型归纳的逻辑路径，划定“旅游产品空间单元（景区节点）”，指导县（镇）单元分类、分区差异化制定全域旅游发展战略。将我国典型地域近20个县（镇）单元和其他的经典案例作为样本，基于GIS的空间分析技术，实现旅游资源的全面清点，结合文献研究与归纳总结，实现旅游资源到旅游产品的转化与分类打造。根据旅游产品的集群特征和空间布局偏好，识别不同“旅游产品空间单元（景区节点）”，在此基础上，以地形分异和市场区位分别作为县（镇）单元宏观分类、旅游区位微观分区标准，指导县（镇）全域旅游发展战略的制定，并在实践案例中进行验证。

本书以战略理论推导多情景模拟下的我国县（镇）单元全域旅游空间组织模式，实现全域旅游“资源-产品-空间-布局”的全面统筹，创新性地提出县（镇）单元地形分异与市场区位耦合效应下的全域旅游战略选择矩阵，综合运用“分类-分区”的空间规划和理论指导的方法，提炼并构建出县（镇）单元全域旅游空间组织模式类型，研究模式内部景点、居住、交通等基础配套设施的布局与整体建设运营环境，并以全域旅游为抓手，推进全域全要素把控，包括旅游产品空间单元、旅游发展轴、旅游县（镇）由点及线再到面的全面统筹，作为实现乡村振兴的重要技术支撑。

本书由潘悦、丁陵生著，其中丁陵生负责第 3 章的编写，潘悦负责其他章节的编写。

本书研究获得国家自然科学基金项目“大城市近郊区县农村土地‘三权分置’的产业空间响应——以武汉市为例”（51808413）的资助。

由于作者水平所限，书中不足之处在所难免，恳请广大读者批评指正。

著　者

2022 年 5 月

目　　录

1 导　论

1.1 方兴未艾的乡村全域旅游发展

习近平总书记指出，“依托丰富的红色文化资源和绿色生态资源发展乡村旅游，搞活了农村经济，是振兴乡村的好做法。”近年来，党中央、国务院对实施乡村振兴战略进行了全面部署，分类推进乡村发展、培育新产业新业态、发挥自然资源多重效益、弘扬中华优秀传统文化，这些举措都离不开旅游业的助力。实践证明，促进全域旅游发展可以作为推动乡村振兴的重要抓手，通过资源整合等有效方式，带动农村经济社会发展。乡村旅游贯穿农村一、二、三产业，密切关联农业生产、农产品加工和现代农村服务业，是促进乡村资源合理配置、产业经济发展、产业结构优化、农民增收致富的重要力量。乡村旅游作为新时代乡村振兴的新路径，通过盘活乡村闲置资源，促进乡村三产融合发展，实现乡村产业振兴，助力实现乡村文明复兴；推动乡村绿色发展，实现生态宜居；促进城乡人才、信息和资金流动，增加乡村居民就业渠道，实现城乡一体化发展。

经过改革开放40多年的发展，旅游业已经成为国民经济的战略性支柱产业。从需求端来看，根据《中华人民共和国2019年国民经济和社会发展统计公报》，2019年全年国内游客60.1亿人次，比2018年增长8.4%，国内旅游收入57251亿元，增长11.7%，入境游客14531万人次，增长2.9%，中国居民旅游支出在消费总支出中占比升至21.9%，创近年历史新高；从出游方式来看，自驾出游的游客比例超过78%；从旅游结构来看，非景点旅游占比达到80%。种种趋势表明，传统的景区景点旅游发展模式已经不能适应新的产业发展需求，而全域旅游发展战略针对新的需求特征和变化趋势提出变革要求，代表了旅游业转型升级的方向。

大力发展乡村全域旅游，既助推了农民致富和美丽乡村建设，又营造了浓厚的合力兴旅氛围，有利于“大旅游、大产业、大市场”战略的实施。发展乡村全域旅游的目的是带动整个乡村区域的经济社会全面协调发展，因此乡村旅游综合效益是衡量乡村旅游发展水平的重要因素。全域旅游理念不仅能促进乡村旅游业的顺畅发展，而且能够推动农村产业结构的转型升级，不仅是追求旅游人次的增长，更注重追求人们生活品质的提升、旅游质量的提高，在旅游业内是旅游质量的全面提升，进而是我国人民生活品质、生态环境和文明程度的全面提升。

1.2　政策背景下的乡村全域旅游机遇

1. 中央一号文件及相关政策文件

在党中央和国务院的高度重视下，全域旅游上升到国家发展战略的高度。2016 年 7 月，习近平总书记在宁夏视察时指出“发展全域旅游，路子是对的，要坚持走下去”。2017 年，李克强总理在政府工作报告中提出“大力发展全域旅游”。

2018 年，国务院办公厅发布了《国务院办公厅关于促进全域旅游发展的指导意见》（国办发〔2018〕15 号）。意见指出，旅游是发展经济、增加就业和满足人民日益增长的美好生活需要的有效手段，旅游业是提高人民生活水平的重要产业。意见强调，加快旅游供给侧结构性改革，着力推动旅游业从门票经济向产业经济转变，从粗放低效方式向精细高效方式转变，从封闭的旅游自循环向开放的“旅游+”转变，从企业单打独斗向社会共建共享转变，从景区内部管理向全面依法治理转变，从部门行为向政府统筹推进转变，从单一景点景区建设向综合目的地服务转变。推进全域统筹规划、全域合理布局、全域服务提升、全域系统营销，构建良好自然生态环境、人文社会环境和放心旅游消费环境，实现全域宜居宜业宜游。

2019 年，国务院发布了《中共中央、国务院关于坚持农业农村优先发展做好“三农”工作的若干意见》。意见指出，坚持农业农村优先发展总方针，以实施乡村振兴战略为总抓手，对标全面建成小康社会“三农”工作必须完成的硬任务，适应国内外复杂形势变化对农村改革发展提出的新要求，抓重点、补短板、强基础，围绕“巩固、增强、提升、畅通”深化农业供给侧结构性改革，坚决打赢脱贫攻坚战，充分发挥农村基层党组织战斗堡垒作用，全面推进乡村振兴。强化乡村规划引领，并以县为单位抓紧编制或修编村庄布局规划，县级党委和政府要统筹推进乡村规划工作①。按照先规划后建设的原则，通盘考虑土地利用、产业发展、居民点建设、人居环境整治、生态保护和历史文化传承，注重保持乡土风貌，编制多规合一的实用性村庄规划。鼓励社会力量积极参与，将农村人居环境整治与发展乡村休闲旅游等有机结合，充分发挥乡村资源、生态和文化优势，发展适应城乡居民需求的休闲旅游、餐饮民宿、文化体验、健康养生、养老服务等产业。

2. 湖北省相关政策文件

2018 年湖北省发布了《湖北省人民政府关于促进全域旅游的实施意见》，意见提出 7 大类 25 条措施，强化旅游产业战略地位，加快全域旅游发展，努力把湖北打造成为国内一流旅游目的地和长江国际黄金旅游带核心区。

意见提出，要推动旅游与城镇化、工业化和商贸业融合发展；推动旅游与农业、林

① 中共中央、国务院关于坚持农业农村优先发展做好“三农”工作的若干意见［J］. 农村经营管理，2019（02）：6-12.

业、水利融合发展，积极建设森林公园、森林康养基地和水利风景区等；支持长江、汉江、清江及滨湖地区等有条件通航水域有序发展内河游船旅游；推动旅游与文化、教育、科技、卫生、体育融合发展。主要涉及以下几个方面：

（1）强化旅游用地保障。农村集体经济组织可依法使用建设用地自办或以土地使用权入股、联营等方式开办旅游企业，城乡居民可以利用自有住宅依法从事民宿等旅游经营。对旅游景观范围内农用地或未利用地，未改变用途和功能、未固化地面、未破坏耕作层的生态景观用地等，仍按农用地或未利用地管理。对景区范围内观景游憩等旅游设施用地，简化审批流程。鼓励企业采取依法流转、租赁或有偿转让等方式取得旅游项目规划范围内的山林和土地。

（2）实施旅游扶贫工程。采取"景区带村""能人带户""企业（合作社）＋农户"等模式，深入推进旅游扶贫。引导旅游企业、旅游院校、规划编制单位和社会团体对口支援贫困地区旅游发展。采取整村推进方式，支持重点旅游扶贫村加快发展旅游业。整合资金，确保每个乡村旅游扶贫重点村建好停车场、旅游厕所、垃圾集中收集站、村卫生室、农副土特产品商店和旅游导览系统。支持贫困户以土地使用权、房屋建筑等多种形式入股，建立完善乡村旅游扶贫开发、管理和利益分配机制。

（3）开展旅游环境综合整治。加大旅游重点城市、村镇、旅游线路沿线环境综合整治和山水林田湖草系统治理，在重点旅游村镇实行改厨、改厕、改客房、整理院落和垃圾污水无害化生态化处理，对公路边、铁路边、街道边、河边、山边开展洁化、绿化、美化行动。对长江沿线科学规划，加强生态环境修复，建设绿色走廊、长江"绿道"。支持长江沿线创建一批生态旅游城市、旅游景区、旅游村庄和风景道。

（4）加大财政金融支持力度。加大对旅游基础设施和公共服务设施投入力度，对成功创建国家级全域旅游示范区的县（市、区）给予一次性奖励；对成功创建省级全域旅游示范区的县（市、区），在申报旅游基础设施项目、分配中央和省级旅游专项资金以及对下转移支付资金时，给予重点倾斜①。

3. 武汉市相关政策文件

2017 年，武汉市出台了《武汉市人民政府关于加快旅游业发展若干政策的通知》（武政规〔2017〕60 号）。文件指出，支持发展乡村旅游，对各区编制乡村旅游规划，按实际规划编制费的 50％给予补贴，最高补贴不超过 20 万元；对"市民下乡、能人回乡、企业兴乡"的旅游投资项目，年度投资额达到 1000 万元以上的，按投资额的 3％给予补贴，最高补贴不超过 100 万元；对获得市级认定的精品民宿群落、现代农庄、农家乐，给予奖励。文件强调，优化涉旅农用地流转机制，在符合相关规划的前提下，支持农村集体经济组织和村民利用集体建设用地开发旅游项目（房地产开发项目除外）；在土地确权且不改变土地用途的前提下，支持农村集体经济组织和承包人利用非耕农用

① 《国务院办公厅关于促进全域旅游发展的指导意见》（国办发〔2018〕15 号）。

地、林权、集体土地承包权，以作价出资、投资入股、租赁方式与开发商合作开发旅游项目；对符合土地利用总体规划和保护自然生态环境的旅游项目，在不改变农用地性质的前提下，用地者可通过土地流转方式获得使用权。

4. 小结

基于上述背景研究，综合反映出社会主义初级阶段城乡发展表现出的“不平衡”“不充分”“新矛盾”现象，亟须“自上而下”的全域旅游整体策略落实乡村产业发展的突围路径。本书中的“不平衡发展”狭义地指长期以来“重城轻乡”所导致的城乡贫富差异、社会分化矛盾；“不充分发展”则是指传统乡村旅游产业旅游有效供给不足、市场秩序不规范、体制机制不完善等市场桎梏。针对上述矛盾，党的十九大报告提出实施乡村振兴，为新时代乡村发展指明了新方向，明确了新思路①。

乡村振兴强调的是全面振兴，重在“产业兴旺”，需要以产业为驱动，推动乡村经济、社会和环境的全面提升。全域旅游作为实现区域资源有机整合、产业融合发展、社会共建共享，以旅游业带动和促进经济社会协调发展的一种新的区域协调发展理念和模式，是最大程度地统筹乡村发展，加强乡村资源合理配置、产业经济发展、产业结构优化、农民减贫脱贫和增收致富的密钥，也是新时代乡村振兴的有效途径。目前国家对农村集体土地制度的松绑，以及“美丽乡村”“田园综合体”“特色小镇”“三乡工程”和“精准扶贫”等工作，为湖北省县（镇）域乡村产业发展和乡村环境建设创造了难得的机遇，但与此同时，需要跟进的是以乡村全域旅游统筹推进乡村全域振兴，在县（镇）域空间单元宏观层面上优化全域乡村旅游空间结构、中观层面上指导乡村旅游空间布局、微观层面上落实旅游空间节点设计和系统配套的全面统筹。

长期以来，我国城乡规划学科在城市休闲旅游空间组织规律及空间布局方面积累了丰富的研究成果，但对乡村旅游产业的发展要素、产业类型、自主发展规律、空间组织与布局模式缺乏研究。时至今日，抓住国家以全域旅游助力乡村振兴战略的机遇，通过科学规划、重组乡村空间体系、合理组织乡村产业空间，支撑乡村经济社会发展和现代化转型，是突破湖北省乃至其他省份县（镇）域空间单元全域旅游发展瓶颈的一种新路径②。

1.3 乡村全域旅游规划的新时代意义

1. 对全过程指导我国县（镇）域空间全域旅游规划逻辑路径、推进乡村振兴具有重要的现实意义

本书突破传统旅游规划中的忽略农村土地制度，割裂乡村旅游产业与乡村居民点、生活环境、公共服务、基础设施、乡村治理等之间的联系，“遍地开花”毫无章法的传统旅游布点规划范式，由资源认知到产品设计，从空间布局到节点设计，由虚到实、由面及点

① 2019年中央一号文件撷要［J］. 新农业，2019（06）：7-10.

② 陈斌. 开创发展壮大旅游产业的新局面［N］. 中国青年报，2019-03-12（12）.

地全过程疏通县（镇）域空间全域旅游规划逻辑路径，综合旅游规划、乡村旅游、城乡规划、乡村人居环境、乡村地理等多学科理论，跨学科构建切实可行的全域旅游规划优化路径。其中重要的一环即以村民为主体，依托乡村旅游产业促进乡村农业生产、农产品加工以及乡村服务业相互融合，实现乡村经济加速发展，推进乡村产业经济、人居环境、社会治理全方位质的提升，积极响应党中央对“三农”提出的乡村振兴的重要指示①。

2. 对指导我国县（镇）域空间“三权分置”工作，优化乡村土地资源配置，积极引导项目落地具有重要的实践意义

长期以来，“以城市为中心、以 GDP 为导向”的城乡发展政策使乡村发展一直处于边缘化的角色，乡村资源被大量闲置，随着城乡一体化发展呼声的高涨，挖掘并盘活乡村闲置资源并实现其利益的最大化成为关键。本书通过乡村旅游资源认知、产品转化和战略选择，实现乡村闲置土地、山水、文化等资源的有机整合，由特性到共性，推导县（镇）域空间乡村资源优化配置和商品化转换的技术路径，解决全域旅游单体资源卖点个性化挖掘和开发的问题。此外，由于旅游产业属于体验带动型产业，必然依附于土地与空间，空间设计是抽象全域旅游产品具象化的关键，本书从宏观、中观、微观三个层面指导全域旅游结构、布局、配套设施及节点设计，对全域旅游的产品设计开发与规划落地具有实践意义②。

3. 对提高我国乡村旅游规划的科学性与实效性具有重要的学术价值

2018 年国务院进行行政机构改革，文化部与国家旅游局并入文化和旅游部，成立自然资源部。由此可见：其一，旅游规划的地位在逐步提升，其内容中的“文创”部分日益受到重视，传统旅游规划正面临着提档升级转型的困境；其二，在我国土地上进行的一切建设活动无一例外地受到国家土地及规划政策制度的约束。自然资源部的成立，重点对自然资源的开发利用和保护进行监管，建立空间规划体系并监督实施。传统规划面临着改革，基于“五级三类”和“双评价”的国土空间规划，积极利用 3S 技术以及大数据处理平台，实现规划量化和科学化转换，对乡村旅游专项规划将提出新的要求。基于此，本书侧重县（镇）域空间单元统筹全域旅游发展工作，有效对接国土空间规划的相关技术要点，对提高乡村旅游规划的科学性与实效性具有重要的学术价值。

1.4 研究方法与思路

1.4.1 研究方法

1. “分类—分区”与树图模型相结合的“空间—旅游经济”县（镇）全域旅游开发

① 杨新军，马晓龙．区域旅游：空间结构及其研究进展［J］．人文地理，2004（01）：76-81.

② 潘运伟，袁婷，付志伟，等．全域旅游空间发展模式研究［J］．旅游纵览．行业版（下半月），2018（07）：56-58.

技术路径的梳理与实证法

基于GIS模型，进行县（镇）全域旅游资源分类评价和核心旅游资源库分区创建，对旅游资源进行全域化清点。通过构建旅游产品树，疏通旅游资源—旅游产品全面转化机制，对旅游产品及空间单元类型进行系统划分，对县（镇）全域旅游产品进行设计，并运用大量的实例予以佐证。

2. 县（镇）类型-旅游区位耦合矩阵模型下的县（镇）全域旅游差异化发展战略制定方法

以湖北省为研究对象，将所有县（镇）依据地形地貌差异归纳为三大类，并结合市场区位条件将县（镇）全域分为四大旅游区位。结合三大旅游产品类型在地形地貌、旅游区位上的选择偏好，在GE模型的辅助下，构建县（镇）类型-旅游区位耦合矩阵模型，形成“3×4”全域旅游差异化发展战略矩阵。

3. 实例验证、多情景模拟与空间模型相结合的空间规划方法

综合运用分类、分区“旅游产业空间单元”类型归置的方法，结合县（镇）类型-旅游区位耦合矩阵模型下的多情景模拟技术，提炼总结出10种县（镇）全域旅游的空间结构与布局组织经典模式，在多规协调、产业融合的诸多限制下，以旅游产品空间单元、旅游发展轴、旅游县（镇）为核心载体，系统配套，以建设规划环境要素为辅，实现“点—线—面”旅游空间的全域统筹，并分别进行实例验证。

1.4.2 研究思路

1. 全面疏通资源认知、产品转化到产品类型归纳的逻辑路径，划定“旅游产品空间单元（景区节点）”，指导我国县（镇）单元分类、分区差异化制定全域旅游发展战略。

将湖北省内近20个县（镇）单元和其他的经典案例作为样本，利用GIS的空间分析技术全面清点其旅游资源，结合文献研究并归纳总结，实现旅游资源到旅游产品的转化与类型划分。根据旅游产品的集群特征和空间布局偏好，识别不同“旅游产品空间单元（景区节点）”。在此基础上，以地形分异和市场区位分别作为县（镇）单元宏观分类、旅游区位微观分区标准，指导我国县（镇）单元差异化制定全域旅游发展战略，并在实践案例中进行验证。

2. 以战略理论推导多情景模拟下的我国县（镇）单元全域旅游空间组织模式，实现全域旅游“资源—产品—空间—布局”全要素把控、由点及线再到面的全面统筹。

创新性地提出县（镇）单元地形分异与市场区位耦合效应下的全域旅游战略选择矩阵，综合运用“分类—分区”的空间规划和理论指导的方法，提炼并构建出我国县（镇）单元全域旅游空间组织模式范型，研究模式内部景点、居住、交通等基础配套设施的布局与整体建设运营环境，是以全域旅游为抓手，推进“资源—产品—空间—布局”全要素把控，“旅游产品空间单元”、旅游发展轴、旅游县（镇）由点及线再到面全

面统筹，实现乡村振兴的技术要点。

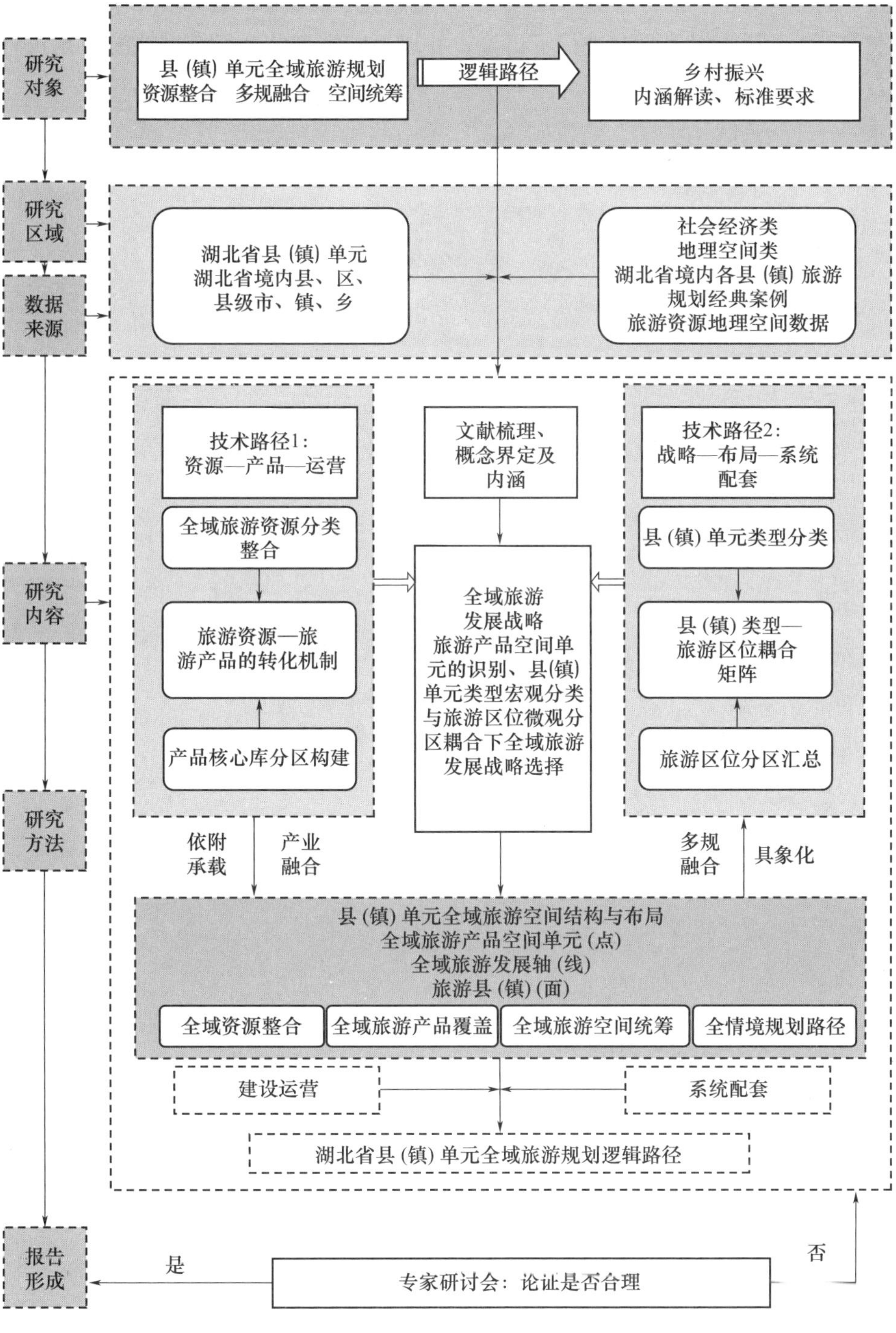

图 1-1 研究方法技术路线框图

在本书中，第 1 章至第 3 章回顾了乡村全域旅游规划的概念，及其与乡村振兴的逻辑关联，提出了乡村全域旅游规划的学科支撑与理论基础；第 4 章至第 6 章重点围绕乡村资源的基础分析、乡村旅游产品设计、乡村发展战略与空间布局、乡村旅游配套设施规划等内容逐一阐述了乡村全域旅游规划所涉及的主要内容；第7章至第8章围绕乡村全域旅游建设运营的相关要求进行了讨论，并以不同类型的乡村全域旅游规划进行了实例分析。

2 理论支撑与政策基础

2.1 理论支撑

改革开放40多年来，旅游规划越来越具有系统性、科学性以及综合性，乡村旅游规划理论基础由单一的地理学科主导，向地理、经济、建筑、规划、生态等多学科融合发展。乡村旅游规划作为应用型学科，离不开与其相关学科的联系，特别是基础理论学科的概念体系和基本原理。因此，在讨论乡村旅游规划的理论基础之前，有必要对乡村旅游规划的相关学科体系作系统的阐述分析。

2.1.1 旅游地理学

旅游地理学是研究人类旅行游览与地理环境相互关系的一门系统学科。现代旅游地理学研究起源于20世纪20年代的美国，麦克默里发表的《娱乐活动与土地利用关系》被公认为是现代旅游地理学的第一篇论文。早在1935年，英国地理学家布朗就倡议地理学家应把更多的精力放在研究旅游业上，并联合詹姆斯、卡尔森等学者先后论述了局部地区的自然资源、发展基础、聚落构成的差异对旅游业发展的影响，测定了旅游形态及其经济价值，并阐述了旅游形态和旅游设施的意义。

国内涉及该领域的研究晚于西方国家，1981年由郭来喜等编写、北京旅游学院编印的《中国旅游地理讲义》是我国较早的一部旅游地理教材；1985年李旭旦主编的《人文地理学概论》首次列入了旅游地理学条目，标志着旅游地理学正式成为地理学的一门分支学科。而后随着旅游业的发展兴起，陈传康在总结了大量个案实证研究后提出了风景要素组成、风景结构层次、旅游业的结构、旅游活动行为层次图式和区域旅游五种开发模式，为区域旅游开发奠定了理论基础。郭来喜积极倡导开展旅游资源普查工作，提出了站在全世界、全国、区域的大系统角度来考虑区域旅游的优化模式。直到1993年保继刚编写的第一本较高水准的《旅游地理学》教材问世，随后一大批青年旅游地理学者茁壮成长起来，其中具有代表性的有保继刚、吴必虎、陆林等①。

目前，学科整体呈现技术方法向多样化和现代化方向转换、体系内容不断细化完善的趋势。在具体的旅游资源普查方面，郭来喜、吴必虎、刘锋等基于《中国旅游资源普

---

① 董婷婷，方世明．县域旅游发展的时空分布特征及其影响因素分析：以武汉市黄陂区为例［J］．湖北大学学报（自然科学版），2017，39（01）：65-71.

查规范》提出了一个更为合理的旅游资源分类、分级、分态系统的修订方案，将旅游资源增加为自然、人文、服务 3 大景系、10 景类、95 景型。旅游资源评价方面出现了层次分析法（邢道隆，1987）、模糊数学方法（杨汉奎，1987）和加权求和或模糊矩阵运算的计算机评价模型（尹泽生，1997）等数学量化模型。在旅游地研究方面，保继刚、谢彦君、陆林等学者分别借鉴国外的旅游地生命周期理论对旅游地演化规律进行了初步探讨。在旅游者行为及旅游市场研究方面，吴必虎对上海城市游憩者在空间上的流动规律进行了研究，绘出了等游线和使用曲线，并从距离、出游能力、设施引力和可达性四个方面分析了其形成机制。在区域旅游方面，郭康探索了一条包括三维空间、时间、心理、行为、经济、社会等多维度的旅游研究开发途径，总结出“点—线—网—面”的开发规律。

2.1.2 旅游经济学

旅游活动中的经济现象、经济关系和经济规律就是旅游经济学研究的对象，其遵循一般经济规律和内部特殊经济规律，两种规律关系错综复杂，划分为三大层次，形成三大系统，即研究旅游和整个国民经济之间的内在联系、研究旅游业内部各环节之间的内在联系和研究旅游企业的生产和经营活动。旅游经济学作为一门新兴学科，运用各种分析方法[①]（抽象法、演绎法、归纳法和数学方法），坚持理论与实践相结合。

随着学科的发展与完善，在旅游规划相关理论分析以及应用方面都有很大的进展。周春生（2008）在理论层面上试图对文化、经济和旅游这三个概念和三个学科的关系进行梳理，得出三者的辩证依存关系。于江（2011）借助旅游经济学的分析框架，从市场、目的地、附属设施、宣传 4 个维度展开讨论，将一些制度性条件纳入经济性考量之中，力求在一个合理性尺度内实现宗教旅游的经济价值。徐嵩龄（2013）分析西湖模式的制度内核及其六项意义，并与黄山模式详细比较，从而表明西湖模式基本正确处理了遗产保护与旅游利用，公益性经营与营利性特许经营，政府—企业—社区、政府—企业—游客等关系，比较全面展现了其经济、社会、文化和遗产保护以及政治的正面影响，并提炼出西湖模式具有普适意义的三点启示。李娜（2018）运用主成分分析法对福建省 9 个城市的旅游竞争力进行了研究。杨颖萱（2018）以旅游经济学相关理论为指导，在旅游产业六大要素（吃、住、行、游、购、娱）的基础上对红色旅游进行全面分析，进而提出了延安市发展红色旅游产业的基本思路，并基于竞争优势理论和比较优势理论，对现今延安红色旅游发展的缺陷和不足进行分析，针对性地提出相应的发展对策。

2.1.3 乡村地理学

中国乡村地理学研究始于 20 世纪 30 年代，早期主要侧重于乡村聚落以及土地利用

---

① 曹诗图，范安铭，吴依玲．基于旅游视角的衰落乡村拯救与振兴问题探讨［J］．旅游论坛，2019，12（01）：69-77.

两个方面；50—60 年代，邓静中先生在著述《中国农业区划方法论研究》中首次探讨了中国农业区划的理论和方法，成为我国农业区划理论的创建者和农业区划的第一实践者，为中国的农业区划方案的拟定提供了较科学的依据；70 年代末，李旭旦先生著述了《中国地理区域的划分》，吴传钧先生提出经济地理学是具有自然—技术—经济三结合特点的边缘科学，确定人地关系地域系统是其核心研究对象的地位，自此中国人文地理学实现全面复兴（刘彦随等，2011）。而乡村地理学作为人文地理学的重要分支学科，在人地关系地域系统理论的指导下，长期致力于乡村地域系统的要素、结构、功能的演化与影响机制的研究，研究成果更是服务于农业和农村的发展。直至 20 世纪 80 年代初期农村实行家庭联产承包责任制以来，乡村迎来发展的大好形势，在发展过程中也出现了许多迫切需要解决的问题，乡村地理学的研究内容也不断地向多元化、多要素融合方向发展。基于此，杨忍等学者将自 1978 年以来中国乡村地理学的研究进展划分成三大阶段（1978—2000 年、2000—2008 年、2008 年至今），指出乡村地理学研究主题逐步由偏经济建设向多元化、多要素转变①。

自 2004 年、2005 年分税制和新农村建设战略分别实施以来，乡村地理学在中国的发展逐渐走出“重城轻乡”的阶段，除乡村城市化、城乡关系和乡村聚落等持续作为研究热点外，乡村旅游、乡村景观、新农村建设、土地利用等逐渐成为新的研究热点。乡村生活和自然景观满足了城市居民回归自然和休闲的身心需求，乡村地区尤其是靠近大中城市的郊区旅游蓬勃发展（王云才等，2005）；李德明等（2005）则从乡村旅游与经济发展之间的关系角度，提出政府主导发展驱动等促进乡村旅游与农村经济发展两者互动持续发展的模式。张艳等（2007）提出开辟“乡村—城郊结合部—城市”大旅游区的开发方式；而今，面对新时代的特殊性，刘传喜（2017）就当今“流动的时间、空间与社会”“跨学科聚焦的新领域”的学术背景，从新农人视角初步构建了新时代背景下乡村旅游地流动空间理论体系。陈效萱等（2017）则针对乡村旅游商业化、同质化、飞地化等困境，提出均衡利益，将选择性构建自主型和合作型组织模式作为乡村旅游可持续发展模式。

2.1.4 乡村人居环境科学

早在 20 世纪初期，希腊城市规划学者道萨迪亚斯就提出了人居环境学的理念，并进行了一系列深入的研究与探索，根据研究方法与内容，可将国外的人居环境理论发展划分为以下 3 个阶段：①19 世纪末至二战前。此阶段国外学者尚未明确地提出“人居环境学”这一概念，该概念是在城市环境学的基础上产生和发展起来的，相关代表人物有霍华德、芒福德、盖迪斯等。②二战后至 20 世纪 70 年代。此阶段人居环境学作为一门学科被正式确立下来，以 1977 年通过的《马丘比丘宪章》为分水岭，在理论和实践

① 范安铭．基于旅游视角的衰落乡村拯救与振兴问题探讨［D］．武汉：武汉科技大学，2018.

层面均取得了显著成效。③20 世纪 80 年代至今。这一阶段人居环境建设已提升为全球性问题，各国纷纷以提升人居环境为目标，不断开展相关建设，并进一步明确了发展方向。其典型代表会议文件为 1987 年、1992 年和 1996 年联合国环境与发展大会分别通过的《我们共同的未来》《21 世纪议程》以及《人居环境议程：目标和原则、承诺和全球行动计划》。

中国对人居环境的研究最早可追溯到先秦道家的“天人合一”思想。1994 年我国在《中国 21 世纪议程》中明确提出了“人类住区可持续发展”这一发展理念；1997 年吴良镛先生首次在国内提出了“人居环境科学”这一概念，并对此进行了较为系统的研究与分析，以指导其科学发展；1997 年，同济大学的杨贵庆研究了大城市周围小城镇的人居环境，并就可持续发展提出了一系列观点。但就现阶段人居环境发展的实际来看，我国人居环境建设不容乐观，总体建设水平不高、城乡人居环境建设极不平衡等问题突出。针对这些问题，国内有关乡村人居环境建设的研究开始侧重乡村人居环境满意度的测度（李琳洁，2013）、地域人居环境问题和对策研究（黄姝，2013）、人居环境影响因素分析（汪琴，2016）以及基于人居环境理论的村庄治理（杨欣，2018）等方面。虽然在乡村人居环境研究上取得了一定成绩，但相比成熟的城市人居环境建设模式，乡村人居环境建设在实际发展中仍存在规划落后、发展模式“城镇化”等问题和缺陷。因此，在现行城乡一体化发展背景下，加大乡村人居环境的研究和实践势在必行，作为规划者应该结合当地村庄的自然环境和文脉，保护与发展并存，探究出适合中国特色的乡村人居环境的新领域①。

2.1.5 建筑学与城乡规划学

城乡规划理论是城市与乡村发展和规划过程研究的知识形态的集大成者，城乡规划本身的复杂性、综合性与实践性，以及涉及的不同价值基础，决定规划理论本身也是多层次、多方面的。具体兼容了自然科学、社会科学、工程技术和人文艺术科学的理论内容与技术方法，总体分为两大板块：一是关于城乡空间发展的理论，二是关于城乡规划的基础理论。通常包括三个部分：关于规划的整体框架、关于现在与未来演进的关系和对实际操作技术方法的诠释，其与建筑学的关系也十分密切。

目前规划导向下的旅游发展研究主要侧重于“多规融合”、规划协调方面。施忠伟（2014）应用协同理论，以全县空间为对象从协同发展的存在机制、特征机制、形成机制、构成机制四个方面进行阐述。通过研究主要分为构建发展模型、平遥现状分析、阐述机制运行三大部分，探索研究平遥县城乡统筹与旅游协同发展的模式与机制。熊艳卿（2016）着重研究三种规划的衔接，重点分析“三规”在目标、内容、技术方法、管理等方面的异同，进而对旅游规划编制中三类规划的衔接思路展开讨论。柏萍（2016）基

① 何建民．旅游发展的理念与模式研究：兼论全域旅游发展的理念与模式［J］．旅游学刊，2016，31（12）：3-5.

于城乡规划视角作了旅游用地分类体系研究，试图在城乡规划是专业的土地标准体系下，通过完善旅游用地体系，保证旅游用地的发展诉求。

2.2　政策基础

随着中国特色社会主义发展进入新时代，国家发展的重心向农村转移，近年来国家和地区发起的三乡工程、精准扶贫、三权分置、共同缔造等政策和各种乡村金融政策，显示了国家发展乡村地区的势头已经越来越强劲。

“三乡工程和共同缔造”可解决农村的空心化问题，为乡村吸引一般居民回乡发展，促进乡村内部发展；“精准扶贫”可解决农村基层设施和市政设施不齐全的问题，为乡村发展提供充足的基础设施保障，保持乡村功能完整；“三权分置”可解决农村项目发展需要的土地问题，为乡村土地权属问题进行明确划分，促进乡村开发项目发展；“金融政策”可解决农村发展需要解决的经济问题，为乡村发展提供了尽可能方便的资金支持，鼓励乡村产业自主发展。从乡村发展需要的人力、基础设施、土地、经济四个方面进行全面的战略配套，全力支持乡村振兴工作。

2.2.1　三乡工程和共同缔造

1. 三乡工程

实施乡村振兴战略的难点在于如何通过体制改革和政策引导逐步清除城乡之间的藩篱，激活“人、地、钱”关键发展要素，打通城市资源流向农村的通道，增添乡村发展新动力。2016 年在湖北省实行了市民下乡、能人回乡、企业兴乡工程（简称“三乡工程”），探索出一条推动“三要素”（人才、资金、技术）下乡激活农村资源，促进“三变”（变闲置资源为创富资本、变乡村为“双创”乐园、变农民为合作股东）的新路径，并以此为起点振兴乡村，推动农村产业转型和地区发展。

“三乡工程”的主要功能目的为：①市民下乡活化农村。增加市民下乡建设产业、下乡生活，带活乡村，带去新知识，增加农民收入。②企业兴乡盘活农村。鼓励和引导有社会责任感、有经济实力的企业家到农村投资兴业，利用农村资源，推动农村股份合作开发，带领农民增收致富，发展现代农业，增加农民工资性收入。③能人回乡激活农业。鼓励和引导在外创业有成、热爱家乡的创业能人、社会贤达等回乡建设，运用在外面学习的知识来更新农村，带头发展农村新产业。“三乡工程”政策最主要的目的是吸引从农村出去的人回到农村，从而增加农村发展的人口活力。

2. 共同缔造

乡村旅游的发展需要多方利益主体共同建造、协同发展。通过组织村民代表外出考察学习，转变村民思想，建立长远发展观念，激发村民内生动力。加大对村民的培训和指导，提高项目建设中村民的参与度和管理能力，达到村民“共谋、共建、共管、共评、共享”的初衷。村民思想观念从“要我干”变为“我要干”，从“消极应付”变为“积极主动”，治理模式由“政府主导”变为“共商共谋”，从而实现共同缔造乡村治理模式的目标。

“共同缔造”的核心要素有以下四个：

（1）治理：统合区域资源，多方共同规划，多方共同建设和管理，通过协议来制定规范，共同治理乡村发展。

（2）结合：把共同缔造的思想和社会宣传的思想结合起来，培育共同精神，用社会风气来凝聚共识，引领社会发展，推动整个社会形成良好的风气。

（3）问题：坚持问题导向，深入群众征求意见建议，畅通群众参与渠道；带着目标找问题，问计于民、问需于民，找准项目，多点突破。

（4）参与：多方利益主体的参与是一般的基本方面，其中最主要的方面是普通大众的参与，他们才是最直接的参与者和结果的使用者。通过公众的参与，从而更加注重过程和结果，形成统一的力量，为乡村发展树立新的方向标。

“共同缔造”一个新的改变方式，它为基础农民也就是普通的人民大众提供了一个新的渠道，参与自己生活地区的规划和建设，从而可以使村庄建设更加地贴近人民，更加实用。

2.2.2 精准扶贫等相关政策

“精准扶贫”思想源于2013年11月习近平考察湖南湘西时作出的“实事求是、因地制宜、分类指导、精准扶贫”重要指示。乡村旅游精准扶贫就是以贫困地区的自然资源和文化资源为特色，进行深入挖掘和发展，从旅游业方面来带动地区发展，确保脱贫致富的道路。这是一条挖掘当地乡村资源，利用旅游业的发展来进行地区发展的道路①。

“精准扶贫”的实施路径主要为以下方面：

（1）基础设施建设推进乡村发展。贫困地区的发展问题导致了地区基础设施的落后，从而导致了地区发展上的困难，这是一个发展恶性循环。“精准扶贫”就是使用政府投资来进行村庄基础设施的建设和优化，为贫困地区的发展打好基础建设，从而有效支撑贫困地区的产业发展。

（2）提供资金加快乡村产业发展。制约乡村地区产业发展很大的原因是资金的缺乏，没有足够的资金去发展新产业。“精准扶贫”是由政府提供资金，合理利用乡村的本地资源来发展新产业，并通过财政补贴和贷款贴息等方式增加农民创业的动力，积极引导乡村产业发展。

（3）旅游市场带动乡村产业发展。通过先发展乡村旅游产业，增加乡村的知名度，从而增强乡村的发展活力，运用市场营销新模式，提高游客参与度，推进乡村品牌的影响力。

---

① 肖汉平．新时代乡村振兴与金融结构优化研究［J］．开发性金融研究，2018（04）：11-18.

“精准扶贫”的主要目的和效益是乡村基础设施的建设和完善，更好地发展乡村产业，在保证农村居民的基本生活水平后，促进乡村的资金和市场发展，全面为乡村长久稳定和建设发展提供全面的保障。

2.2.3 三权分置等土地政策

改革农村土地制度是解决“三农”问题的关键。2013 年 11 月《中共中央关于全面深化改革若干重大问题的决定》指出，要充分赋予农民财产权，允许农民承包经营权入股发展现代农业，在试点区域慎重稳妥推进农民住房财产权抵押、担保、转让，建立农村产权流转交易市场，明确了农村土地制度改革的方向和任务。2015 年 1 月《关于农村土地征收、集体经营性建设用地入市、宅基地制度改革试点工作的意见》出台，在全国范围内选取了 33 个县市开始农村土地制度改革试点工作。2017 年中央一号文件指出，要继续深化农村集体土地产权制度改革，落实农村土地集体所有权、农户承包权、土地经营权“三权分置”办法；加快推进农村承包地确权登记颁证，扩大整省试点范围；统筹协调推进农村土地征收、集体经营性建设用地入市、宅基地制度改革试点；全面加快“房地一体”的农村宅基地和集体建设用地确权登记颁证工作[①]。

近年来，我国各地根据土地制度的改革进行了各种不同模式的实验，已经积累了相当多的实践经验，其中浙江嘉兴“两分两换”模式是具有成效的发展模式之一。“两分两换”模式就是通过多种方式增加乡村人们的保障，来增强土地流转的活力，并通过提供安居住宿和居民养老保障等方式来进行，主体实施如图 2-1 所示。

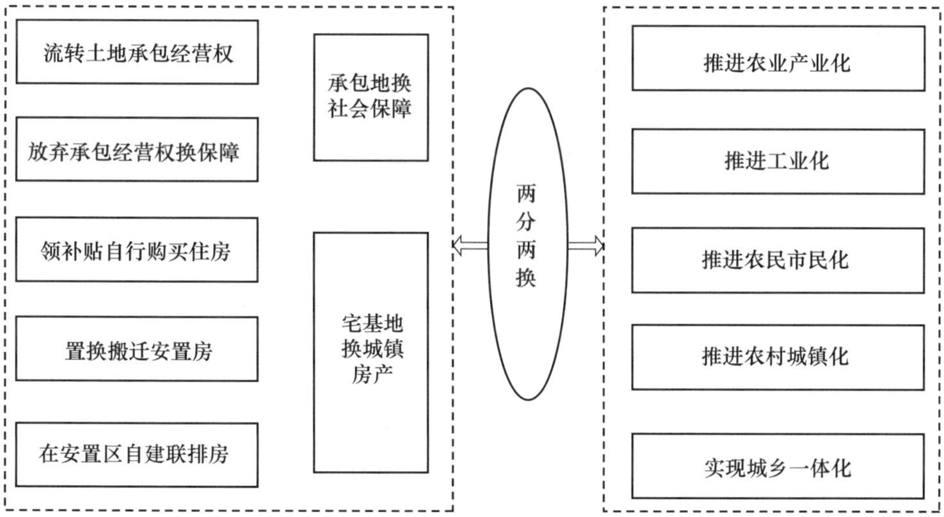

图 2-1 嘉兴市“两分两换”模式运行机制

“三权分置”在保证农民自身利益和农村发展的同时，使用农村废弃用地，既增加

① 周春芳，史文涛，袁凤刚．新一轮中国农村土地制度改革的模式与成效［J］．湖北农业科学，2019，58（10）：164-166+190.

了农村的可建设用地，又让农民自发地参与进来，不仅发展了农村经济，改善了农民生活环境，重要的是解决了发展的用地问题，使发展更加顺畅。

2.2.4 金融政策

在时代发展的同时，乡村的经济和产业程度也更加深化，随着产业链和价值链的不断复杂化，农村第三产业比例也在不断增加，从而使得乡村经营也逐渐多样化；乡村金融产业规模不断扩大，导致金融需求也在不断地多元化和多样化。在乡村经济社会多元化发展和乡村振兴战略的实施下，乡村金融流线和消费情况也愈加复杂多样，因此也就需要一项更加完善的金融政策来为其服务，通过对金融体系的改革和完善，提高乡村金融流动的效率，增加乡村金融供给①。

通过国家金融政策的推进，乡村建设发展具有的便捷之处体现在以下方面：

（1）通过建立乡村振兴基金来引导民间资本流动，支撑地区创新创业活动。民间资金的走向最缺乏的就是专业性指导，从而导致乡村金融不是走向最需要的地方，从而影响乡村产业发展。政府建立基金，运用专业的人才来进行金融流线的指导，使得乡村资金流走向最需要的地方，资金要素配置有效精准，从而更好地发展乡村产业。

（2）优化对乡村企业的投资融资流程。通过政府主导的平台来进行农村产业的挂牌投资，优化其他企业对乡村投资的流程，增加投资选项，优化中间过程。

（3）放活乡村信用借贷方式。通过农村土地三权分置制度，农民更加方便地通过国家发放的土地证和个人信用来进行借贷，极大地提升了乡村主体的投资活力。

2.3 国内外全域旅游建设实践

现代旅游业发端于欧美国家，很早以来就具有全域特点。通过实际案例分析总结，国内外全域旅游发展基于在地性背景，突出地方特色，充分发挥旅游比较优势。

法国的全域旅游突出体现在都市旅游、乡村旅游一体化发展上；西班牙的全域旅游是在应对“阳光与海滩”模式结构性问题中逐渐发展起来的。浙江省从推动全省经济转型升级和城乡统筹发展大局出发；广西桂林“两江四湖”建设是全域旅游发展的较早探索之一；海南省琼海市提出实施田园城市、幸福琼海战略；安徽省黄山市徽州区将旅游作为战略性支柱产业，把发展旅游业作为产业富民战略的重点；河南省栾川县提出了“全景栾川”的发展思路；四川省阿坝州抓住灾后重建机遇，开始探索“全域景区”建设；苏州市提出“城市即旅游，旅游即生活”的理念。

1. 意大利五渔村特色资源驱动型：全域乡村旅游的典范

意大利五渔村地处 Riviera 海岸，是意大利面积最小的国家公园，它由 5 个村庄组

---

① 赵文晶．基于产业融合视角下张家口市乡村旅游业发展研究［D］．长春：吉林大学，2018.

成，村庄之间由栈道和铁路相连，是高山、陆地和大海的交汇之处。人类和自然共同创造的独特风景，深深地震撼着世界各地的来访者。其全域特点为：

（1）全交通的生态覆盖

村内外交通方式主要有火车、轮渡和步行栈道三种，最有特色的莫过于其全域化的火车体系和步行栈道网络。火车体系连通内部5个乡村和邻近的两个城镇，是最便捷的交通方式，沿途海景和乡村风貌则成为这段被誉为“西海岸最美火车道”的生态标签；拥有被誉为“世界最美的登山步道”，分两条线，1号线线路长、难度高、野趣足；2号线分为4段，每段都有主题。在徒步道设计上，做到与海景的互联，让游客仿佛置身于无边框的徒步道之中。

（2）全空间的文化串联

意大利五渔村1997年被联合国教科文组织列为世界遗产。村庄风貌源于11世纪的托斯卡纳人赶走在此统治两个多世纪的阿拉伯人，村民回到海岸建房屋、筑石墙，改造梯田，种植葡萄、橄榄、柠檬。经过时间的积淀，悬崖边的建筑样式、梯田式的农业种植、以“五渔村”命名的葡萄酒逐渐成为当地文化的烙印。如此风格、风貌和风味浸透的文化线索陪伴游客全域游程的每一站。

（3）全业态的标识渗透

五渔村标识已经渗透到全域公共服务和商业服务中。每个村庄的火车站附近都竖立着标有“Cinque Terre Point”的绿色标牌，在商品中的应用也深入到了咖啡店、商店和纪念品店，即使是在最深处的乡村，都能买到精心设计的印有“Cinque Terre”标识的纪念衫、挂盘、冰箱贴等。对于全域旅游而言，硬质的人为标识总比不上生动的自然标识，五渔村选用当地特有的不怕生海鸥作为形象标识，火车站、山洞旁、步道边随处可见。

（4）全年度的节庆营造

耶稣诞生场景纪念，形成绝美的大地景观；每个乡村结合自身的农产特色，打造一系列具有乡土气息的特色节庆。如在蒙特罗索村举办的柠檬节、9月的凤尾鱼和橄榄节，还有机会参观采用灯光捕鱼技术的渔船。节庆活动实现主客共享，五渔村全年度的节庆体系对于当地村民是一种民俗仪式和文化外宣，而对游客则是一种很好的深度体验和文化吸收。

2. 新加坡城市全域辐射型：打造全景式花园城市

新加坡通过花园城市的持续建设，营造全域可游的旅游环境，建设创意旅游项目，成为东南亚旅游的重要一极。其全域特点为：

（1）政府指导开展绿化

绿化净化、种植树木、建设公园；道路绿化规划、特殊空间的绿化、灯柱、人行过街天桥等；绿地中增加娱乐设施，每条路的两侧都得有150厘米的土地来种植花草树木；长期战略计划、机械化操作与计算机化管理，用GIS系统监管140万棵遍布全岛的重点树木，5%的地设为自然保护区；建设生态平衡的公园、建设连接各公园的廊道系统、建设绿色政府组屋与公寓。

（2）构建产旅融合的旅游体系

新加坡十分重视旅游业，把其视为“无限资源”。整个产业链涵盖多个领域，从业人员占当地劳动力总量的7%，对GDP的直接及间接贡献率达到10%。注重内部资源整合，集中航空、宾馆、酒店等服务设施，形成区域一体化的旅游服务。开拓新兴领域，大力推行“保健旅游计划”。积极的市场营销，为各类旅游企业架设、营造合适的产业框架与氛围。

（3）完善旅游公共服务

推出新交互式智能平台是配合“Your Singapor（我行由我新加坡）”品牌发行的重磅产品。可下载该平台手机应用程序，方便随时获取信息，官方网站包含个性化行程定制，博客和社交网站链接，酒店、机票、景点预订等在线服务。旅游公共交通系统有300多条公交线路；作为东南亚第二个兴建的地铁系统，4条地铁线覆盖新加坡大部分地区；开通3条轻轨辅助主干道地铁线路，实现全线自动化和电气化；乘观光车可游览新加坡23个著名景点，还可以在新加坡购物、餐饮、文化、娱乐中心地区停车。

3. 浙江桐庐全域景区发展型：“大景区”格局

“中国画城”桐庐，宛若一幅现代版的“富春山居图”，镶嵌于青山绿水间，具有独特的人文景观，历史文化底蕴深厚，旅游资源丰富，目前景区有景点20余个。其全域特点为：

（1）全方位保障

机制围绕旅游“建”，通过建立与全域旅游相配套的领导体系、执法体系、保障体系，为发展“保驾护航”。

（2）全景化打造

城乡围绕旅游“优”，护好美丽生态，建好美丽城乡，串好美丽风景，打造好“大景区”的旅游底色。

（3）全产业融合

产业围绕旅游“+”，突出建设融合、平台融合、产业融合，发挥旅游产业的辐射带动作用。

（4）全领域覆盖

转型围绕旅游“抓”，推动旅游全面转型、促进县域经济转型、带动城乡功能转型，让县域迎来新的春天。

（5）全社会参与

惠民围绕旅游“促”，通过文明素质整体提升，基础设施惠民共享、旅游业态富民共赢，最终惠及全民。

4. 浙江省安吉县产业深度融合型：美丽乡村建设主导全域发展

安吉县地处浙江西北部，境内“七山一水二分田”，层峦叠嶂、翠竹绵延，被誉为气净、水净、土净的“三净之地”。安吉率先提出“建设美丽乡村”的口号，以“村村优美、家家创业、处处和谐、人人幸福”为目标，成为全国乡村建设典范。其全域特点为：

（1）以美丽乡村建设带动全域发展

在建设美丽乡村的实践中，坚持“尊重自然美、侧重现代美、注重个性美、构建整体美”原则。强化全局战略思维，把全县当作一个大乡村来规划、把一个村当作一个景区来设计、把一户人家当作一个小品来改造，推进环境、空间、产业和文明相互支撑，一、二、三产业整体联动，城乡一体有机链接，力求全县美丽、全县发展。

（2）创新体制

在浙江率先成立旅游委员会，政府职能实现从行业管理向更深层面的产业推进。为整合资源、提高效率，部门书记、镇书记、各局分局长都兼任副主任；为和市场结合，成立旅游发展总公司，政企分开，以便让“政府的归政府，市场的归市场”。在全省首创设立专业总规划师，项目审批“一支笔”；建立全县资源、项目库，全县资源一盘棋，统一管理，统筹操作，形成合力。

（3）大力推进全域景区化建设

旅游产业的发展需要更高层次的支撑、更高端的服务水平、更丰富多层次的产品构成、更大气的接待承载能力、更强的市场号召力等，而这些，都在安吉县努力推进的“全域景区化建设”之中。根据“五化同步”的总体要求，在提质上苦下功夫，力促转型——全域化布局、一体化推进、标准化管理、生态化发展、国际化引领。

3　乡村全域旅游与乡村振兴

3.1　新时代乡村振兴的逻辑思路

2021 年中央一号文件《中共中央、国务院关于全面推进乡村振兴加快农业农村现代化的意见》指出，民族要复兴，乡村必振兴。要坚持把解决好“三农”问题作为全党工作的重中之重，把全面推进乡村振兴作为实现中华民族伟大复兴的一项重大任务，举全党全社会之力，加快农业农村现代化，让广大农民过上更加美好的生活。

各省省委、省政府高度重视乡村振兴战略的实施。例如，2021 年湖北省委一号文件《中共湖北省委、湖北省人民政府关于全面推进乡村振兴和农业产业强省建设加快农业农村现代化的实施意见》指出，新发展阶段“三农”工作依然极端重要，须臾不可放松，务必抓紧抓实。从集中资源支持脱贫攻坚转向巩固拓展脱贫攻坚成果和全面推进乡村振兴，推动“三农”工作重心历史性转移，就实施乡村建设行动、全面加强党对“三农”工作的领导提出具体要求，为强化农业农村优先发展投入保障出台一系列措施。

3.1.1　乡村振兴的基本要点与内在联系

3.1.1.1　乡村衰败的表现和原因

改革开放以来，我国社会经济转型取得较好的发展，工业化进程加快，城市化率逐年上升，我国的城市化水平从 1978 年的 17.9%上升到 2012 年的 52.6%，到 2020 年我国城市化水平达到 63.89%，目前我国城市数量达到 687 个。虽然社会主义新农村建设给中国的农村发展带来了发展机会和崭新的面貌，改善了农村农民的生活条件和居住环境，但是现代新农村建设也面临着巨大问题，较多的新农村出现了千村一面的情况，而且人口活力较少，仅仅在春节前后外出务工人员返回家乡，其他时间农村人员稀少，变成空心村，失去了原来古朴浓厚的生活气息，这样的改变和原来的传统形成了巨大的反差，也是我们当前面临的共同问题①。

当代乡村衰败主要表现在以下几个方面：我国乡村有着悠久的发展历史、独特的地域特色、多样丰富的民俗文化、朴实祥和的生活气氛。这些都是乡村在发展中需要保留的面貌，而不是被先进的物质条件取代。所以，复兴乡村的任务是让农民既能享受优质

① 高欣．湖北省 A 级景区空间结构的区域分异研究［D］．华中师范大学，2017.

的现代生活条件，又能延续乡村传统，避免“空村”和“死村”的出现。

一是人口向城镇转移，村落空心化普遍。随着城镇化、工业化、商业化的发展，乡村人口逐渐向城市转移，青年外出务工成为主流，老人和儿童留在农村，使农村的基本功能遭到了冲击解构，农村的土地闲置、生产方式改变，失去了原来的生机和活力。城市化的高速运转正在和农村的衰败拉开差距，城乡二元结构巨大的势能差将农村的诸多资源吸走，而且农民外出产生的经济价值也未反馈到农村建设中，绝大部分人选择在城镇购买商品房，逐渐告别农村生活，这就导致农村人口逐渐减少，出现了较多的空心村。

根据资料数据统计，2002 年到 2012 年十年间，中国的自然村个数由 360 万减少至 270 万；2005 年到 2017 年，乡村人口由 7.5 亿人减少至 5.9 亿人，下降速度之快显而易见。到 2016 年底，我国人口迁移流动规模达 2.45 亿，其中 80％的人口是从农村地区流向城市地区。城乡人口迁移流动在一定时期虽然解决了农村劳动力过剩的问题，但也产生了乡村家庭、经济、社会、文化等新问题。如果按照这种趋势继续发展，未来 10 年中国将有 10％的村庄会融入城市，60％的村庄会逐渐凋敝，人口将继续大量流入城镇，农村空心化与衰亡现象将与日俱增。总而言之，当今社会人口逐渐向城镇转移，农村空心化与衰亡现象比较普遍，城乡差别与空间非正义现象愈来愈突出。

二是乡村环境遭受破坏，生态资源承载不足。长期以来，我国传统农业种植收益比不上进城务工的收益，导致大多数农民对土地经济产出有限的狭隘认知，出现了严重的农地撂荒现象，乡村土地应有的经济、社会、生态、景观价值没有得到发挥。工业化进程改变了传统乡村的土地资源、山水面貌、道路设施、建筑风格，产生了较大的不利影响，农村生态环境遭到破坏，影响了群众的身心健康和日常生活，阻碍了农村经济和环境的可持续发展。与此同时，把城镇的一些容易造成生态环境污染的企业迁入农村地区，把新引进的污染企业或者具有潜在污染危害的企业也布局到距城镇较远的农村地区，生态环境的旧账没有解决，又增加了新账，从而加剧了农村地区的生态环境恶化。

三是乡村传统文化丧失，民俗习性逐渐消失。乡土文化是我国区域文化的重要组成部分，也是中华民族文化的精华所在。我国乡村地区在长期的劳动实践过程中积淀了丰富的农业生产、社会生活、自然生态等方面的乡土文化，但是错误的乡村建设观念、发展观念对传统古村落和乡村自然生态产生了巨大破坏，使得农村人口向城市转移而逐渐失去应有的活力，进一步加速乡土文化的失传。文化流失是我国大多数乡村衰退，甚至衰亡的深层根源。

十九大召开后，以人民为中心的使命要求农业农村优先发展，要进一步调整理顺工农城乡关系。在要素配置上优先满足，在资源条件上优先保障，在公共服务上优先安排，加快农业农村经济发展，加快补齐农村公共服务、基础设施和信息流通等方面短板，显著缩小城乡差距。让农业成为有奔头的产业，让农民成为有吸引力的职业，让农村成为安居乐业的家园。为与这些新需要相适应，就必须实行新的乡村发展路径，解决

“三农”问题。

3.1.1.2　乡村振兴概念的提出及其要点

十八大以来，习近平总书记先后提出了农业现代化、农民职业化和城乡一体化的思想，为我国“三农”事业的发展提供了理论指引。随着中国特色社会主义事业发展进入到新时代，我国社会主要矛盾发生了新的变化，新的矛盾要求我们党和政府对于如何解决“三农”问题转变思路。在产业上构建现代农业产业体系、生产体系、经营体系，完善农业支持保护制度，同时通过发展壮大乡村产业，激发农村创新创业活力。在生态上强化资源保护与节约利用，推进农业清洁生产，集中治理农业环境突出问题，实现农业绿色发展，并确定推进美丽宜居乡村建设，持续改善农村人居环境。在文化上传承发展乡村优秀传统文化，培育文明乡风、良好家风、淳朴民风，建设邻里守望、诚信重礼、勤俭节约的文明乡村，推动乡村文化振兴。在管理上建立健全党委领导、政府负责、社会协同、公众参与、法治保障的现代乡村社会治理体制，推动乡村组织振兴，打造充满活力、和谐有序的善治乡村。在生活上加快补齐农村民生短板，如改善农村交通物流设施条件、加强农村水利基础设施网络建设、拓宽转移就业渠道，以及加强农村社会保障体系建设等①。

习近平总书记在 2017 年 10 月 18 日党的十九大上提出乡村振兴战略，指出“三农”问题是关系国计民生的根本性问题，必须始终把解决好“三农”问题作为全党工作的重中之重，实施乡村振兴战略。

乡村振兴战略的总要求是“产业兴旺、生态宜居、乡风文明、治理有效、生活富裕”。产业兴旺，就是要以推进农业供给侧结构性改革为主线，以构建现代农业产业体系、生产体系、经营体系为抓手，促进农村一、二、三产业融合发展，延伸农业产业链、价值链，提高农业综合效率和竞争力。生态宜居，就是要适应生态文明建设要求，因地制宜地发展绿色农业，搞好农村人居环境综合整治，尽快改变许多地方农村污水乱排、垃圾乱扔、秸秆乱烧的脏乱差状况，促进农村生产、生活、生态协调发展。乡风文明，就是要大力弘扬社会主义核心价值观，抓好农村移风易俗，坚决反对铺张浪费、婚丧大操大办等陈规陋习，树立文明新风，全面提升农民素质，打造农民的精神家园。治理有效，就是要通过健全自治、法治、德治相结合的乡村治理体系，坚持系统治理、依法治理、综合治理、源头治理，确保广大农民安居乐业、农村社会安定有序。生活富裕，就是要努力保持农民收入较快增长的势头，不断缩小城乡居民收入差距，让广大农民群众和全国人民一道进入全面小康社会。

产业兴旺是实现乡村振兴的根本意义，是促进农村经济发展的首要任务。振兴产业，就要紧紧围绕推动产业发展，引导和促进农业和农村汇集更多的资本、技术、人才等要素，充分调动农民的积极性和创造性，形成现代农业产业体系，促进农村一、二、

① 张树坤．乡村旅游在实施乡村振兴战略中的作用与对策——以湖北省孝感市为例［J］．湖北职业技术学院学报，2018，21（01）：98-100.

三产业的一体化发展，保持农业和农村经济的蓬勃发展。当前要推进农业供给侧结构性改革，加快现代农业产业化、制度化，建设生产体系、管理体制，提高农业创新能力、竞争力和全要素生产能力。培训农村发展新动力，加快农业产业升级，提高农业综合效益和竞争力，突出农村生产力的方向，努力实现产业的繁荣，做大做强绿色养殖、农产品加工配送、休闲农业、乡村旅游、农村服务业、地方产业，培育新型农业和农村发展的新动能。

推动乡村产业振兴，就是要构建现代农业产业体系、生产体系、经营体系，实现农村一、二、三产业深度融合发展，进一步提高国家粮食安全保障水平，牢牢把握国家粮食安全主动权；以农业供给侧结构性改革为主线，推动农业从增产导向转向提质导向，增强我国农业创新力和竞争力，为建设现代化经济体系奠定坚实基础，为农民增收拓展空间。推动乡村产业振兴，必须构建新型农业生产体系，紧紧围绕发展现代农业，夯实农业生产能力基础，实施农业综合生产能力提升重大工程，确保国家粮食安全和主要农产品有效供给；加快农业转型升级，优化农业生产力布局，推进农业结构调整，壮大特色优势产业，保障农产品质量安全，实施质量兴农重大工程，培育提升农业品牌，更好地应对农产品进口冲击和国际农产品市场剧烈波动的不利影响，更好地满足居民食物消费升级需要。构建新型农业产业体系，紧紧围绕农村一、二、三产业融合发展，促进农业内部融合、延伸农业产业链、拓展农业多种功能，发展乡村新产业新业态，壮大乡村产业，扩大农民持续较快增收渠道。

人才是乡村振兴的关键要素。乡村人才振兴要运用政策、机制、机会等多种方式，鼓励社会各类人才看到乡村希望、看好乡村未来、看见乡村生活，真正实现“吸引人才到农村”。采取措施鼓励和支持社会各方面提供技术支持、创业指导等服务，培养本土人才，推动专业人才服务乡村，促进农业农村人才队伍建设。

文化振兴是实现乡村振兴的思想保障。以社会主义核心价值观为引领，采取符合农村、农民特点的有效方式，深化中国特色社会主义和中国梦宣传教育，大力弘扬民族精神和时代精神。深入实施公民道德建设工程，挖掘农村传统道德教育资源，依托村规民约褒扬善行义举、贬斥失德失范，推进社会公德、职业道德、家庭美德、个人品德建设。推进诚信建设，强化农民的社会责任意识、规则意识、集体意识、主人翁意识。

生态振兴重在构建乡村振兴的环境基础，核心是在农业发展观上进行一场深刻革命。一方面是形成绿色的生产方式和产业结构，推进农业投入品减量、农业废弃物资源化利用和农业资源养护；另一方面是形成绿色的生活方式和人居空间，从厨房厕所垃圾桶改起，落实农村人居环境整治三年行动计划。

组织振兴重在保障乡村振兴的政治基础，农村基层党组织是实施乡村振兴战略的战斗堡垒，组织振兴就是要以千千万万名优秀的农村基层党组织书记为抓手，把我国社会主义民主政治的优势和特点充分发挥出来，形成“三治合一”的现代乡村社会治理体系，保障乡村振兴健康有序推进。

3.1.2 乡村振兴的实施路径

3.1.2.1 乡村振兴的基本要求

畸形的城乡二元结构和城市化的加剧是我国大部分乡村相对衰败的根本原因，目前中国城乡社会经济、文化教育、医疗服务、休闲娱乐、生活水平等方面差距太大，巨大的城乡“势差”加剧乡村的各种资源大量单向地流入城市，乡村“失血”现象非常严重，长此以往，中国乡村将不可避免地逐步走向衰落。打破城乡二元结构并非一朝一夕之事，乡村衰落的内在逻辑要求探索一条目前具有可行性的“曲线救村”之路，即绕开问题的表面现象，从事物的本源和内在逻辑去解决问题。出现空心村和乡村衰落难题的核心在于乡村中大量青壮年劳动力长期外流务工，其原因主要在于农村存在的诸多推力因素（图 3-1），而农村推力因素中的关键又在于务农收益太低和生活困难。因此，要破解衰落乡村的难题，应在乡村的“推力”“拉力”因素的改变和“产业”培育、“人气”形成上做文章。

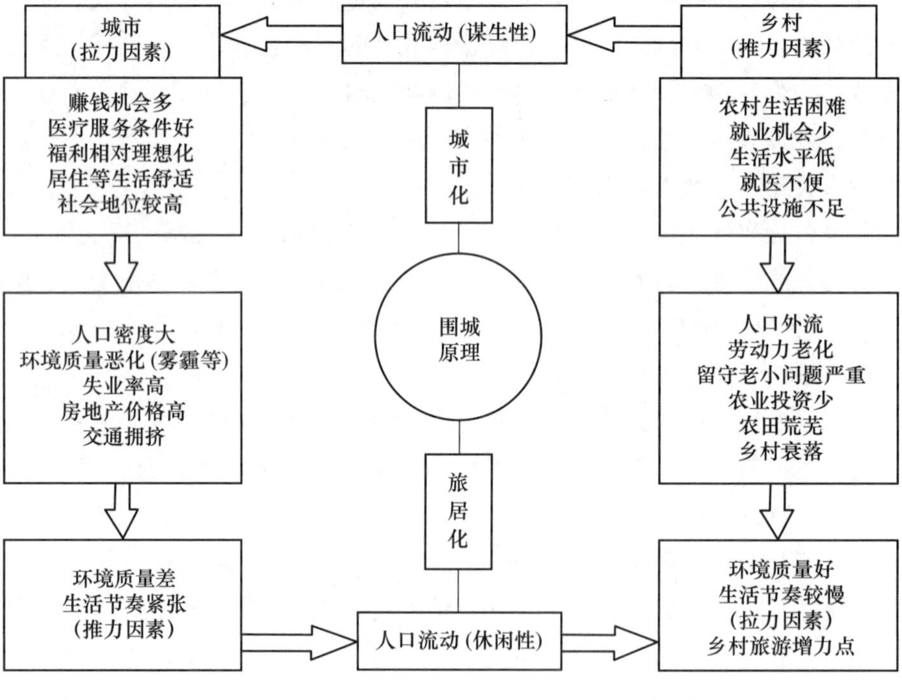

图 3-1 城乡人口对流的“围城效应”与推拉理论模型

1. 利用农村生态优势，推动发展生态化旅游

乡村振兴的首要任务就是要大力发展乡村特色产业，利用乡村原始生态资源优势打造乡村旅游业，为乡村赢得更多的发展空间。乡村生态化旅游主要借助乡村原始的风貌特色、资源环境、文化传统，这些都是发展的优势方向。因此结合当地的自然条件和市场需求，合理利用地理优势和宣传工作，创新一些较为丰富多彩和特色鲜明的旅游产

品，发挥出农村特有的生态和文化资源价值。牢固树立和践行“绿水青山就是金山银山”的理念，在严守生态底线的前提下，推动旅游资源科学规划、有序打造、合理开发、永续利用；要重视乡村文化内涵的挖掘、提炼和表达，保持旺盛的生命力；要坚持属地化原则，强化环境综合整治，提升外在形象和美誉度；要坚持全面统筹、协调发展，强化资源整合、统一规划、协调联动，大力实施“旅游+”，推动旅游发展合力化、旅游要素链条化、旅游产业升级化。

2. 积极开发乡村休闲观光农业

在乡村振兴战略的推动下，可以更好地利用农村特色建立新型的旅游项目，努力发展休闲农业，让游客可以在游玩过程中集观光、采摘和耕作体验活动于一体，这样就会更加满足他们了解农民生产生活和更好享受乡土情趣的需求，除此之外，还需要配套建设相应的住宿和度假项目。乡村休闲就是充分利用农业生产过程、农民生活和农村生态，利用一些先进的科学手段，给消费者提供全面服务。

休闲农业和乡村旅游是农业供给侧结构性改革的重要内容，是农业农村经济发展的新动能。党中央、国务院高度重视休闲农业和乡村旅游发展，2015 年以来连续多年中央一号文件都提出要大力发展休闲农业和乡村旅游，使之成为繁荣农村、富裕农民的新兴支柱产业。国务院办公厅在加快转变农业发展方式、推进农村一、二、三产业融合发展、促进旅游投资和消费、支持返乡下乡人员创业创新的四个意见中强调，要大力发展休闲农业和乡村旅游，推进农业与旅游、教育、文化、健康养老等产业深度融合。为贯彻党中央、国务院的文件精神，利用农业景观资源和生产条件，发展观光休闲旅游的方式就是休闲农业，这是一种新型的农业生产形态，休闲农业的特点包括深度开发农业资源潜力、改变农业发展结构、改善农业生产环境和增加农民收入。

3. 开发乡村景观农业

乡村旅游项目包括景观农业项目，主要是保存农业体验，以田园风光为基础进行开发，设计建设出具有农村特点的景观，从而使乡村旅游更具特色。升级农产品为旅游产品，服务乡村振兴战略，不断增加乡村旅游的产品类型，打造出具有乡村特色的新业态，按照不同主题来打造乡村旅游目的地和精品旅游路线，建设具有乡村特色的民俗和养生基地，提供不同的旅游产品，增加更多的新型服务。同时对农村一些珍奇农作物进行开发和创新，提高旅游的看点和观赏价值。

建设乡村生态景观农业的根本目的是为了推动乡村经济的全面发展，提高乡村居民的生活质量，在我国乡村生态景观农业的开发建设过程中，必须要坚持以人民为中心的理念与原则，采取最佳的措施实现经济效益与生态效益的最大化，推动乡村区域的可持续发展。

3.1.2.2 乡村旅游对乡村振兴的推动作用

实施乡村振兴战略，对掀起新一轮乡村经济繁荣和农村社会进步具有重要的战略指引作。乡村旅游因其产业综合性、兼容性，能够为应对我国乡村发展落后六大主要问题提出有效的解决办法。因此，其必将在我国新时代乡村振兴战略中发挥重大作用。

乡村地区是我国经济社会发展的广大区域，是我国城市发展不可割裂的资源供给区域。然而随着我国城市化进程的加快，乡村地区在产业发展、要素集聚、技术创新、市场连接、公共设施建设等方面的劣势越发明显，发展要远落后于城市地区，尤其是在偏远地区的乡村表现得更加萧条和衰退。这并非传统农业的凋敝，而是乡土景观基因、乡村文化因子、自然生态价值、土地利用潜力等没能继承、延续、挖掘和发挥，乡村经济社会发展活力丧失。这与我国全面建成小康社会、全面建设社会主义现代化的总体目标和方向相背离，因此，作为城市发展依靠的乡村，亟须振兴发展。

乡村旅游是指在农村地区开展的能够展示乡村生活、乡村艺术、乡村文化与传统活动，在经济和社会层面能够惠及当地村民，促进旅游者与当地群众之间互动与了解，进而增强旅游者体验任何形式的旅游活动。乡村旅游不是单纯的农村旅游，而是以休闲度假为宗旨，以村庄野外为空间，以人文无干扰、生态无破坏、旅游者与乡村居民深度融合为特色的旅游形式。乡村旅游是基层和群众的创造，旅游扶贫是贫困地区扶贫攻坚的有效方式，是贫困地区群众脱贫致富的重要渠道。欠发达地区往往是交通不便但原生态保护较好、山清水秀的乡村，这些地方的主要经济收入来源一般都来自传统农业，由于土地资源有限和农业种植模式单一等因素使其成为落后乡村。如果能够转变思路，大力发展乡村旅游，这些乡村就可以变劣势为优势，实现长足可持续发展。

（1）发展乡村旅游汇聚农村人气。乡村旅游发展能够吸引农民工返乡创业、城市居民下乡创业、游客来乡旅游，进一步增强农村人气。2015 年国务院办公厅颁布的《关于进一步促进旅游投资和消费的若干意见》，明确提出“开展百万乡村旅游创客行动”。为了响应国务院号召，国家旅游局决定开展“百村万人乡村旅游创客行动”，目前，在全国已经创建了 100 个乡村旅游创客示范基地，组织引导了万名大学生、返乡农民工、专业艺术人才、青年创业团队等各类“创客”投身乡村旅游发展，这为我国乡村振兴发展汇聚了宝贵的人力资源。

（2）发展乡村旅游盘活农村土地。发展休闲农业与乡村旅游是促进农业转型发展的重要手段，也是提高农村土地资源利用效率和产出附加价值的最优途径之一。根据湖南某村的实践调查结果，该村农地用于传统水稻种植，每亩年收入约 1450 元。休闲农业与乡村旅游开发之后，原有农地流转为葡萄种植园，每亩年收入约 22000 元，是之前的 15 倍，而且农地休闲利用后，全村年累计接待游客 20 余万人次，较好地满足了周边城市居民的游憩需求，极大地提高了农地产出经济、社会附加价值，且土地利用率提高了 10%以上。由此可见，发展乡村旅游能够很好地盘活农村土地，增加农户的生计资本，发挥农村土地的综合效益。

（3）发展乡村旅游激活农村产业。乡村旅游为农村产业转型发展提供了新的方向，乡村旅游能够挖掘农业产业附加价值，促进其与旅游业、休闲业的融合发展。旅游业与农业的融合发展能够有效防止农业发展的“边际效益递减”趋势，衍生新的生产力，实现农业现代化。此外，随着乡村旅游的发展，乡村的渔业、农产品加工业、商业、特色手工业、特色养殖业、特色建筑业等都会随之而发展，极大丰富和激活农村产业潜力，拓展产业链条，完善农村产业体系。

（4）发展乡村旅游改善农民教育。我国农村教育落后，教育资源不足，主要表现在两个方面，一是对留守青少年的义务教育资源短缺，二是对于有劳动能力的留守成年人的职业技能教育不足。大力发展乡村旅游，组织高校、研究机构的旅游管理、农业经济专业教师、研究人员、技术人员下乡进行教育培训，或者通过公司组织农民到外地参观学习培训，将有效改善我国农村教育资源不足、农民文化素质不高的现实问题，从总体上提高和改善农村教育水平。

（5）发展乡村旅游传承乡土文化。以乡土文化为核心资源的乡村旅游发展，需要挖掘和保护乡土文化资源。西递宏村的古村落、婺源的油菜花海、边城的民俗演艺，这些乡村旅游目的地都因其深厚的乡土文化而备受青睐。乡村旅游因独特的乡土文化而精彩，乡村旅游目的地的成功也会增强全社会对乡土文化的保护意识。乡村旅游发展传承乡村农耕、村俗、服饰、餐饮、宗祠、建筑、民约等物质和非物质乡土文化，不断促进我国乡村地区的繁荣昌盛。

（6）发展乡村旅游增强农户生计能力。乡村旅游发展能够有效改善农村居民的生计，促进贫困户脱贫致富已成为国际贫困治理研究的共识。乡村旅游发展中对基础设施、公共设施的修建能够缓解传统农地经营的生计脆弱性，提高乡村居民的自然、物质、社会、金融、人力等生计资本，为乡村居民提供旅游经营、旅游就业、工程建设、店铺经商等多元化非农生计活动选择，且能够增加旅游服务培训、农业技能培训和经营管理培训机会，真正实现从增加生计收入到增强生计能力，实现农户生计可持续性。三大攻坚战取得重大突破，发展乡村旅游能牢牢巩固脱贫攻坚成果，能进一步提升农民幸福生活质量，这既是我国乡村振兴战略的出发点，也是落脚点。

在上述背景与当前形势下，完全可以以旅游为引擎，通过发展乡村旅游或休闲农业以及建设田园综合体等形式，通过城乡互动、产业培育、资本介入、村民参与等路径，促使人、地、景、产、村关系的重构和优化，让乡村的资源变资产，让农（山）区变景区、让田园变乐园、让产品变商品、让农民变“市民”（指的是就地城镇化，农民享受城里人的生活方式，成为变相“市民”）、让贫民变富民、让“空村”变“实村”、让“死村”变“活村”，从而实现乡村全面振兴。

3.2 乡村旅游推进乡村振兴的辩证关系

“产业兴旺、生态宜居、乡风文明、治理有效、生活富裕”20字方针是乡村振兴的总体要求与基本内涵。旅游的本质是“诗意的栖居”，而游客旅游体验空间与乡村居民生产生活空间的统一性，决定了这些基础设施和旅游服务设施的完善，本质上是旅居环境一体化建设。在提升乡村旅游景观，完善乡村公共服务设施，营造“诗意栖居”的旅游空间的同时，乡村居民的日常生活同样从中得到显著改善。

乡村旅游是城乡融合发展的重要路径。实现城乡之间资本、信息、消费等各种要素的自由流动是提升乡村自身价值的内在要求。发展乡村旅游有利于加快城乡之间的人流、物流、信息流，城里人到乡村旅游必然带来大量的消费，包括购买当地农副产品、纪念品等，从而实现城市的资金向农村流动。发展乡村旅游有利于加快农村基础设施建设。乡村旅游的发展必然对住宿、餐饮等提出新的更高要求，促进政府加大对基础设施建设的投入力度，如道路整治、河道清理、改水改厕、垃圾填埋等，从而加快农村经济社会发展①。

乡村旅游是县域经济发展的新支点。乡村旅游已经成为现代旅游业的主要支撑，极大地带动了县域经济快速发展。近年来，随着改革的推进和新型城镇化的加快，乡村旅游及其相关产业的发展成为县域经济发展的新亮点，无论从经济效益还是从社会效益来考量，发展乡村旅游都是改善农村生态环境并激发县域经济发展活力的多赢之举。

发展乡村旅游是实施乡村振兴战略的重要途径之一。如何以乡村旅游助力乡村振兴，推动乡村旅游向更高层次发展，实现乡村旅游发展环境、产业规模、发展质量、社会效益的显著提升，形成布局合理、业态丰富、功能完善的乡村旅游发展新格局？这些既是乡村旅游发展的要求，也是实施乡村振兴战略的要求。

3.2.1 乡村旅游的机遇与可行性

3.2.1.1 乡村旅游推进乡村振兴的时代机遇

（1）宏观形势与政策导向的支持

“三农”问题首先是要解决农业、农民、农村的经济来源问题。时下已缺乏像20世纪80年代通过乡镇企业发展工业实现经济振兴的基本条件，乡村经济来源一是国家转移支付的财政投入，二是靠农业现代化提高农业自身的收入，三是靠以旅游业为主导的服务业发展。另一方面，国家的财政投入并非乡村内生的经济动力。而提升农业的意义更大程度在于“无粮不稳”的国家战略，同时，随着农业科技的不断提升，农业本身吸纳农民的数量减少是一个必然的趋势。

中央一号文件在产业兴旺中明确要求“实施休闲农业和乡村旅游精品工程，建设一批设施完备、功能多样的休闲观光园区、森林人家、康养基地、乡村民宿、特色小镇”，除此之外，在乡村发展生态农业、设施农业、体验农业、定制农业和发展创意农业、特色文化产业等，很大程度上也需要借助乡村旅游搭建的市场新渠道。而在一号文件生态建设部分，涉及的产业发展内容，几乎全部与旅游业相关。

文件明确规定，“加快发展森林草原旅游、河湖湿地观光、冰雪海上运动、野生动

① 郑知廷．全域旅游视角下的乡镇“五位一体”发展机制研究—以杭州市淳安县威坪镇为例［D］．浙江工商大学，2018.

物驯养观赏等产业，积极开发观光农业、游憩休闲、健康养生、生态教育等服务。创建一批特色生态旅游示范村镇和精品线路，打造绿色生态环保的乡村生态旅游产业链"。由此可见，旅游业是与"乡村宜居"最为兼容的产业，也是将乡村生态资源转化成经济来源的首位产业。在这样一个大背景下，迫切需要将旅游业作为乡村经济振兴的主体产业，稳步提高旅游经济在乡村经济中的比重，通过发展特色旅游业为乡村振兴注入新的动力。

(2) 时代发展潮流的趋势

近年来，农业科技的飞速发展大大提高了农耕生产效率，农民在农忙季之外的闲暇时间越来越多，在这样的时代背景下，如何将农村空闲地及农村大量的剩余劳动力同人民日益旺盛的娱乐需求相结合来提高农村经济发展，成为社会各方需要思考的一个问题。乡村旅游将农业与旅游相结合，将传统农业转变为休闲农业。打造乡村风景基地、开设民居、农家乐等，乡村旅游用城镇所不具备的自然及人文景观吸引旅游爱好者，从而满足人们休闲和回归自然的需求，同时拉动消费，促进周边村庄经济发展。在这样一个有需求、有趋势的背景下，乡村旅游发展已然成为我国旅游的一个新亮点。

根据研究表明，现代民众已经不再热衷于特殊的旅游景观，而更希望接触自然淳朴的、保存良好的乡村景色。乡村将成为城市居民心灵栖息的"第三空间""田园风光＋洁净环境＋健康食品＋乐活生活"等低碳生活方式将成为都市人生活的向往，诗意栖居式的乡村休闲旅游将成为未来旅游舞台的主角。乡村景观与乡村休闲旅游被城市居民作为乡村情感的寄托，对城市居民的生活方式乃至生活态度都将产生重要的影响作用。随着后工业化社会的到来，逆城镇化现象与新田园主义将会出现，"反城市"情绪将愈演愈烈，人们越来越希望回归自然、返回原野，乡愁情结或怀乡病是人们对渐行渐远、日趋消逝的乡村文化的眷恋与回望。由于城市环境的日益恶化，人们追求的诗意栖居之地在未来相当长的一段时期不可能是城市而是乡村，因此将有越来越多的人选择"城乡两栖"的生活方式。

乡村是一个复杂的生态和社会系统，乡村旅游不仅涉及生态问题，更与三次产业发展、村庄建设、村民福祉、乡土文化传承、城乡统筹发展、脱贫富民等方面密切相关。做好乡村旅游，产业支撑与融合发展是乡村旅游的基础和主路径。支撑乡村旅游发展的不是单纯的第一产业、第二产业或第三产业，而是以旅游业为纽带，以第一产业为基础，实现"接二、连三"，达到"你中有我，我中有你"的产业有机融合。

(3) 乡村环境资源的丰富与特色

乡村旅游资源主要有农业生态景观、村落景观、农耕活动与民俗风情等。乡村旅游的发展应以良好生态环境、宁静氛围、绿色食品、低碳生活、人与自然和谐关系为主要吸引物。根据相对一致性原则、发生演化一致性原则和同时性原则，乡村旅游资源可分为农业景观、聚落景观和民俗文化景观等类型。

依托乡村旅游资源，利用种植业、渔业、畜牧业、园艺业等农业资源，开发休闲、采摘、养殖、科普等多种乡村旅游活动。农业园主要以观光园、茶园、花圃、休闲农场、休闲牧场、农业科技示范园等为主体；以休闲、娱乐、增长知识为主题。农舍、渔场、牧场度假村、主题公园等都属于这一类型。

中华优秀传统文化本质是乡土文化，源远流长的血脉在乡村，乡村振兴中要把文化振兴作为乡村振兴的灵魂。若从文化资源作为生产要素的角度来看，还可以深入挖掘乡村特色文化资源，借助新型文化创意、科技手段、市场化发展机制，实现文化资源的产品化转化，全面发展乡村特色文化经济。利用乡村特色文化资源，把链条延伸拉长，推动乡村特色文化旅游等综合性产业发展。乡村环境美化改善了，文化空间怡人宜居，又有文化底蕴且资源产品化实现有特色，就能发展乡村旅游等综合性产业。利用好农业文化资源，做好乡村旅游，如吐鲁番的坎儿井与河南林州的红旗渠，如今都是品牌性地方特色旅游产品。乡村文化遗产资源的旅游价值产业化开发，可以将特色文化资源潜在经济价值转化为现实价值，把特色文化产业变成乡村可持续发展的产业支撑。

民俗文化景观包括保存完好的古民居与古村落、丰富的历史文化（包括非物质文化遗产）和朴素、淳朴的乡土风情，都是乡村旅游发展的良好素材。乡村旅游可以依托具有地方特色的民俗文化景观，以乡村民俗和传统文化为主题，发展乡村旅游，以展示具有地方特色的民俗文化、民族文化和地域文化为特色吸引游客①。

3.2.1.2　乡村旅游推进乡村振兴的可行性分析

目前，各种旅游资源和旅游空间的开发已接近极致，各种旅游“热点”已达到饱和，造成旅游者过多而产生的压力，尤其是在节假日期间更加拥挤，“看风景”已异化成“看人海”，完全失去了旅游应该带来的身心自由舒畅和愉悦体验的目的。因此，必须制定一系列规章制度，使游客向城市郊区蔓延，向农村扩散，从而减轻城市和景区的旅游压力。发展乡村旅游是分散旅游热点、减缓旅游拥挤的最佳途径。乡村承载力强，自然恢复能力快，可以减缓旅游热点的游客压力。同时，乡村旅游因其优美的环境和良好的空气质量，充分满足了城市游客进入自然、寻求差异、体验原始生态旅游的心理。乡村旅游的发展也可以更新人们的旅游观念，为生态旅游发展创造新的前景。乡村旅游发展不仅为城市旅游热点的扩散提供了广阔空间，而且为新时代美丽乡村建设提供了良好场所。

首先，乡村全域旅游主张以旅游为引领，探索旅游与乡村农业、文化、生态融合的产业发展模式，通过“旅游+”带动的产业融合和旅游引领的绿色发展促进乡村产业振兴；其次，乡村全域旅游围绕“吃、住、行、游、购、娱、商、养、学、闲、情、奇”十二要素打造乡村旅游目的地，既能促进乡村新产业、新业态的形成，也能吸引人流，进而实现消费集聚和资金、人才、科技等要素进入乡村；最后，乡村全域旅游作为一种系统性的地方发展模式，与新型城镇化、美丽乡村建设、农村环境整治等工作结合开展

① 曹发明．旅游业主导新型城镇化发展研究［J］．经济研究导刊，2015（22）：182-183.

可以推动地方制定全局性发展规划和多部门联合开展工作，促进农村基层组织的建设和组织效率的提高，为乡村振兴提供有效保障（图 3-2）。

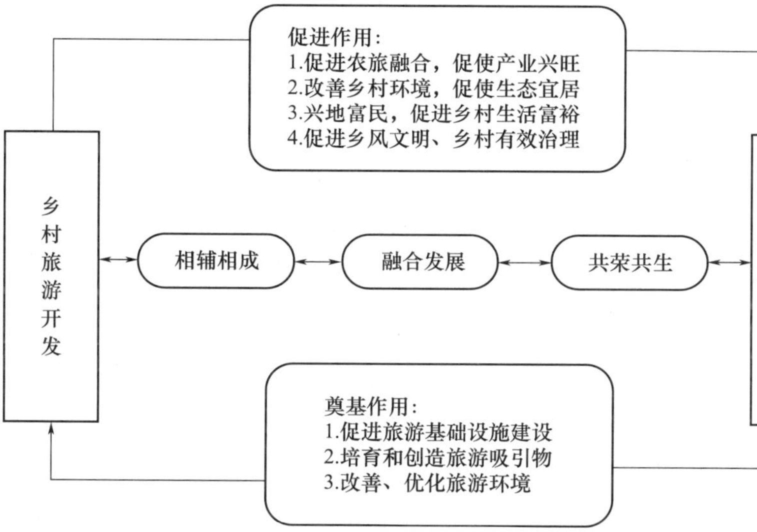

图 3-2　乡村旅游开发与乡村振兴发展互动融合示意图

（1）发展方向分析

首先，从乡村旅游的发展进程来看，由单独的景点景区的中心化旅游到多节点的产业配合旅游，再到以生态模式为基础的全域化旅游，是旅游一体化、区域协同化的过程。而乡镇发展进程中，主要体现在城乡二元结构到城乡一体化转化中，城乡协同发展是目的。两者的发展进程都是向着一体化、协同化的过程发展，方向一致。

其次，旅游产业具有产业关联度高、资源消耗低、经济作用明显、绿色生态和文化性兼容等特点，是第一、二、三产业中的重要支柱产业，有利于地方经济的发展。而乡镇发展中，特别是新型城镇化以来，乡镇需要城乡统筹、节约集约、生态宜居、可持续发展等基本要求。旅游产业的产业关联度高和乡镇发展的城乡统筹相符，旅游产业的资源消耗低和乡镇发展的节约集约相符，旅游产业的经济作用明显、绿色生态和乡镇发展的生态宜居、可持续发展相符。所以说，旅游产业发展和乡镇发展在发展理念上趋同①。

（2）发展作用分析

第一，乡村旅游为乡镇建设提供了大量的劳动资源。当今农村，劳动力的剩余和不充分利用，使得绝大多数人从农村转移到城市，所以阻碍了乡村城镇化的发展，要想乡村振兴，就必须保证乡村拥有充分的劳动力和人员有效配置。乡村旅游作为现代服务业

① 杨冬琳．全域旅游背景下的乡村振兴发展研究［A］．中国城市规划学会、杭州市人民政府．共享与品质——2018 中国城市规划年会论文集（18 乡村规划）［C］．中国城市规划学会、杭州市人民政府：中国城市规划学会，2018：11.

的重要组成部分，随着乡村旅游服务的发展，接纳外来人员旅游服务的功能产生了大量的岗位，为现阶段乡镇实现农业人口向城镇居民转变提供了重要途径。同时，吸引大量外地劳动力前来就业，丰富了当地的人力资源。

第二，乡村旅游的发展有利于就地城镇化。旅游产业的发展带动了各行各业之间的相互配合，由旅游项目带动的农业生产等第一产业、农产品加工配送等第二产业，以及相关服务的第三产业等之间相互融合，形成了农村产业集聚发展。旅游产业的聚集，促使产业各部门在产业的空间布局、聚集的程度、分工合作等方面，影响着城镇化发展，带动城镇产业结构的调整。而产业的聚集形成了人口的聚集，加上旅游相关配套服务设施的完善，实现就地城镇化，城乡一体化得到迅速发展。

第三，乡村旅游促进城镇的生态化和集约化发展。旅游产业作为环境友好型、资源节约型产业，它与生态、资源、环境等系统是相互依存、相互促进的关系。旅游业的发展要求较好的生态环境和环境治理，因此借助相关管理促进旅游基础设施向着生态化发展，提高乡村的基础服务设施和农民的生态环境保护意识，促进城镇向生态化和集约化发展。

通过旅游和乡镇发展的发展模式和发展作用分析，在发展方向上，两者具有方向一致性，在发展中优势互补、资源共用，互补性强；在发展作用上，全域旅游发展为乡镇发展提供人力资源，有利于就地城镇化，促进乡村生态化和集约化发展。根据以上总结，乡村振兴发展依靠乡村旅游具有可行性。

3.2.2 乡村旅游推进乡村振兴的已有实践

3.2.2.1 乡村旅游的多业融合形式

(1)“乡村旅游＋康体养生”

乡村旅游与康体养生产业结合的实质是以乡村自然生态环境、淳朴民俗风情文化为基础，而康体养生植入乡村旅游中，为乡村旅游发展拓宽了发展路径，丰富了乡村旅游产品的多样性。乡村旅游与康体养生产业融合是资源＋技术＋市场的结合。

乡村旅游康体养生之道在于：利用乡村景观资源的静，让养生人有“天人合一”的精神感受，达到身心和谐；乡村高负氧离子的空气也是养生的主要资源；乡村农耕活动体验，采取以动养生，在运动与快乐中养生；乡村绿色有机食品也是养生的重要资源。乡村旅游与康体养生的融合是未来乡村旅游发展的重要方向。

(2)“乡村旅游＋会议会展”

乡村旅游与会议会展产业融合对客源市场要求高，目前国内市场发展不成熟，以莫干山与乌镇西栅的发展较为成功。乡村旅游与会议会展产业的融合是市场与产品的融合过程，乡村旅游提供与都市不一样的环境，会议会展产业提供专业市场群体，从而达到产品与市场的结合。

(3)“乡村旅游＋文化娱乐”

乡村旅游与文化娱乐产业的融合，创新出乡村文化与乡村娱乐旅游产品，乡村文化与乡村娱乐产品的创新不仅为乡村旅游创新了旅游吸引物，也为文化娱乐提供了另类体验感，乡村旅游与文化娱乐产业融合是技术、市场群体的融合。

中国进入泛娱乐时代，文化娱乐是当前产业发展的最好机遇。乡村旅游与文化娱乐的结合是资源跨界整合的体现，利用网络热门 IP 植入乡村旅游中，进行乡村旅游品牌、形象、项目活动以及旅游商品的重组。乡村旅游与文化娱乐都属于精神休闲性质的消费，拥有共同的消费市场和主体，两者的结合产生了新的乡村旅游消费产品，激发了消费者的购买潜力。

(4)“乡村旅游＋房地产”

乡村旅游与房地产结合是乡村旅游发展的必然趋势，乡村度假型景区、乡村田园综合体、乡村养生养老社区等开发模式都是乡村旅游与房地产产业融合的产物。乡村旅游与房地产融合发展主要为资源、产品、市场的融合。

乡村旅游与房地产结合模式很多，如 2017 中央一号文件中强调的“发展田园综合体”，田园综合体就是乡村产业＋乡村旅游＋乡村地产的综合体。再如乡村特色小镇项目，也是典型的乡村旅游＋地产的结合。

(5)“乡村旅游＋商贸零售”

乡村旅游与商贸零售产业的结合主要表现为：乡村旅游商品通过商贸零售渠道而到达消费端，是典型的市场融合模式。

(6)“乡村旅游＋加工制造”

乡村旅游与加工制造结合可从价值链两端进行：首先是技术融合，即加工制造技艺具有旅游价值，对旅游消费者而言具有观赏体验价值；其次是产品融合，加工制造商品可作为乡村旅游商品进行销售。

基于上述乡村旅游产业融合的过程，发展出一批行动规划实践，其中以特色小镇、美丽乡村、田园综合体等为典型。

3.2.2.2　实践类型之一——特色小镇

我国特色小镇发源于浙江，2014 年在杭州云栖小镇首次被提及，是在块状经济和县域经济基础上发展而来的创新经济模式。2016 年 7 月 20 日，国家发改委、住房和城乡建设部、财政部联合下发《关于开展特色小镇培育工作的通知》，决定在全国范围开展特色小镇培育工作；2016 年 10 月，住建部公布了第一批中国特色小镇名单 127 个；2017 年 7 月，将 276 个镇认定为第二批全国特色小镇。国家已经将特色小镇上升到战略层面，地方政府纷纷推出特色小镇建设计划；到 2020 年，已培育 1000 个左右各具特色、富有活力的休闲旅游、商贸物流、现代制造、教育科技、传统文化、美丽宜居等特色小镇，引领带动了全国小城镇建设热潮。多家大型房地产集团已经制定了自己的特色小镇战略，有的已经完成建设并准备更大规模的规划建设。

2015 年，龙坞茶镇入选浙江省首批建设的 37 个特色小镇。打造一个风景优美、底蕴深厚、国际知名的茶乡特色小镇，成为龙坞茶镇的新目标。根据规划，龙坞小镇将以原龙坞镇所在地葛衙庄社区为中心，沿高尔夫球场外围的长埭村天平山、上城埭龙坞茶村、何家村光明寺水库、慈母桥青龙山、桐坞村塘家桥及绕城公路外叶埠桥社区为规划范围，面积在1～3平方千米。在这一区块内，将依据产业项目，规划形成茶园风光观赏区、茶叶交易集散区、茶文化体验区、茶乡民俗体验区、文创艺术集聚区、户外运动休闲区、养生健身度假区七个功能片区。

特色小镇的创建与乡村旅游的发展，是相辅相成、互为依托的。小镇的建设为乡村旅游产业链的延伸提供了更多的发展空间，也将成为当地特色产业转型升级的重要平台，而乡村旅游的发展，为特色小镇集聚人气，对于推动小镇的招商引资大有裨益。

3.2.2.3 实践类型之二——美丽乡村

自2012年党的十八大上提出建设“美丽中国”的重大论述以来，以生态文明为核心的美丽乡村建设，无论从实践推进层面，还是理论研究层面都得到了广泛重视。2013—2021年连续九年的中央一号文件都强调美丽乡村建设的问题。如2013年的中央一号文件提出“加强农村生态建设、环境保护和综合整治，努力建设美丽乡村”；2017年中央一号文件进一步强调“深入开展农村人居环境治理和美丽宜居乡村建设”。在2017年10月召开的党的十九大上，提出了要以“产业兴旺、生态宜居、乡风文明、治理有效、生活富裕的总要求”来“实施乡村振兴战略”，同时要“加快生态文明体制改革，建设美丽中国”；2021年中央一号文件强调实施农村人居环境整治提升五年行动，开展美丽宜居村庄和美丽庭院示范创建活动。美丽乡村建设既是美丽中国建设的重要组成部分，又是实施乡村振兴战略的主要手段和重点任务。

以济源市邵原镇的黄楝树村为例，黄楝树村以创建河南省美丽乡村为契机，按照生态旅游、休闲度假、产业服务、魅力乡村的目标，规划建设综合服务中心、商业购物一条街、农家乐等项目。截至目前，原始森林漂流、游客服务中心、公共游园、绿化通道、休闲栈道、公厕等项目已基本完工，风情休闲功能区内人行道、大型停车场等都在加快建设。投资1.2亿元的御林温泉度假区已经完成规划设计，一个集休闲娱乐于一体的美丽乡村正在“激活”乡村旅游的发展。

3.2.2.4 实践类型之三——田园综合体

2017年中央一号文件首次提出了田园综合体的新概念，田园综合体是集现代农业、休闲旅游、田园社区为一体的综合发展模式，可以满足三个产业相互渗透融合的新动向，是在城乡一体化格局下，顺应农村供给侧结构性改革、新型产业发展，结合农村产权制度改革，实现中国乡村现代化、新型城镇化、社会经济全面发展的一种可持续性模式。“田园综合体”模式是在城乡一体化格局下，实现农业、旅游与乡村社区综合开发的发展模式，它可以有效解决“三农”问题，即实现美化农村环境，发展可循环可持续农业，促进农民增收；实现城乡互动，鼓励城市居民到乡村旅游甚至定居，带来城乡的经济和文化互动，把乡村经济带动起来，把新文化融入进来，把诗意的体验和乡村的文化带出去；主张与时俱进，通过营造现代化的田园，把乡村质朴的野趣和现代的高新科技实现有机融合。一个完善的田园综合体应该是农业、加工业、制造业、餐饮业、住宿业等行业的有机融合体和城乡复合体。田园综合体是顺应新时代、新常态发展需求的乡村建设可持续性发展模式，与其他传统乡村旅游有着本质的区别。但是，近年来，随着乡村旅游的转型升级，田园综合体成为乡村旅游发展的关键因素，为乡村旅游发展开辟了一条新路径。

实现地区均衡发展、资源有效整合利用，是田园综合体发展的基础。无定河镇制定立体生态循环农业发展规划，在萨拉乌苏河两岸，紧抓绿色农产品有机认证的契机，完成多种农产品的有机食品认证，并且启动全国有机食品示范镇申报，发展良好生态的绿色产业，提高农业综合效益和竞争力。推动全域乡村旅游发展，实现旅游与农牧业有机融合，农业景观化、村庄景区化和农庄景点化。借助无定河独特的地形地貌、良好环境资源，利用无定河村窑洞、四合院等各式各样的民居优势，打造集休闲垂钓、地方民俗民情、特色农家乐、渔家乐、果蔬采摘等为一体的现代休闲养生农业庄园，发展休闲养生、观光度假旅游和庄园经济①。

3.2.2.5 其他乡村旅游实践类型

(1) 度假庄园

度假庄园，是指依托乡村特色庄园来开展旅游度假活动，服务设施齐全，档次较高；邻近风景区或乡村景区，具有良好的交通条件和交通网络，庄园与乡村具有空间上的相对独立性。

以辽宁本溪桓仁五女山庄为例，辽宁本溪桓仁五女山庄位于世界文化遗产五女山脚下，距县城 15 千米的桓龙湖畔，是一个集生态旅游观光、餐饮、住宿、会议、垂钓、休闲、娱乐为一体的休闲农庄。其特色为桓龙湖、水上娱乐、“龙湖航母”水上观光、水上餐饮、“起鱼”场景、北方特色农家小院、果实采摘、垂钓、江畔篝火、山庄客房。

(2) 家庭农场

家庭农场是指以家庭成员为主要劳动力，从事农业规模化、集约化、商品化生产经营，并以农业收入为家庭主要收入来源的新型农业经营主体。2008 年党的十七届三中全会报告第一次将家庭农场作为农业规模经营主体之一提出来。随后，2013 年中央一号文件再次提到家庭农场，鼓励和支持承包土地向专业大户、家庭农场、农民合作社流转，明确了家庭农场的新型农业经营主体地位。

安吉县鲁家村是将家庭农场和现存旅游结合的成功案例。鲁家村地处浙江安吉县城东北部，人口有 2200 多，除了距离县城近，这里既无名胜古迹，也无主导产业，面对 2013 年中央一号文件首提“家庭农场”的契机。该村出资 300 万元聘请高端专业团队，对全村按 4A 级景区标准进行综合规划和设计，先期设置的 18 个家庭农场，根据区域功能划分，量身定制各自的面积、风格、位置、功能等，并建设一条 4.5 千米的环村观

---

① 张红娟，杨振华．“田园综合体”模式对乡村旅游发展的借鉴与思考——以陕西袁家村为例［J］．杨凌职业技术学院学报，2019，18（01）：31-34.

光线，将分散农场串点成线。坐在缓缓行驶的小火车上，朱仁斌兴奋地介绍："这里是蔬菜农场、高山牧场，那边是桃花农场、乡村客栈，目前已成功招商并签约 18 家，接下来，鲁家村还将着手创建 4A 级景区，18 个农场也将陆续建设完成。到时候可以带着全家人一起坐着环村的小火车，到任意一个农场摘花、种草、钓鱼、露营的地方。"

(3) 传统村落

传统村落是指民国以前建村，保留了较大的历史沿革、建筑环境和风貌、村落选址未有大的变动，具有独特民俗民风的村落，具有完整性、历史性、独特性、活态性。

以江苏常熟蒋巷村为例，蒋巷村东濒上海、南临昆山、西接苏州、北依常熟，位于常、昆、太三市交界的阳澄水网地区的沙家浜水乡。"农业起家、工业发家、旅游旺家"。村内构建"四园一基地"空间发展格局：生态种养园、农民新家园、常盛工业园、村民蔬菜园和粮油生产基地。其游玩景点有学生社会实践基地（包括室外军事六项、拓展等活动，室内陶艺制作、拼装模型、激光枪射击等活动），烧烤、垂钓、品茶、摇船、篝火晚会、采摘等休闲娱乐活动。形成多处特色展览区，可踩水车、推碾子、辨五谷、识古灶、看农具，体验传统农民一天劳作的辛勤，感受传统农业的乐趣，仿佛置身于男耕女织、牧童笛声的年代。

(4) 农家乐

农家乐是农民向城市人提供的一种回归自然、身心放松的休闲旅游方式，周围有美丽的自然或田园风光。

以上海孙桥现代农业园为例，规划面积 4 平方公里，地处上海浦东新区中心地带。园区定位为中国农业与世界农业接轨、传统农业与现代农业转变的桥梁，呈现现代农业、创意农业、休闲农业、传统农业相结合的都市农业形态，领略高科技的农业技术、感受田园风光、品尝新鲜的农产品、体验农事实践、科普植物知识、学习农耕文化、参与休闲活动。

3.2.2.6 乡村旅游现状的综合评价

中国乡村旅游起步较晚，目前正处于快速成长期，已经成为带动农村脱贫致富的一个亮点。乡村旅游企业伴随着乡村旅游的出现和蓬勃发展应运而生，最近几年增速加快。2006 年"中国乡村旅游年"的确定，国家旅游局倡导创建的全国工农业旅游示范点已达 306 家。从此，乡村旅游企业如雨后春笋般地在全国各地的大中小城市郊区遍地开花。截至目前，全国休闲农业与乡村旅游精品企业（园区）已逾千万家，形成了一张全国性的休闲农业与乡村旅游精品消费地图，打造了一批有影响的休闲农业与乡村旅游知名品牌，提升产业影响力、社会认知度和产品知名度，为消费者提供可放心选择、服务规范、质量上乘的优质乡村休闲度假目的地，逐步把农业变为快乐高效的产业、把农村变为美丽和谐的家园、把农民变为富裕而有尊严的群体。

乡村旅游经营者和地方政府对本地资源状况分析不够、评价过高，对开发乡村旅游地所需要的条件认识不足。他们往往地简单地以为只要对现有的农田、果园、牧场、养殖场进行开发利用便能建成乡村旅游区，对开发、建设乡村旅游地所需要的其他资源条件认识不足。许多乡村旅游经营者凭热情办旅游，对最终将乡村旅游办成什么样、能形成什么样的规模和影响心中无数。

对乡村旅游市场认识不足。多数乡村旅游经营者与开发商总是一厢情愿地把所有的城市居民纳入乡村旅游客源市场的范围。其实，乡村旅游对居住在具有城乡一体化特征的中小城市的人们难以产生足够的吸引力，这主要是因为中小城市的工业化和城市化程度较低，市民对城市附近的乡村较为了解，乡村风景对他们缺乏强烈的吸引力，旅游欲望不如大城市的居民那样强烈。因此，乡村旅游的目标市场应该是那些高度商业化的大、中城市。多数乡村旅游经营者对于乡村旅游地吸引游客至关重要的一些因素如地方特色、乡村环境、服务水平与质量往往重视不够；他们乐意在主体建筑、设施设备上花钱，而不愿在经营特色、服务质量、社区环境方面投入；他们多凭经验经营，学习别人的先进管理经验的要求不强烈；单兵作战多，团结协作少，致力于树立景区形象的意识不强。

乡村旅游发展对当地社区带来的负面影响正日益加剧，这些影响包括以下几个方面：

一是对生态环境的影响。在空气品质方面，伴随着乡村旅游的发展、游人的进入以及供游客乘坐的交通工具的大量进入，乡村原有的清新、自然、带泥土气息的空气品质在日益下降。汽车排放的大量尾气、扬起的尘埃、旅游区内餐馆、饭店等生活锅炉排放的废气都在影响着乡村旅游地的空气质量。在环境卫生方面，固体垃圾污染问题严重。游客遗弃的饮料瓶、食品袋，经营者遗留的生活垃圾，开发商抛弃的建筑垃圾等固体垃圾在乡村旅游区的水面、路边、河岸、田间到处可见，严重地影响了旅游地的环境卫生，影响了当地农民和游客的生活和健康。在植被保护方面，乡村旅游地的植被面积正随着乡村旅游的发展在减少。不合理的开发建设、破坏性的建设、无规划的道路、餐馆、娱乐场所建设、游客的随意采摘与践踏都是乡村旅游地植被被破坏的祸因。

二是对社会文化环境的影响。这种影响主要是乡村文化被城市文化所同化。由于参加乡村旅游的旅游者一般都来自经济相对发达的中心城市，城市发达的经济孕育产生的强势文化对经济欠发达的乡村旅游地的弱势文化具有很强的影响力，城市游客的大量进入使乡村的弱势文化向城市的强势文化靠拢，最后被同化。同化导致城乡差别的日趋缩小或最终消失，乡村也就因此失去对都市旅游者的吸引力，乡村旅游也将会不复存在。

当前，摆在我们眼前最明显的问题就是国内乡村旅游的地区差异化现象明显。各个地区的旅游资源差异性较大，旅游服务水平相差较大，很难保证各个乡村旅游市场都能够获得平等发展的机会，相应的局限性较大。从目前的发展情况来看，乡村旅游资源整合出现了不同程度效率低下的问题。如以交通、信息以及服务行业为代表的第三产业的整合效率，明显低于第一产业和第二产业，部分乡村由于受到地理环境的限制，交通运输存在落后的情况，导致本地的旅游资源并未得到有效的发挥。另外，乡村旅游资源的整体建设规模还是存在着格局较小的问题，并没有结合集约化的发展模式，基本上都以单独个体经营为主，无法将旅游资源进行合理的配置与使用。从整体的发展来看，乡村旅游事业缺乏集观光、娱乐、旅游等为一体的一条龙服务模式。

3.3 乡村全域旅游——统筹乡村旅游并推进乡村振兴的新模式

3.3.1 无景点旅游——全域旅游发展的雏形

“无景点旅游”于2007年发起，是指到非旅游景区（点）进行的以轻松体验目的地的文化、社会生活方式与民风为主的一种旅游。与传统的景点旅游相比，它在方式上一般不参团、不赶时间和景点，而是自由自在、轻松舒适地在目的地游览风光、体验民俗和生活，打破传统旅游区的范围概念，突出无界限旅游的想法，进入日常生活的区域，用身心去体验一般人的日常生活，感受民俗风情，在日常休闲中放松自我。“无景点旅游”的特色就在于没有目标性，不去规划旅游地，而是走进日常生活空间，去寻找感兴趣的目标，体验悠闲的、放松的、无规划的平常无法拥有的日子，去寻找一般生活没有的面貌，全身心地去感受日常生活空间的乐趣。

“无景点旅游”作为一种新型旅游方式，学界尚未出现统一的概念界定，而大多都是对内涵进行阐述。2015年，安传艳指出“无景点旅游”是传统“景点旅游”的一个对立面，但是也是休闲旅游的一种形式。方田红和赵欣彤等人指出了“无景点旅游”是一种不被景点限制的、慢慢缓解资金的生活节奏，走进当地的风情中，是一种放松身心的体验放松。“无景点旅游”的目的就在于发挥游客自身的选择，自由地进入日常生活空间，重视对日常慢节奏生活的感受，去体验一般生活感受不到的部分①。

“无景点旅游”是一种没有目标的旅游，它是在现有的旅游区无法满足人们的需求的情况下出现的，与传统旅游不同，会造成传统产业的市场转变。

第一，对旅游区的再认识。“无景点旅游”的出现会让人们认识到旅游的空间性不再局限于旅游区等一些拥有特色的地区，而是那些人们日常生活中没有或者感受不到的地区。第二，对旅游的深度再思考。“无景点旅游”资源的开放性、多样性有助于人们对旅游资源内涵、旅游吸引物范畴及旅游产品外延的诠释和利用。从而引起对旅游市场定位的发展，开阔对旅游资源的利用，产生新的思路和方法。第三，对旅游资源范围的再界定。将旅游资源的特定突出资源开发转变为寻找不一样的日常生活，改变“单一”的旅游资源市场为“多元并存”的旅游资源市场。第四，造成对旅行社运营管理的冲击。影响旅行社的生产功能和营销功能，缩小旅行社的获利空间。

同时，“无景点旅游”是以游客去寻找可以放松身心，体验和日常的快节奏生活不

① 郭文．无景点旅游：一种新型旅游方式的兴起及影响研究［J］．旅游论坛，2010，3（05）：566-571.

一样的慢节奏生活为目标，更加深化了旅游体验的内涵。“无景点旅游”的兴起就会必然造成旅游景区的改变，不再是以单一的旅游景区为目标，而以朴实的农村、日常的生活空间和自然山水林田等为目标，从而充分体现无景点旅游的随意性、舒适性和灵活性的特征。随着无景点旅游的发展，越来越多的人进入了淳朴的农村和日常生活空间，这种打破局限方式的出现，在促进地区发展的同时，造成的问题也同样凸显。暴露出来的问题主要有以下几方面：

一是政府投资之后没有有效的回报。“无景点旅游”的特征之一就是自由性，也就是无法确定游客的去向，也就自然无法收取和景区一样的门票费，也就造成了无回报性。无景点地区的基础设施一般都是由政府铺设的，并随着地区的扩展，花费自然随之攀升，但是无法收到成本回报，自然会造成发展的缓慢甚至停滞。

二是难以保护自身的生命和财产安全。由于“无景点旅游”的无目标性，游客会进入人口稀少的区域，从而难以确定安全，自己计划的行程在食、住、行、娱等各方面均存在着一定的风险，旅途中可能遇到失窃抢劫、和商家产生经济纠纷、与当地居民产生摩擦冲突等问题，突发事件的概率要远远高于参团旅游。有的游客钟爱于无人区或是山野间的户外探险旅行，这种旅行活动本来就是充满高挑战和高风险的，在活动过程中极有可能对人身安全造成危害。

三是自然景观和人文环境遭到不同程度的破坏。无景点旅游的特征之一是自主性，由于单个游客流动性大而且较分散，并且游客无法很好地识别自己能进入的区域，并难以在大自然中确信自己的自我修养。“无景点旅游”的另一特征是休闲性，即提倡体验当地文化，与当地居民交流沟通，但对于一些文化较封闭的地区，游客的大量进入会对当地的本源文化造成极大的冲击，人文环境产生失衡①。

3.3.2　通过全域旅游推进我国乡村振兴的预期效用

（1）全域统筹规划，分类施策

通过全域旅游的范围性，来寻找区域内村庄的全部资源，统筹地区内的全部需求和优势，对不同地区进行不同的发展规划，更好地发展，统筹兼顾。

在保留地区特色的同时，进行全域旅游的资源开发，并进行统一的规划处理，来挖掘需要的产业，促进旅游和其他多方面产业的融合，进行“全域统筹”，发展全部需求。根据不同的市场和资源，来进行统一的开发和组合，把区域内的内容全部考虑进去，进行特色优化，发挥不同地区的产业优势，丰富产品，提升品质，因地制宜，分类施策，协调发展。

（2）加强村庄之间的良性互动

在区域范围内需要统筹兼具，共同发展，但是在村庄建设上需要保持各自村庄具有

---

①　许晓艳．无景点旅游研究综述［J］．时代金融，2017（12）：318.

的自身特色。区域上的共同发展，村庄间的良性竞争，产品上的优势互补，增加地区发展动力，从而走上全新的发展道路。

（3）完善全域交通网络和旅游基础设施

全域旅游发展，旅游目的地资源特色固然重要，但离不开全域交通的便捷性和基础设施的完善性对其发展的有力支撑。区域特色再好，市场需求再高，但是没有一个好的道路交通系统，游客进不去，那么也就没有发展的可能；同时基础设施也是同样的，一个完善的基础设施可以在游客有问题的情况下更加快速地解决，可以给游客留下更好的印象，从侧面提高游客的回头率。一个完善的交通系统和基础设施建设，不仅仅为游客提供更好的服务，还是区域发展所必需的条件，这是不可缺少的方面①。

（4）创新业态发展，扩宽农民增收渠道

旅游区的发展渠道在现代生活中已经越来越宽阔，通过多方面的新兴产业进行共同发展。通过网络新渠道来进行范围更加宽广的宣传，增加游客的基本数量，并通过网络新方式来改进营销模式；通过增加传统产业，增加亲子游、农业休闲和研学等新的产品丰富地区特色，增加产品类型，从而增加农民收入，推动农村发展。

① 李惠强．探究全域旅游视角下的乡村旅游发展战略［J］．中国市场·营销研究方向，2018（05）：35-36.

4 乡村全域旅游发展的技术框架——基于县（镇）域空间单元

根据我国《宪法》，县政府由地级市政府或行署直管，从行政层级看，属于县一级政府；从职能看，县政府职能重点在乡村，而市辖区政府职能重点是城区建设。镇是一个最基本的经济区域，也是一个综合的经济单元。乡、镇虽然都是我国农村现行体制下的行政区划单元，但镇除了有乡的基本特征外，它更是一个经济区域内工商业的中心、商业生产的集散地和商品交换的场所，是政治、经济、文化的中心区。

从全域旅游需要的空间域的完备性来看，县镇是最合适的空间层级。县镇拥有足够的空间、完整的产业链、发展的需求性、政府的推动力等全域旅游发展建设所需要的内容。县镇的发展和全域旅游的建设是相互依存、相互依靠的。

在空间物质要素方面，以往的全域内旅游模式都是以各风景区、旅游区为散点分布的空间组织形式，既没有组织空间结构也没有保持旅游点的关联度。全域旅游要搭建起以旅游消费区、休闲度假区、野外露营地、特色旅游小镇、风景名胜区、旅游观光带等形式多样的空间物质要素结构、系统，将单旅游点升级为全域旅游点、旅游带（廊道）、旅游片区结合的多要素旅游网络。产业方面，全域旅游一是要改变同质化、单一化的旅游产品，丰富产品类型和内涵，二是推进旅游产业与其他产业融合发展，以期达到以旅游为基础的复合性、融合性产业结构，促进全域的多产发展。从物质要素来说，全域旅游应该从空间内全要素出发，不仅仅是以旅游资源为重点的旅游开发导向，需要完善包括空间内的技术手段、资金资本、居民生活、城乡功能统筹、工业化和城镇化发展等全要素与全域旅游的开发关系，推动全域旅游物质要素综合协调考虑。从管理运营来说，全域旅游要改变以主管行政机关为主导的行业管理运营体系，应该以符合市场经济发展规律的社会管理运营体系，将行业管理运营与社会管理运营结合：行业管理运营为引导、社会管理运营为活力来源。

透过旅游背景和经济社会发展背景可以分析得出：全域旅游不是旅游门类的全面，而应该从所属行政区域的全面来解释，即全县、镇域的全面旅游化，也就是行政区域内空间组织、产业、物质要素和运营管理的全域化。

4.1 县（镇）全域旅游发展的基本目标与技术路径

4.1.1 县（镇）全域旅游发展的基本目标

4.1.1.1 以乡村旅游推进乡村多业融合

全域旅游通过“旅游＋”推动区域产业多业融合和人才跨界联合，以旅游目的地的打造为契机挖掘地域特色，增加旅游地环境设施投资，改善旅游地公共服务供给，优化旅游消费环境，综合提升旅游地经济、社会、文化、生态、治理水平，不仅是一种新的旅游发展方式，更是全域谋划、盘活资源、联合多方主体、构建长效发展机制的全新发展理念。不仅能更好地满足人们对旅游业发展数量和质量的要求，更是全方位激活区域再生动力的系统性发展思维和旅游导向的综合性发展模式。

（1）旅游业与农业的融合。现代农业相较于传统农业，具有更加丰富的产业链条，初级原料生产也更具广泛性。全域旅游业与农业的融合模糊了农村和城市的边界，充分发挥二元资源优势、需求优势，实现部门联动管理，促进了城乡统筹、城乡一体化发展，体现出全域旅游业和农业融合的必要性。全域旅游业具有复合性、完备性、多元性以及综合性，食、住、行、游、购、娱、闲、情、奇、商、养、学中的每一个要素都缺一不可，随着后工业化时代的到来，游客更加趋向远离城市，冀望于乡村田园的山林野趣，市民越来越注重自己对农事的参与性。实现农业的提档升级、发展现代农业注定要融合其他产业，从这一方面考虑，全域旅游与现代农业在市场目标定位上具有较高的契合度。这是全域旅游业与农业融合的底层基础和必要条件，进而实现两个产业良性互动发展。

（2）旅游业与工业的融合。“绿色、协调、可持续发展”的理念使各个行业迅速扩散、外延，工业与全域旅游业的融合是市场发展的需求导向，可以实现第二、三产业成本降低、生产效率提高的协同效应。增加了企业内部的利润，优化了企业的经营管理水平，同时也符合利益最大化原则。

（3）旅游业与文化产业融合。一是全域旅游产业和文化创意产业的融合可以使产业结构优化更新提速。全域旅游产业和文化创意产业同属第三产业，二者的发展是服务业产值增长的重要贡献点，能够促进产业结构优化重构：从“一、二、三”向“二、三、一”过渡，最终达到“三、二、一”的产业格局。二是全域旅游与文化产业之间、与其他产业之间都具有较强的渗透性和相关性，能够对娱乐业、建筑业、银行业等产业产生正外部效应。可以为相关产业提供可观的工作岗位，带动人口就业，改善人民生活水平、消费结构、提升消费质量，最终反作用于全域旅游业与文化产业的需求。

全域旅游业与文化产业融合发展可以提升产业竞争力。一方面，按照“区域增长极”理论，例如在湖北省以武汉、襄阳、宜昌这些全域旅游业与文化产业相对发达的城市为“增长极”，其经济效益会扩散、影响到附近区县，推动附近区县域的全域旅游业与文化产业的发展。另一方面，产业融合发展会迅速发生产业集聚效应，形成规模经济和范围经济，降低企业搜寻成本、交易成本。经过产业集聚效应，全域旅游业与文化产业会促成全面、协调、可持续、迅速扩大化的产业链，从而显著提升对相关产业的带动作用。全域旅游业与文化产业的融合能外溢出更多种类纷繁的旅游产品和文化创意产品以刺激游客消费，让游客在旅游消费中具有更加巨大的满足感，让游客在旅游过程中具有更加巨大的获得感。

4.1.1.2 以旅游发展协调城乡空间关系

全域旅游发展理念是城乡统筹、城乡一体化发展的深化，更强调发展过程的城乡协调、城市化进程，更关注乡村地区以及乡村主动对接城市发展，要求城乡规划、国土、发改、环保等相关部门联合规划与行动。而乡村振兴要在开放发展的大环境中实施，虽然其核心在于乡村发展，但实施路径要着眼于建立城乡、工农之间的融合发展和良性互动机制，不能闭门造车地谈乡村发展。乡村振兴把建立健全城乡融合发展体制机制和政策体系确立为主要战略实施路径，这意味着乡村振兴要依靠城市的力量且二者要建立双向互动的发展机制。首先，要在发展观念上提升乡村地位，让乡村在政治、经济、社会、文化生态上获得与城市渗透、融合的机会，要建立城乡统一的要素市场，促进要素自由流动在城乡协调发展中发挥作用。其次，要准确对接城乡需求与消费，城乡经济密切联系。城乡融合要在认清城市与乡村特点的基础上建立起城乡居民、企业、政府之间的经济社会联系，进而实现城市文明与乡村特色的共生共荣。最后，要充分发挥政府自上而下的推动作用。政府推进城乡规划建设、服务设施供给、社会治理等方面的体制机制融合，能有效建立起城乡融合发展的基础条件，为乡村振兴奠定制度基础。

改革开放 40 多年来，我国绝大部分地区特别是东部沿海地区和排名较前的城市群，长期立足于城镇化工业、服务业产业发展，非农产业由于农村村民自治制度效率低下而处于无序发展，城乡发展不平衡的局面仍然尚未打破。与此同时城市产业与农村传统产业冲撞却愈演愈烈，城乡空间的格局演变由此深刻而复杂。一段时间以来，城市与乡村二元经济结构互不关联、各自发展，造成了严重的国土空间在生态环境、土地利用等方面的不利影响，基于此，重新定位城乡国土空间关系，以更高视野去审视、处理城乡空间关系迫在眉睫。当前，城乡空间关系具有新的现实特点，一方面，发达地区的农村各项发展水平指标普遍较高，而落后地区的水平依然原地踏步；发达城市周边的村庄，旅游资源优势明显，到乡村旅游的城市人口日益增多，城镇化发展中城乡关系密切，已出现城乡空间关系融合的雏形，而落后地区仍旧处于各自孤立的二元结构。另一方面，随着全面深化改革过程中交通网络的细化、信息化程度的纵深、基础设施的完善和产业发展链条的经济联动效应，城乡空间关系从孤立迈向紧密联系，促成城乡互补合作，形成全域协同发展，产生互利、互足、互通有无的崭新局面。

通过全域规划引导，在城乡空间协调统筹、空间体系层次、空间结构系统等方面，提出城乡一体化发展的战略。面临现实的城乡发展的不平衡所引发的区域统筹发展中一系列的激烈矛盾，以全域城乡协调为落脚点，以空间结构统一安排为出发点，研究空间协调的路径和途径。空间发展战略是城乡一体化建设的主要工作内容，主要解决好人口与社会、产业与经济、历史与文化、生态与环境、用地与城乡开发、公共服务与基础设施等核心要素；合理组织好空间规划编制，合理规划好空间布局设计，合理监管好规划运营管理。城乡空间关系统筹要根据各地区的发展状况充分发挥区域独有的资源优势，依据主体职能分工划分不同区域属性，以“总体引导、异质多元”基本原则协调城乡空间关系。

4.1.1.3 合理组织县（镇）域空间结构

县域空间结构组织是指充分考虑区域内的现实发展状况、承接上位发展政策和战略、整合区域优势资源，对各种物质要素进行统一安排、调整优化布局、配置相关设施的过程。其目的就是在对空间发展现状研究的基础上，明确提出空间在未来一段时间内发展的顶层设计和优化组织路径，并将其法定化。县域体系空间组织一方面能充分调动、发挥各级行政单元的工作权责，另一方面还能人为地引导区域空间集聚和扩散效应，优化产业布局、人居环境布局与基础设施布局的最佳结合，最终创造出更高效率、各社会群体利益更协调的发展模式，保持区域社会发展活力。

4.1.1.4 认知发挥自然资源的双重价值

自然资源是天然之物，在一定限度内可以自然再生产，马克思的劳动价值论说明自然资源具有经济价值。但随着人类活动的强化，自然再生产已不能满足人类的需要，人类必须付出劳动，使它具有社会再生产的性质。因而，人类要为自然再生产付出必要劳动时间，所以自然资源具有经济价值。

改革开放至 21 世纪初，中国积极推动经济建设，许多情况下片面追求经济利益，对自然资源的价值一直抱有一种非理性甚至无视的态度，认为自然资源并不能够产生高经济价值，随心所欲地消耗和过度利用自然资源，保持不可持续的发展，其结果便是引起全社会快速性的资源短缺、枯竭。随着“科学发展观”的提出、可持续发展战略的实施、人居社会环境的真实体会，社会对自然资源的价值认识普遍得到了重新定位，有关自然资源价值的研究日益增多。到目前为止，全社会对自然资源的认识已更加清晰，其经济价值利用更加高效①。

4.1.2 县（镇）全域旅游发展的技术路径

县（镇）全域旅游发展的技术路径分三个步骤、六大环节，三个步骤（图 4-1）：即

① 赵海燕，赵宝刚，胡玉红．论自然资源的价值与价格［J］．黑龙江八一农垦大学学报，2002（02）：126-128.

资源认知与战略选择、空间统筹与系统配套、建设实施；六大环节：资源认知、产品设计、战略选择、空间结构与布局、系统配套、建设运营。

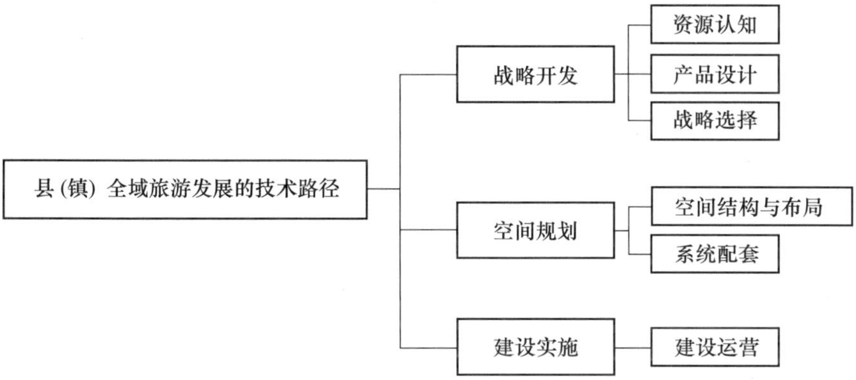

图 4-1　县（镇）全域旅游发展的技术路径

4.1.2.1　战略开发

战略开发包括：资源认知、产品设计和战略选择。

（1）资源认知：科学有效地认知与评价旅游资源是确定区域旅游发展品牌、定位和方向的首要工作。通过创新全域旅游资源认知与评价的逻辑与结构，尤其是对旅游资源认知观，旅游资源形成机理的分析，在强调“集合性资源”的价值和意义，厘清“资源到产品”的脉络及其必要性的基础上，建立核心旅游资源库，并进行基于市场导向下资源库的旅游产品开发。

（2）产品设计：产品设计主要是对旅游目的地的产品开发。在全域旅游发展战略的指导下，在现状旅游资源认知的支持下，结合市场需求分析，对区域内旅游资源进行产品转化，建设旅游吸引物、创新创意文化产品、完成基础设施服务配套，从而吸引旅游者、满足旅游需求并盈利。旅游产品设计一般有 5 种途径，一是以自然景观为主：完善衣食住行等配套设施建设，提高支撑系统品质。自然景观以其原汁原味的地域特色吸引旅游者，所以产品设计时应严格以原有自然景观、历史面貌为前提，控制好建筑物的体量并尽可能与自然环境协调一致。二是人文景观的开发：这类开发大多是对遗存较为完好的文化历史古迹等进行整治修复和还原。在产品设计中要严守以地方史志为根本依据，以原有遗址为基础。三是在现有资源基础上的文化创新创意开发：在其原有资源基础上创新旅游产品项目，丰富旅游产品类型，达到提高旅游吸引力和强化经济效益的目的。四是非物质产品设计：以民风、民俗、民族节日、文化艺术为主，通过艺术创作、多方合作开发成各种旅游产品。五是以前沿科技为依托设计旅游产品：经过巧妙构思和严谨的科学支撑，包括展示、探险、娱乐、观演、研究学习等，设计特色旅游产品。

（3）战略选择：旅游发展战略对全域旅游发展可以作出长期谋划和指导。旅游发展战略的内容主要有两个：一是旅游发展战略的目标，制定战略目标是旅游发展战略要解决的首要问题，战略目标的具体内容由旅游发展所要达到的数量指标、增长速度、产业结构变化以及提高旅游经济效益和社会综合效益的要求等要素构成。二是战略重点、战略步骤和战略实施，就是为了实现旅游发展战略目标而制定的对策、途径和手段。全域旅游发展战略可以分为3个层次，即县域旅游发展战略、乡镇行政单元旅游发展或分区战略和乡村旅游发展战略。这3个层次的旅游发展战略是相互联系又相互影响的，县域旅游发展战略是最为重要的，要具有全局性和统领性，对各地区和各旅游乡村的发展战略要具有指导意义，各地区和各旅游乡村的发展战略要在全域旅游发展战略的框架内进行制定。

4.1.2.2 空间规划

空间规划包括旅游空间结构与布局、系统配套。

（1）旅游空间结构与布局：全域旅游化是一个不断发展演变的过程，由欠发达逐渐过渡到较发达状态、由欠成熟逐渐过渡到较成熟状态。全域旅游要素在空间上根据特殊地域特征的不同组合，促使形成全域旅游丰富的内部空间结构和形态，它是确定全域旅游空间发展战略的原则和基础。因此，不同地域旅游业在发展的不同阶段，应采用差异性的发展模式与空间发展动力机制。显然，如果全域旅游发展采用的模式适当，则会促进旅游业的发展；相反，如果在全域旅游业发展的某些阶段所采用的模式与旅游业发展的客观要求不相吻合，则会阻碍旅游业的健康发展。所以在对旅游系统空间结构进行分析和优化之前，必须首先确定全域旅游发展所采用的模式，而对旅游发展模式的总结及各种模式特征的分析尤为重要。

针对全域旅游空间布局的理论研究主要从空间形态、规划结构、土地利用等角度出发。全域旅游的空间布局，往往伴随着点线面的空间布局要素进行搭建。此类空间布局要素多为实体空间要素，包括山川、河流、农田等实体空间。人类在地理空间上，通过路径、结点等空间进行运动，形成在平面布局上的结构模式。全域旅游空间布局要素理论为旅游空间布局落位的方式、途径及形成特点提供了理论基础。

（2）系统配套：全域旅游系统配套是为了景区能够更好地开展旅游，在不破坏景区景观的前提下，景区的主要景观能够全面、充分地发挥其效益，并能够充分满足旅游者需求的系统配套服务设施。旅游系统配套是在原有旅游地天然条件的基础上，为了满足游客的休息、游憩、休闲活动而规划与设计的。

旅游服务设施指标体系应划归全域旅游规划体系，通过指标因子的研究测算具体落实到全域旅游用地布局中，构成全域旅游规划地平衡表。结合旅游目的地的容量需求，将研究重点放在与游客关联较高的旅游服务设施上，同时综合考虑旅游服务设施弹性用地空间，从而确定旅游服务设施，包括：餐饮设施、住房设施、消费设施、娱乐设施、康养设施、交通设施、集散中心、市政设施、医疗救护设施、管理设施等。

4.1.2.3 建设实施

建设实施主要是全域旅游的建设运营问题，包括镇村经济、政治、文化、社会、文明五个方面的建设。

（1）经济建设：全域旅游的开发，需要有五个方面的经济建设考虑。即在固定资产投资中，要注重产业培育；在开发旅游项目中要积极引入社会资本；通过鼓励全民参与，进一步激发市场活力；多重推动产业融合，同时持续引入新产业新业态；打造镇村互动，打造一体化的模式。

（2）政治建设：全域旅游的开发，政治建设方面也有五个方面需要考虑。即推动乡镇机构改革明确政府职能，形成更加合理高效的政府机构；整合村级事务员，精简人员，提高待遇和办事效率；建立专业化队伍，提高成员的履职能力；引入第三方服务机构，丰富市场主体多样性，提高市场形成治理体系和治理能力的现代化服务能力；建立镇村互动发展体系。

（3）文化建设：全域旅游的开发，文化建设方面也有五个方面需要考虑。即成立文化和旅游的融合机构，发挥文化属性，提升旅游产业，实现文化和旅游的完美融合；挖掘和保护特色民俗文化；建设文化载体，让文化可以落地、生根、发芽、长大；文化市场化运作，赋予“旅游＋文化”市场化的运作机制，激发文化本身的活力；构建全民参与机制，积极挖掘本土文化，展示本土文化，丰富和充实文化氛围。

（4）社会建设：全域旅游的开发，社会建设方面有三个方面需要考虑。即引入第三方社会组织，加强社会事务的协调和解决；建设参与性体系，带动社会各项资源，促进乡村地区参与社会事务的建设；建设镇村互动体系，加强各级政府机构互动交流。

（5）文明建设：全域旅游的开发，文明方建设方面有四个方面需要考虑。即环境综合整治，加强镇村的环境卫生、空间秩序、镇容村貌、特色项目提升等方面的整治；打系列组合拳，进行厕所革命、生态修复、无违建创建、继续深化开展四边三化工作和五水共治；清醒地认识生态优势，将生态优势转为发展优势；建设生态常态化机制，从组织、时间、奖励三个方面进行全面保障机制的正常建设。

4.2 引导县（镇）全域旅游发展的相关技术

“全域旅游”是在一定行政区域内，以旅游业为区域优势主导产业，来实现资源和产业的有机整合与融合发展以及促进社会共同参与，通过旅游业来带动甚至统筹经济社会全面发展的一种新的区域旅游发展理念和模式。在县（镇）发展全域旅游需要现行的城乡规划技术支撑，城乡规划作为解决现实问题的一种工具，其发挥作用主要是通过规划类型、规划层次以及它们之间的关系来实现的，全域旅游规划与现行规划在类型上是统筹的，在层次上是贯穿的。

4.2.1 规划类型上的差异与协调

规划类型是针对具体的时段及具体的空间对象，是为了解决个别、具体的城乡问题。现行引导全域旅游发展的规划类型成果主要包括城乡规划、土地利用规划、乡村规划、旅游规划等。

4.2.1.1 差异比较

土地利用规划是实现土地资源合理分配的关键。土地作为各项规划建设的根本，在实行严格的土地用途分类管制制度下，土地利用规划十分注重基本农田、农用地的保护，作为商业服务用地的旅游用地要落地，必须通过土地流转和补偿实现，在实现旅游产业经济发展的同时，以土地利用规划为基底，以土地流转为新突破口，体现了可持续的发展理念。

城乡规划是城市建设和管理的依据。在确定城市性质、城市规模和城市发展方向的基础上，合理地利用城市土地，协调城市空间布局等所作的一定时期内的综合部署和具体安排，位于城市管理的规划、建设、运行三个阶段之首，是城市管理的龙头，同样也是县域、镇（乡）域乡村全域旅游的规划依据。传统农业产业格局下的城乡规划城镇体系为全域城乡旅游提供骨架结构，为旅游服务提供基本载体，传统农业配套和消费服务配套成为全域旅游的构成要素。全域旅游作为统筹城乡旅游资源的专项规划，注重全域旅游产业结构的梳理、集群的开发、品牌的制造，是以旅游产业引导为主的专项规划。

旅游规划是依托规划区域的旅游资源及内外部条件，对区域的旅游业要素进行优化配置和对旅游业的未来发展进行的科学谋划。其实质就是根据市场环境的变化情况和可持续发展的要求，对与区域旅游业发展有关的生产要素进行科学合理的优化配置的方案。

乡村全域旅游规划是以挖掘资源价值和乡村发展为基础，以空间资源和民俗文化为载体，以项目和运营为抓手，以乡村振兴和活力为目标的新类型规划。在全域旅游中，各行业都积极融入其中，各部门和全城居民共同缔造，通过充分利用目的地全部的吸引物要素，为前来旅游的游客提供全过程和全时空的体验产品，从而满足游客的全方位体验需求。全域旅游的目标从旅游人次的增长转向旅游质量的提升，追求的是旅游对人们生活品质的提升和旅游在人们新财富革命中的价值。

4.2.1.2 技术协调

（1）统一指导思想

全域旅游规划与土地利用总体规划、乡村规划和旅游规划分别是在不同的时代背景下提出的，如今我们处于习近平新时代中国特色社会主义思想的指导下，首先应该统一指导思想，强调节约、集约和高效利用土地。

（2）明确编制内容

全域旅游规划在涉及集镇、村庄建设和旅游发展规划布局时，不应另立标准，而应在乡村规划、旅游规划的基础上进行编制。全域旅游规划对于城市外围用地，应服从土地利用总体规划的安排，并对历史文化保护区、风景名胜区和各类生态敏感区提出明确的建设控制要求。

（3）协调规划期限

全域旅游规划的规划期限应与乡村规划和旅游规划协调考虑，使规划基期控制在同一个五年规划之内。全域旅游规划若超前于乡村规划和旅游规划，应依据乡村规划和旅游规划制定与之相对应的阶段性目标，让乡村规划和旅游规划有衔接的依据。

4.2.2 规划层次上的差异与协调

全域旅游的规划层次性与其他规划的相互衔接是城乡统筹的内在要求，全域旅游与现行规划在层次上是贯穿的。总的来说，现行规划在层次上可分为统筹类规划、专项类规划和运营类规划，根据其规划区域范围、规划目标、规划控制指标、规划内容等的不同，有不同的规划要求和衔接关系。

4.2.2.1 差异比较

统筹各类规划是运用统筹兼顾的基本思想，对错综复杂、种类繁多的工作进行统一筹划，合理安排的一种科学方法。全域旅游规划在此阶段，通过对整体目标的分析，提出总体发展策略。

建设规划是根据统筹规划所提出的任务和要求制定的，它为实现一定的战略目标服务，是有效地组织和实现大规模建设任务的必要手段，是国民经济的长远规划在一个项目上的具体化。全域旅游规划在此阶段通过具体的空间规划设计，指导全域旅游发展建设。

运营类规划，如投融资规划是以城市规划为基础，以科学的落实城市发展战略为目标，以统筹兼顾方法为手段，以项目开发所涉及的土地储备和土地供应，各类基础设施、公共服务设施项目的投资、融资和建设工作为统筹对象，以政策、法规、规划、资源、资金等为输入，输出管理体制设计、参与主体分工机制建立、参与主体利益平衡、各类建设时序安排等发展策略，及以城乡统筹发展为基本原则的城市开发建设管理技术。全域旅游规划在此阶段，统筹资金、配套、土地供给等规划生产资料，考虑各利益主体的平衡，合理安排各类建设时序，指导全域旅游开发建设。

4.2.2.2 技术协调

（1）协调编制思路

在实际的编制过程中，全域旅游规划宜采用上下结合、层次贯穿的编制思路，既考虑统筹规划，接受上级管控，不盲目建设发展，又充分尊重旅游建设运营的需求，让旅游资源无限制、旅游产业无边界、旅游发展无约束。这样既能确保各区域的发展目标顺利实施，促进社会经济发展，又能合理地在空间上分配各类用地，达到土地资源可持续发展的目的。

（2）协调空间管制

全域旅游发展应考虑“三区三线”“三线一单”，三区突出主导功能划分，三线侧重边界的刚性管控。生态保护红线是由相关环保部门划定的，在生态空间范围内，具有特殊重要的生态功能、必须要强制性严格保护的区域，是维护和保障国家生态安全的底线和生命线。永久基本农田保护红线由国土部门划定的，指按照一定时期内人口和社会经济发展对农产品的需求，依法确定不得占用和开发、需要永久性保护的耕地空间边界，以保障粮食安全和社会稳定发展。

5 路径Ⅰ：旅游产品与战略选择

5.1 乡村资源认知

全域旅游资源认知过程包括：全域旅游资源收集与整理、基于GIS乡镇行政单元旅游资源空间分类评价、创建分区核心旅游资源库、基于市场导向下资源库的旅游产品开发转化意向（图5-1）。

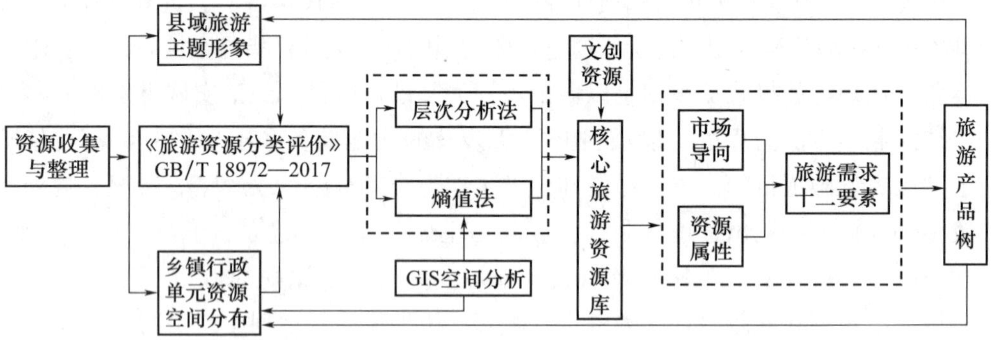

图5-1　全域旅游资源认知过程

首先，以《旅游资源分类、调查与评价》（GB/T 18972—2017）为标准对全域旅游资源进行收集与整理后，利用GIS技术赋予各资源空间属性；其次，利用层次分析法和熵值法等构建旅游资源指标体系模型并计算，从而创建县域核心旅游资源库；然后，基于现状核心旅游资源进行文化创新、创意、衍生，生成文创资源以充实旅游资源库；最后，通过两步走：各旅游资源的市场导向和资源属性下的旅游十二要素对应关系进行映射，再根据旅游十二要素与旅游产品树的映射关系进而完成从旅游资源到旅游产品的初步转化意象。

全域旅游资源库到产品转化两步走的过程就是将旅游资源所分类的100多种旅游资源基本类型（如山丘型旅游地、谷地型旅游地）根据其不同资源特征映射到旅游十二要素（食、住、行、游、购、娱、商、养、学、闲、情、奇）中，在通过十二要素和五种旅游产品（观光益智、休闲娱乐、商务会展、专项产品、特殊兴趣）的对应关联，基本确定各旅游资源的转换方向。如山丘型旅游地主要具有“游”“闲”的要素属性，所以其对应的转换产品意向应该是观光益智和休闲娱乐（图5-2）。

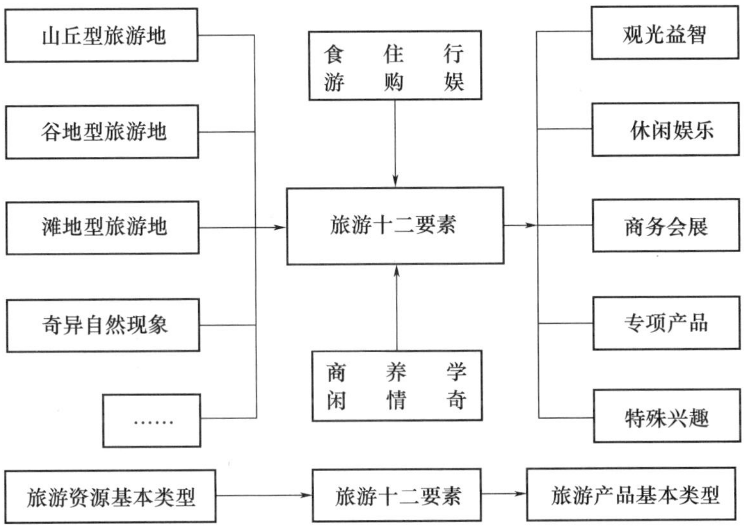

图 5-2　全域旅游资源库到产品转化的途径

5.1.1　县（镇）域旅游资源收集与整理

5.1.1.1　资源调查的主要内容

现状资源调查是国土空间规划体系中极为重要的工作环节，我国早期的规划研究中也十分注重调查与资料收集分析评价。从吴志强院士编写的《城市规划原理》到李浩、李和平出版的《城市规划社会调查方法》，对于城乡规划旅游的现状调查在逐渐地深化、系统化，方法及模式也呈现出多样化的结果。综合已有经验，一般来说全域旅游资源调查研究包括以下内容：

地勘、测量资料。主要包括工程地质、地震地质、水文地质；农村平面控制网和高程控制网等专业测量图及地形图。

气象、水文资料。主要包括气温、干湿度、降雨、蒸发量、风向、风速、日照；江河湖海的水位、径流量、流速、水量汛期、旱期、洪水淹没界线等。对于河流的大小、流域地理情况、防洪设施要格外重视。

地理资源与文化资源。主要包括自然地理风光和民俗文化历史，如风景区、风景名胜、风景点、文物古迹、特色风俗、节日活动、非物质文化遗产等。

土地利用与建筑（群落）资料。主要包括现状及历年农村土地利用分类统计、规划区内各类用地分布状况等；公共建筑、农村居民点、建筑群落的分布状况和相应的面积、质量等级、层数、建筑密度等。

道路交通与基础配套资料。主要包括村域和对外交通和区位、市政工程、公用设施。生态环境资料，主要包括环境监测成果、污染物及危害、生态保育资料等。

前期资源调查是一个非常考验工作耐力和信息筛选能力的过程，面对纷繁复杂、各层级交叉、各领域交叉的资料，需要在收集过程中把握重点、适当取舍。在乡村旅游资源调查中主要需要考虑以下三个方面的信息：

以空间为考虑因素的土地利用与建筑（群落）资料，这部分主要关系到乡村旅游规划的实施落地和美丽乡村建设规划的用地指标协调。

以设施为考虑因素的道路交通与基础配套资料，这部分主要关系到乡村旅游的可达性与便利性的问题，是乡村旅游规划的物质支撑系统。

以产品为考虑因素的地理资源与文化资源，这部分是乡村旅游规划的核心要素、关键内涵，准确深入地挖掘乡村旅游资源才能保证规划的合理性。

在进行具体的调查之前，需要做一定的前期准备工作，如组建调查队伍、对调查人员进行相关技能培训、准备相应的物质技术、设计调查方案、设计调查指标、评价社会调查的可信度与有效度等，可以参看李浩、李和平主编的《城市规划社会调查方法》第六章与第七章的内容。

5.1.1.2　调查方法

（1）访问调查法：根据访问调查内容的不同，可以将访问调查划分为标准化访问和非标准化访问。标准化访问是指按照统一设计的、具有一定结构的问卷所进行的访问，这种方式要对选择访问对象的标准和方法，访谈中提问的内容、方式和顺序，被访问者回答的记录方式等进行统一设计。非标准化访问就是按照一定调查目的和一个粗略的调查提纲开展访问和调查。这种方法对访谈中所询问的问题仅有一定的基本要求，提出问题的方式、顺序等都不作统一规定，可以由访问者自由掌握和灵活调整。

（2）问卷调查法：它是全域旅游资源调查中用来收集资料的一种工具。按照问卷传递方式的不同，可分为送发问卷调查和网络问卷调查。送发问卷调查是调查者派人将问卷送给被选定的调查对象，等待被调查者填写回答完后再派人收回问卷。网络问卷调查可以通过现有 APP（如腾讯 QQ、腾讯微信等）在电子设备上预先设计好调查问卷，发布到网络平台上，等待被调查者填写和反馈。

（3）现场踏勘法：观察是一种直接调查方法，是一切科学研究活动的起点。人们的行为、习惯是各种人格特质和品德水平的标志和外部表现，许多社会行为、风俗习惯、社会态度、科学态度、兴趣、感情、适应性等是不易于用笔、纸来测试的，但能够方便地采用实地观察的方法进行调查。掌握实地观察的调查方法，培养社会信息敏感性，养成随时随地善于自觉有效地观察的习惯，也是对城市规划师的一项基本素质要求。

（4）地方志略法：地方志是传承和彰显中华文明的重要载体，作为历史文化永续利用的基本载体，其连续、广泛的资料性，是其他任何一种著作都无可比拟的。这些资料是决策者的重要参考依据。新编方志提供的旅游资源信息，同样在旅游业的发展中发挥了重要价值。

挖掘地情资源，展现地方特色。地方志的开发利用作为地方志的重要职能之一，应当重视挖掘当地的地情资源，致力于展现地方的特色文化和习俗等。从深挖地方志资料的角度，用活地方志资源，让地方志活起来。在围绕地方志服务乡村振兴战略、实施乡村旅游规划的过程中，注重深度挖掘地情资源。根据乡村实际，协助策划生成文化的拓展和延伸。

（5）案例收集法：对标案例收集是城市规划设计过程中最为常用的也是最为行之有效的手段方法。在乡村旅游规划设计过程中，选择合适的对标案例会达到事半功倍的效果。从获取目标上来讲，案例收集要考虑当前规划项目的区位、范围、面积、形状、地形、发展条件、资源类型等，选取相似案例。从获取的方式来讲，案例收集可以通过网页、云数据端、资源库（如中国知网）等，其中各大国内外知名设计事务所、设计院、设计网站是资料收集的有效途径。

5.1.2 基于GIS分析法的县（镇）乡村旅游资源分类评价

5.1.2.1 乡村旅游资源空间分类的技术路径

以往的全域旅游资源分类［以《旅游资源分类、调查与评价》（GB/T 18972—2017）为例）］仅仅停留在数据表格上，其空间分布也仅仅落在县、乡镇、村行政单元内，空间分布特征不太显现，也缺乏定量分析的数理模型，结果是粗略的资源调查分类评价，并不能够有效指导全域旅游分区规划，进而影响后续的旅游核心资源空间分布方式与产品开发方向。

在旅游资源领域，空间是指旅游资源的地理空间分布。采集并汇总旅游资源的各类属性数据信息，按照《旅游资源分类、调查与评价》（GB/T 18972—2017）将全域旅游资源进行分类，引入ArcGIS的数据处理平台，赋予旅游资源的空间属性，建立全域旅游资源的空间数据库，保证各类空间数据属性信息的完整度，以便后期的查询或修改。

在空间数据库的基础上，根据相应的研究需求、研究方向，进行相关数据提取分析与空间要素信息的关联，同样也可以将研究结果准确、快捷地制作成相应专题图。由此依次围绕旅游资源要素的基本属性、层次属性、要素属性、产品属性等进行可视化研究，其中包括旅游资源要素的类别、产业集聚度、开发属性、交通便利度等，构建ArcGIS平台数据库，在属性信息互查、专题量化研究结果的基础上，丰富了全域旅游资源现有的数据信息资源库信息，为后期的乡村旅游规划工作提供支撑。

5.1.2.2 全域旅游资源分类评价方法与创新

（1）全域旅游资源分类体系

全域旅游资源分类评价方法是以《旅游资源分类、调查与评价》（GB/T 18972—2017）为基础搭建的分类体系。此分类体系依据旅游资源的形态、特征、功能、用途，结合前人研究成果，采用国标分级标准，构建全域旅游资源等级分类体系。将县域旅游资源分为主类、亚类、基本类3种，包括8个主类，分别为地文景观、水域风光、生物景观、天象与气候景观、遗址遗迹、建筑与设施、旅游商品、人文活动，以及31个亚类，155个基本类型，较为全面地概括旅游资源的功能及类型，分类体系说明采用字母编号系统，如CAB表示C主类、A亚类的B基本类型。各地区在进行旅游资源规划时，要参照该分类体系进行资源分类，保持主类名称和编号不变，可根据各地区乡村旅游资源特性对亚类和基本类的名称和数量进行改进和删减，添加的基本类编号在现有编号上顺延。

(2) 乡村旅游资源评价

对全域旅游资源进行评价有利于最大化地保证旅游资源优势属性，减少旅游资源开发、发展定位时的同质化、盲目性。

目前对于乡村旅游资源的评价方法采用比较广泛的是定性与定量方法相结合的层次分析法（AHP）。该类方法主要依赖于主观赋值，也可以利用熵值法模型进行评价，熵值法是以模糊数学为基础进行的综合评价，评价方法受人的主观影响较小，表达式为：

$$B=A\cdot R$$

式中 B 为模糊评价结果；A 为各评价指标的权重集；$\mathbf{R}$ 为模糊关系矩阵。模糊关系矩阵 R 的表达式为：

$$\mathbf{R}=(r_{jk})_{mn}=\begin{bmatrix} r_{11} & r_{12} & \cdots & r_{1n} \\ r_{21} & r_{22} & \cdots & r_{2n} \\ \vdots & \vdots & \vdots & \vdots \\ r_{m1} & r_{m2} & \cdots & r_{mn} \end{bmatrix}$$

正向指标：$r_{jk}=\dfrac{x_{jk}-x_{j\min}}{x_{j\max}-x_{j\min}}$

逆向指标：$r_{jk}=\dfrac{x_{j\max}-x_{jk}}{x_{j\max}-x_{j\min}}$

评价指标的权重熵值法为客观赋权法中的一种，根据熵值计算结果来确定指标的权重系数，对于 m 个评价指标，n 个评价对象，则某一项指标的熵的表达式为：

$$H_j=\frac{-(\sum_{i=1}^{n} f_{jk}\ln jk)}{\ln n}$$

式中 f_{jk} 为：

$$f_{jk}=(1+r_{jk})/\sum_{k=1}^{n}(1+r_{jk})$$

则各评价指标的权重为：

$$a_j=(1-H_j)/(m-\sum_{j=1}^{m}H_j)$$

可得指标权重集 $\mathbf{A}$，即

$$\mathbf{A}=(a_1, a_2, \cdots, a_m)$$

5.1.3 创建分区核心旅游资源库

5.1.3.1 基于旅游十二要素的旅游资源属性判断

旅游资源收集、调查、分类、评价的主要目的是将资源准确地转化为旅游产品，而旅游产品要以市场为导向。

一是以市场为基础建立全域旅游产品的研发设计工作，并以市场游客的需求为导向开展产品树的扩散衍生。立足区域发展水平，全面调研、分析全域旅游市场，结合自身旅游

资源优势，合理定位旅游市场；二是充分探明全行业发展趋势及侧重点，遵循社会主义市场经济规律，尽量多地设计出旅游产品方案集，科学筛选、审查方案，选出符合行业发展要求、满足旅游者需求的旅游产品。随着城市居民生活提高，旅游需求激增，促进了旅游业迅速发展，丰富了旅游产品，但是也出现了旅游产业同质化发展的弊病，导致旅游市场呈现出不健康的竞争态势。在这样的大环境下，为了提高旅游景区或旅游产品的市场竞争力，应该合理整合自身可用资源、明确自身地域特色，以市场需求为导向，统筹设计多样化的旅游产品。因此，全域旅游在进行旅游产品设计时要以市场需求为导向，合理利用县域资源优势，以非同质化为原则，以旅游产品特色化、品牌化为目标，有序引导设计研发工作。

旅游的市场导向可以概括为旅游十二要素：吃、住、行、游、购、娱、商、养、学、闲、情、奇，前六个要素为传统要素，不必过多阐述。“商”是指商务旅游，是从旅游者的主要出发动机是商务活动来界定的，旅游者以商务为主要目的，在商务活动之外，部分商务客人会安排一些观光旅游活动，包括商务差旅、科技文化交流活动、会议会展、奖励旅游等旅游新需求、新要素。“养”是指养生旅游，即养生资源与旅游活动交叉渗透，实现融合，以一种新型业态的形式出现，满足了人们对身心健康的全方位需求。养生旅游包括养生、养老、养心、体育健身等健康旅游新需求、新要素。养生旅游作为高端旅游的一部分，其发展的基础是滨海、温泉等自然资源，其生活设施及服务、完善的养生体系同样不可或缺，这些设施与服务能使游客达到调理身心和恢复健康的目的。“研”是指研学旅游，包括学术年会、交流会、研讨会、展演会、拓展训练、校外教育、各种营地等活动。“闲”是指休闲旅游、休闲度假，包括田园休闲、山水休闲、乡村休闲、度假休养等各类休闲旅游产品。“情”是指情感旅游，包括纪念地旅游、宗教朝拜、婚庆、婚恋、山野情趣等带有精神、情感寄托的旅游产品。“奇”是指旅游探奇，包括探索、探险、探秘、游乐、新奇体验等探索性的旅游新产品、新要素。

县域旅游资源的155个基本类型所能够对应的旅游要素是各不相同的，因此以旅游要素为市场导向的旅游资源作出属性判断后，将表现出不同的旅游资源属性（图5-3）。

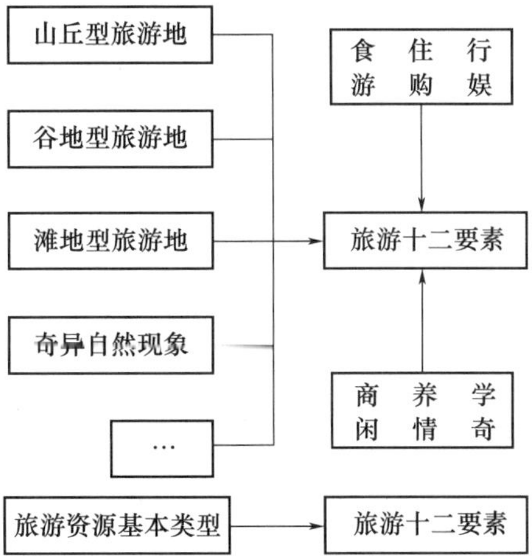

图5-3 旅游资源赋予要素属性过程

5.1.3.2 文化旅游创新资源

文化旅游资源是指能够刺激旅游者产生文化旅游动机并能为旅游业所利用的一切物质和精神文化，是在旅游目的地旅游资源匮乏情况下的创新产物，它需要依附于现有的核心资源库从而展开衍生。文化创新不是无源之水、无根之木，在深植于地域旅游资源禀赋的条件下才能与现有资源相得益彰，共生、伴生、提升。文化旅游资源创新不是牵强附会、强拉硬拽，贴切主题的文化创新会给现状资源开发带来正外部效应，疏离现状资源属性的创新将带来负外部效应。

5.1.4 乡村旅游资源的旅游产品转化

全域旅游产品是以地域旅游优势资源和相关衍生的文化创新资源为基础，经过构思、设计集旅游资源、服务设施和配套设施于一体的空间产物。从产品使用者角度来讲，它的目的是满足游客的旅游需求；从产品开发运营者角度来讲，它的目的是产生经济效益。

全域旅游产品良性向上发展需要日益完善旅游产品体系。旅游产品体系的完善，有利于增强全域旅游吸引力，为游客提供更丰富的旅游体验感。同时，非同质化旅游产品门类增多，有助于疏解核心目的地人流高峰，均衡保证较薄弱的旅游目的地发展，优化全域旅游产品布局结构。

构建县域旅游完备的旅游产品体系，首先需要明确旅游产品的类型，吴必虎提出了旅游产品树概念。旅游产品的枝杈分为五大类：基于资源的观光益智旅游、基于生活质量的休闲度假旅游、基于利益的商务旅游、专项旅游和特殊兴趣旅游。

全域旅游产品体系开发是在资源基础上通过市场导向映射形成的。综合来讲，具有食、住旅游要素属性的资源可以转化为专项产品，具有行、游、闲旅游要素属性的资源可以转化为休闲娱乐产品，具有购、商旅游要素属性的资源可以转化为商务会展产品，具有娱、养、闲旅游要素属性的资源可以转化为休闲娱乐产品，具有情、奇旅游要素属性的资源可以转化为特殊兴趣产品（图 5-4）。

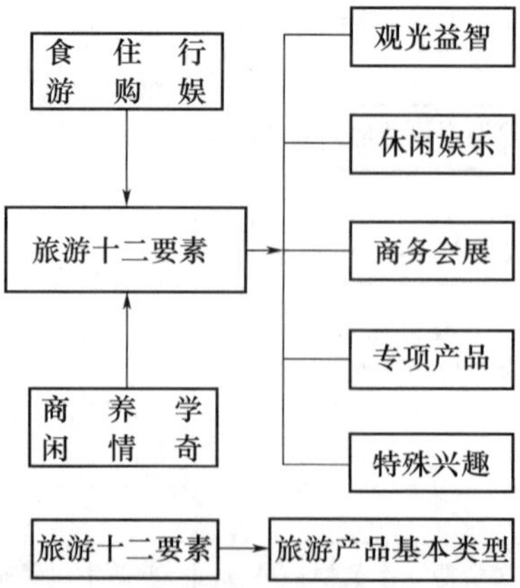

图 5-4 具有要素属性的旅游资源转换为产品的过程

5.2 乡村旅游产品分类与设计

乡村旅游产品是旅游规划中最直接也是最吸引游客的部分，在旅游战略确定的情况下，依据当地资源来进行生产的物质或非物质产品，并伴随着乡村旅游的发展而不断变化和创新。同时旅游产品设计在旅游营销中也占据重要的地位，因此旅游产品设计应该与旅游发展战略的制定同等重要。

旅游产品是由当地的资源，通过开发设计来为游客准备的产物。一部分人认为旅游产品是为游客提供的，在游客游览过程中的全部服务；还有一部分人表示旅游产品为游客在花费了时间、费用和精力后所换取的一种自身经历，这两种角度把旅游产品分为整体观和体验观。前者从旅游目的地角度出发，将能把旅游者吸引过来并提供其所需服务的要素组合。后者从旅游者的角度出发，认为旅游者就是市场，旅游经历就是产品。

5.2.1 乡村旅游产品分类

旅游产品是以本地资源为最基础的材料，经过专门设计和规划而形成的产物，在某种程度上旅游产品可以称作旅游产业最重要的代表。

一个成熟的旅游产品体系是旅游产业完善的具体表现，是旅游服务水平完善的综合表现。它可以利用本地资源来满足游客的各种需求，来增加地区经济发展，提升旅游产业对地区发展的效益，并解决旅游对地区环境的破坏问题。旅游产品体系的增加和改变在全域旅游空间要素结构的完善上发挥着重要的主体作用。

随着旅游产业的兴起，旅游产品种类的不断增加，之前对旅游产品的分类依据已然不能很好地标识。通过大量资料的收集和分析，吴必虎从各方面分析和探索提出“旅游产品树”的概念。① 笔者认为“旅游产品树”是目前较为完善的分类（图 5-5）。

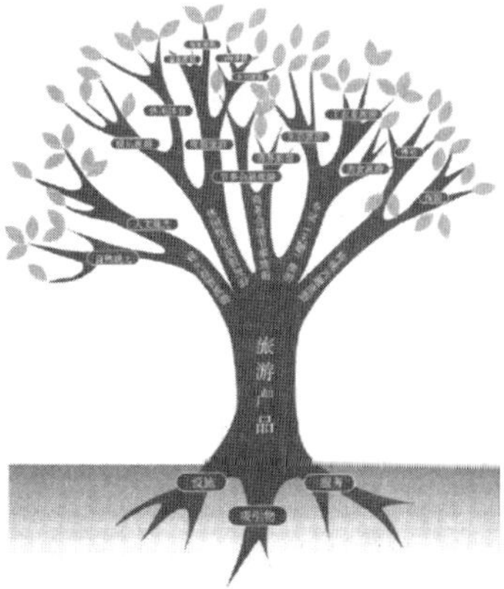

图 5-5 旅游产品树

① 吴必虎

旅游产品树的主干为全部的旅游产品，根部是形成旅游产品的各个要素，包括吸引物和服务设施等各方面；5个主枝代表旅游产品的5个分类：观光益智旅游产品、休闲娱乐度假旅游产品、商务会展和节事旅游产品、专项（主题）旅游产品和特殊兴趣旅游产品；在5个主枝上长出的细枝代表各种具体的旅游产品。树木的不断生长代表了旅游产品不断的动态变化，树枝生长的交叉错节代表了旅游产品分类中的不确定性和相互叠加或交叉。

在将来的发展过程中，很可能出现一个新的旅游产品大类，即在树干上再新生长出一个主枝，同时现有的主枝或枝叶也有可能枯萎或死亡。旅游产品是伴随着事物的发展和社会的需求而不断变化的产物。

5.2.2　乡村旅游产品设计思路与组合类型

5.2.2.1　乡村旅游产品设计思路

（1）符合美学要求

美学要素需要领会事物或者艺术性的美丽。在整个旅游体验的全部过程中，都需要体验到心灵上的美好感受，从而使得心灵到身体上的放松和舒适感。旅游者去旅游的首要目的是心灵上的体验，使得身心上获得满足。旅游产品是由资源转化而来的，比如本地的山水田园等优美的景色，使得游客在视觉、听觉乃至嗅觉上给予游客和大自然亲密的接触，在美好体验中达到身心舒畅的感受。乡村旅游产品的开发首要的就是先寻找到本地的“美”，在寻找到的同时去组织、开发和深化，使得本地的美丽更加突出、更加吸引人，再通过文化上的升华和特殊的组合，使得游客不仅在感官上，更要在心灵上得到美学的熏陶。

（2）突出特色，明确主题

旅游产品的主题是产品最为主要的部分。主题是内在资源和外在包装的特色统一，因此主题就需要有足够的特色来吸引游客。对自然资源的挖掘只是内在的，对资源的包装和组合是外在的，但是还不能完全体现产品的特色并吸引游客，因此需要一个有足够特色的主题来进行内在和外在的统一，以吸引外在资源。没有明确的主题，就没有特色品牌，也就没有主要的宣传核心来进行宣传，那么就避免不了“模式性”的发生，结果只会是大众化的，而无法发展起来。

（3）注重功能，多元收益

现在的乡村地区大部分的旅游产品单一化，在风景好的地区主打山水游玩，在历史区域就是参观历史遗迹。这种单一功能的旅游已经满足不了当今社会的消费者，因此就需要多功能的多元旅游。将观赏性、休闲性、体验性、教育性、参与性、娱乐性融为一体，进行综合的多功能旅游产品，提供多样的服务设施，不仅可以给予游客多样的游玩体验，还给予了经营者多样的收入，也可以减轻旅游季节的波动性影响，一举多得。

（4）塑造形象，打造品牌

塑造旅游形象，打造旅游产品品牌，是一个旅游地区发展的必经过程。通过对当地的资源和历史文化脉络进行探索、提炼来打造宣传口号，并设计特有的标志或吉祥物等，进行当地旅游地区的装饰；通过网络等大众方式的宣传，达到广泛的认知度，再通过当地的优质服务和游客的宣传效应等，打造地区统一的品牌。通过当地资源塑造形象，并经过充分的服务和宣传来达成品牌共识。

（5）与环境文化资源保护相协调，坚持可持续发展

可持续发展是现在的趋势也是旅游发展必然的要求。对乡村旅游的开发达到对乡村发展的目的，不是一时的效益，而是长久的效益。乡村地区需要依据旅游来进行长久的发展，那就需要当地资源长久地开发，而不是一次性利用，那就需要依据当地的环境文化资源，进行可持续发展，来保持当地原生性的环境和生活氛围①。

5.2.2.2 乡村旅游产品组合类型

乡村旅游产品总体分为5大类，就单独的旅游产品来看，是单方面服务的产品，只是服务于一个类型的需求。这在现实的需求方面来看是不完善的，因此，旅游产品的属性应该是复合型的，具有多种旅游产品属性的复合型产品。

依据县镇的当地资源、发展和区位来划分不同的旅游产品：在当地资源丰富的情况下，应该充分地去发展当地资源，相对地扩展其他属性；在当地资源不是很丰富，但是当地发展十分顺利，周边有相对发达的旅游产业的情况下，需要为旅游产业的发展来做配套，并复合其他属性来综合发展；在当地资源十分稀少，区位也不好的情况下，就只有依据当地的现有文化来创新发展，依据文化来配套其他属性来共同发展。因此，以乡村旅游产品的5大分类为依据来进行产品的综合划分，提炼为三大旅游产品组合类型：资源依托型乡村旅游、文创主导型乡村旅游和系统配套型乡村旅游。

资源依托型乡村旅游发展战略，根据乡村资源分类，可以分为三类乡村旅游：历史文化类乡村旅游、民俗文化类乡村旅游和自然风景类乡村旅游。它们应该都包含观光益智旅游产品、休闲娱乐度假旅游产品和专项（主题）旅游产品，还包含少量的商务会展节事旅游产品和特殊兴趣旅游产品。

文创主导型乡村旅游主打的是当地非物质层面的产品，主要是通过收集和分析本地的文化历史，通过特色加工和创作，赋予其特殊的含义，来满足地区发展的需求。文创类乡村旅游产品应主打休闲娱乐度假旅游产品、专项（主题）旅游产品和特殊兴趣旅游产品，包含少量的观光益智旅游产品和商务会展节事旅游产品。

系统配套型乡村旅游不是以发展本地经济为主打目标，而是以区域类全部的村庄和全部村民的发展为目的。为全部区域的发展，而相应地配套服务于区域内缺少的内容，以此来平衡区域发展，并发展区域内的全部产业。因此，系统配套型乡村旅游产品是十

① 蔡碧凡，俞益武．乡村旅游产品的设计思路及应用［J］．资源开发与市场，2009，25（03）：269-271.

分特殊的，可能性也是十分广阔的，5 种旅游产品里面的任何产品都是可能的，这个依据当地具体的发展需求而确定。

乡村旅游的发展是复杂多变的，乡村旅游产品也是综合需求来共同设计的，需要结合多方面的需求和当地共同的资源分析来共同确定乡村旅游产品。

5.2.3 资源依托型乡村旅游产品设计

5.2.3.1 资源依托型产品的内涵

旅游规划的核心是旅游产品的开发和组织，而旅游资源则是旅游产品的原料和形成基础。从产品的生产方式上来说，所有旅游产品都可以分为两种产品：资源脱离型旅游产品和资源依托型旅游产品。资源依托型旅游产品就是将处于原始状态的旅游资源开发成为商业性的旅游观赏地，促使潜在的旅游资源转变成为现实的旅游资源。从性质上来看，该类产品更多地保留了旅游资源的性质和特性，可以说旅游资源已经成为旅游产品的一部分，而且是最为核心的部分，成为其产品价值的主题。

在旅游产品的组成要素中，吸引物是其中最为重要的部分。尽管旅游系统中各要素都具有各自的重要作用，但唯独吸引物才是构成其中的驱动力。吸引物不仅是指区域中那些能够为旅游者提供可看或可做的事物的地方，更指为旅游者提供了为什么要出游的磁引力的地方。资源依托型旅游产品最具有代表性的地方就是它的旅游资源，也就是它的吸引物。不需要去寻找其他的吸引物，资源型产品的吸引物一开始就存在那里，有着先天的条件，只需要用产业的方式去把资源变为我们需要的产品。

5.2.3.2 资源依托型旅游产品设计思路

旅游产品开发是规划的中心，要保证旅游业的持续发展，需要对旅游产品进行不断的创新开发。在旅游产品开发规划前，需要对开发项目加以可行性研究。中国旅游产品开发正在经历由资源导向型向市场导向型转变的阶段，即从 R—P 共生向 R—P 提升模式转化，在此背景下，吴必虎提出了旅游产品开发昂普模式（RMP)，即以旅游产品为中心，进行 R 性分析（资源分析）和 M 性分析（市场分析)，以此为基础进行 P 性分析（产品分析)，最终提出以旅游产品为中心的规划框架。

在昂普模式（RMP）分析中，旅游产品创新开发要求遵循一定的操作性框架，即所谓的有理念、有线索、有格局、有层次的“四有产品开发模式”，也就是：①构建旅游产品理念系统；②揭示深邃历史文化背景；③组织优化旅游空间结构；④凸显重点旅游产品层次。这一框架模式反映了规划师对目的地形象、文化历史背景、空间结构、开发重点等的系统界定（图 5-6)。

5.2.3.3 资源依托型旅游产品案例分析

（1）历史文化类旅游产品设计——麻城酒巷子旅游区总体策划

项目范围涉及已建成的兜子火老米酒厂等周边的500 亩土地，规划明确了麻城酒巷子旅游区的重点和突破点，对酒巷子旅游开发背景与现状、旅游资源、旅游市场、旅游发展机遇、问题与挑战等进行分析，规划内容包括：旅游发展总体定位、旅游形象定位、发展战略、空间布局，以及旅游产品、风景游赏规划、乡村旅游与社区规划、重大项目策划等。

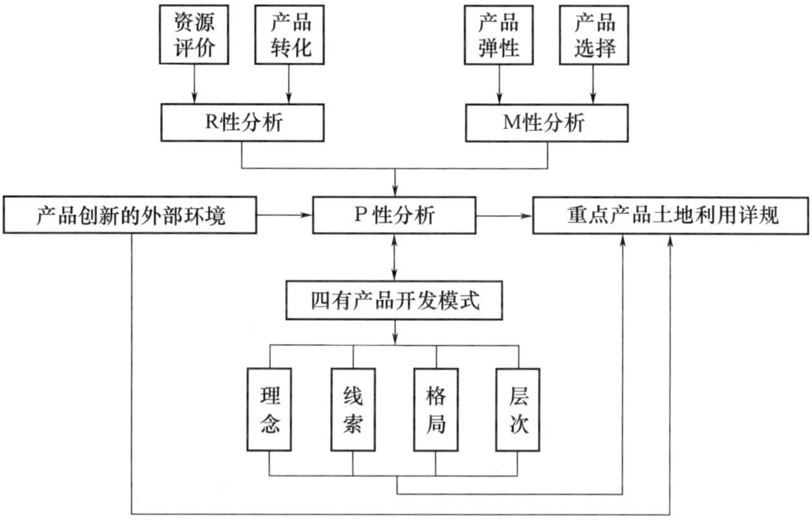

图 5-6　昂普模式框架结构图

规划确定了风景区的旅游发展总体目标为：以“依托山水田园和当地农业种植基础，充分挖掘利用兜子火酒品牌，整合四大优势（文化底蕴优势、品牌基础优势、山水资源优势、区位交通优势），按照工旅融合、村景园一体的发展设计理念，以4A级景区的标准，构筑全省唯一的酒文化特色景区”为主导思想，以“一方净土——木子店，一坛好酒——兜子火，一种日子——慢生活”为形象定位，以酒文化和田园风景为特色，大力发展以酒文化体验、田园观光、山水游览、酒厂参观购物为主导的产品体系，将资源优势转化为产业优势，实现麻城与周边乡镇的共同发展和繁荣，使麻城酒巷子成为风景名胜区旅游发展带动社区发展的典范，成为中国著名国际旅游品牌和国际旅游目的地。

项目规划依托山岳、田园、竹林等自然环境，以酒文化为核心，借助长流不断的溪水，在时间上（从古至今）和空间上（院巷、屋舍、溪畔、田园、路旁），从酒艺、酒俗、酒藏、酒品、酒文化展示、酒文化名人、诗酒文化入手，动静结合，充分挖掘酒文化内涵，从视觉、嗅觉、味觉上做足酒文化体验的文章，以打造一条充满浓厚酒意、一溪两岸巷子式的古村落为设计思路。

规划已有的酒厂是以传统工艺生产优质木子店老米酒的工业园区，年产量超10000吨；同时以雕塑的形式展示了古法酿制兜子火酒生产流程。现依托原有的酒厂生产区，完善并提升其功能，建设集品酒、购物、餐饮、展览、接待、服务于一体的现代化综合型酒厂，配套项目为品酒购物体验中心、醉八仙广场和停车场。以一溪两岸、三巷四院的布局结构打造集酒道酒艺表演、酒风酒俗体验互动、酒文化展示、个性化定制、休闲品酒于一体的酒文化体验区，同时配套各种作坊和古典式的酒坊客栈，给游客创造一种在传统酒巷中享受美酒佳肴体验，建设“三巷”（以巷子为载体，打造不同主题的酿酒的酒坊、卖酒的酒肆、喝酒的酒馆、藏酒的酒窖、酒艺表演展示馆、酒俗文化互动体验馆）、“四院”（在三巷的基础上用系列作坊打造四院，包括豆腐坊、糕点房、茶坊、米坊、各类吊锅和土家餐馆）、酒文化博物馆（通过酒幕墙、酿酒器皿和工具陈列，再现中国酒的起源、酿造工艺及发展历史的原貌；并设置中国名酒、地方名酒、洋酒、香型酒、珍藏酒等小型展厅）和兜子火专题酒馆（根据不同的节庆、主题、用途对兜子火酒进行个性化定制包装，满足消费者差异化需求）。将溪流两边的田园种植酿酒用的五谷杂粮（主要以高粱、玉米、小麦、大米为主），配以油菜花、向日葵等花卉和陶罐等酿酒用的器皿，从视觉上营造浓厚的酒文化氛围，打造以“酒文化”为主题的艺术田园，主要为酒巷广场、酒仙池和竹林酒肆等项目。

（2）民俗文化类旅游产品设计——马良神话谷旅游区总体规划

马良神话谷旅游区位于湖北省襄阳市保康县马良镇镇中心以西，沿鸡冠河峡谷，以两边山脊为界，东起223省道荆南名苑，北至姚家湾，南抵西峪村，西至长岭垮村。规划总面积约6686亩。

通过对当地的旅游资源进行评价得出结果：地域特色明显，人文资源有待挖掘。规划区内生态资源优良，人文资源主要有马良名人文化、楚源文化等，有待通过文化创意深度挖掘，进一步加深景区资源的文化内涵，提升景区的核心吸引力。

规划按照国家4A级旅游区标准，建设具有区域唯一性、特色鲜明的中华神话主题文化生态旅游区。瞄准研学旅游的大势，以中华上古神话传说为主题，创建全国研学旅行示范基地。按照景城一体的发展方式，促进马良镇产业转型升级，为周边村镇居民创造创业就业机会，助力扶贫攻坚战略任务的完成。实现企业发展转型，即由原来以商贸、地产为主的传统企业，逐步转型为旅游带动发展的农业、商贸、康养等产业融合发展的新型企业。

规划以“紧抓国家提倡文化自信、乡村振兴等一系列政策机遇，依托项目地内悬崖峭壁、清泉飞流的峡谷景观，树立农旅文融合、景城一体的开发理念，坚持‘主题响、品牌亮、唯我有、卖点足、高大上、接地气、投资省、见效快、可持续’的开发原则，按照国家4A级旅游区的建设标准，充分利用项目的政策、区位、资源、市场等多重优势，整合融入中国传统神话故事，创意打造‘一馆八景四滩’的旅游项目体系，按照国家4A级旅游景区标准，将马良神话谷旅游区打造成集山水峡谷观光、中国传统神话文化体验、爱国主义研学教育、康居度假等功能于一体的全国首家神话主题的峡谷型旅游景区”为主导思想。

本规划的特色文化产品在“观光游览区”，分为入口片区和核心片区。观光游览入口区位于整个旅游区的中央区域，是主要旅游项目的集中地，对内进行封闭管理，对外售票。入口片区主要功能定位为山水峡谷观光、中国传统神话故事体验。本区以“滨水峡谷，神话传说”为主要吸引物，在自然天成的峡谷中，融入仙女下凡、八仙过海、愚公移山等中华远古神话故事，让游客在壮阔的峡谷中，感受中华古老神话传说的内涵。核心片区主要功能定位为山水峡谷观光、中国传统神话故事体验。主要功能项目为葫芦洞、瀑布、神话柱、下船码头、高峡人家、高峡索桥、神话博物馆、悬崖神壁灯景观。

（3）自然风景类旅游产品设计——英山桃花冲洞天瀑旅游区总体规划

桃花冲·洞天瀑旅游区位于湖北省黄冈市英山县草盘地镇桃花冲村，北至毕昇漂流旅游区，东达长岭岗村，南抵黑沟湾，西至麻籽湾，规划总面积约 4924 亩。

通过对规划区的旅游资源进行分析评定，得出结论：旅游资源丰富，组合度较好。规划区涵盖了国家标准旅游资源分类表中的全部 6 个大类，10 个亚类，19 个基本类型，旅游资源类型多样，自然、人文兼有，数量众多，且相对集中，地域组合良好，有利于集中开发，以峡谷、瀑布为代表的自然旅游资源和以毕昇名人文化为代表的文化资源相得益彰，为开发旅游产业奠定了良好的基础。

规划的发展思路：紧抓英山成功创建国家全域旅游示范区的历史机遇，以桃花冲为品牌，依托项目地的峡谷飞瀑景观和高山气候条件，充分利用项目的政策、区位、品牌、资源等多重优势，瞄准鄂皖两大客源市场，整合融入千年黄州府文化，创意打造黄州洞府、洞天大瀑布等核心卖点。贯彻“六大”规划方略，形成“以旅游为引擎、农业为基础、服务业为支撑”的产业结构，按照国家 4A 级旅游景区标准，将桃花冲·洞天瀑旅游区打造成集山水峡谷观光、古黄州府文化体验、漂流体验、乡居民宿等功能于一体的“四最”特色景区，“四最”即华中峡谷瀑布最高、黄冈文化融入最生动、英山旅游景区产品体系最完整、看点最精彩。同时，项目与桃花冲风景区、桃花冲滑雪场一起，打造英山首个真正意义上四季宜游的综合型旅游目的地，共同打造桃花冲旅游品牌，并通过品牌效应增加当地农产品的附加值，带动当地农民开展农家乐、民宿等经营活动，为其创造脱贫致富机会，成为大别山旅游扶贫的示范项目以及实施乡村振兴工程的龙头项目。

规划的自然风景旅游产品为“洞天瀑观光游览区”，主要功能定位为峡谷飞瀑观光、古黄州府文化体验。主要项目为洞天大瀑布、黄州洞府、悬崖玻璃观景台、名流瀑、戏曲廊桥等。

5.2.4 文创主导型乡村旅游产品设计

5.2.4.1 文创主导型旅游产品的内涵

文化创意产业被称为 21 世纪全球最有前途的产业之一，如今已成为很多国家和地区经济发展的支柱产业。文化创意依据当地拥有的资源，不论是物质资源山水、遗迹等，还是历史文化资源，通过充分的挖掘和开发，运用创新、创意的手法来进行不一样的文化开发，满足多方面的需求。文创产业强调的是通过文化方面的非物质创造提供的成果来进行活动，以此来吸引和开发。由于文化创意产业低耗多产的特性，吸引一批又一批地区，得到了多方认同，从而成为旅游区发展的新引擎。

近年来，旅游业与文化创意产业的融合发展引起联合国教科文组织、世界旅游组织、欧洲旅游与休闲教育协会等国际组织的高度关注。随着创意经济的崛起，旅游业和文化创意产业融合发展的重要性日益凸显。这种趋势发展给予了欠发达地区新的动力，推进了边缘地区的产业转型和新型业态的发展。在越来越多地区发展文化创意产业，给予了处于低谷的乡村旅游产业新的发展动力和方向，成为乡村旅游地区产业新的增长点。文化创意与旅游业的良性互动，将从社会资源、消费能力、生活习惯、个人追求等各个方面，使地区的文化创意和旅游业发展拥有一个更明朗的未来。

5.2.4.2 文创主导型旅游产品选择系列

通过文创主导型的旅游产业与传统产业对比发现，我国文创产业具有以下特征：第一，我国文创产业成熟度不高，还需要进一步发展来进行充实；第二，以文化和创意为主打，以人的知识为开发起点；第三，文创产业虽然成本低，但是从业人员构成十分复杂，需要专门人员来投入工作。

结合多方实践案例和学者的探讨，总结出文创产品具有以下特征：

（1）做成大品牌，以此为宣传重点。文创产品是以创新、创意为主导打造出来的，因此宣传的主题就需要一个专一的品牌来进行统一的宣传。了解大众的需求，挖掘当地资源，结合当地生活习惯，打造具有当地特色的优质旅游产品。

（2）将文创旅游产品和旅游本身进行结合，并充分体现它的实用性，真正将文化创意产品卖得走、留得住。文创产品要充分体现当地特色，并结合旅游的方方面面，让游客可以充分感知到当地的生活。还要满足产品的实用性要求，不只是包含历史文化，还需要游客能够使用，在日常生活中可以使用的产品，才能更好地销售并留在身边。

（3）文创产品与新兴科技相结合。借助现在高速发展的科学技术的力量，从而打造新的营销方式。在“旅游＋”的新模式下，让丰富多样的文创旅游产品在现在的社会中快速地建设自己的舞台。

5.2.4.3 文创主导型旅游产品设计案例——西柏坡红色旅游文创产品设计研究

西柏坡是一个没有较多特色山水资源的旅游区，但是有深厚的红色历史文化，因此在进行旅游开发的时候，要充分考虑其历史文化和地域特征。结合当地的市场需求、消费者的定位和消费主体的形象打造，可以把西柏坡文创资源分为以下方面：

（1）特色历史文化建筑。由过去红色革命所遗留下来的历史建筑是游客的主要目标之一，可以在这里感受当年的革命经历，给予人们良好的红色教育意义。

（2）历史伟人的旧居和纪念物。对历史有推动作用的伟人都是我们瞻仰学习的对象，在西柏坡时期众多的历史人物在此居住过并留下来的种种遗迹，都是当年革命历史的重要见证与体现。

（3）红色文字。在当年那个动荡的时代，历史伟人常常会借由书面文字来表达自己的内心思想，这都是西柏坡红色文化的重要组成部分。

借由以上的历史文化资源，以红色文字为主题，运用合适的物质载体，来进行种类繁多并具有深厚内涵的文创旅游产品。借由市场调查，可以发现大部分消费者都是喜欢一些便利生活并且便于携带的物品，因此创意产品主要是现在生活需要的手机壳、日历、马克杯、笔记本等符合红色文字形象的产品。不仅具有很好的宣传效果，主要是便于日常生活使用，而且具有很好的产品市场①。

5.2.5 系统配套型乡村旅游产品设计

5.2.5.1 系统配套型乡村旅游产品的内涵

从托天勒（1970）提出制造业、服务业和体验经济的发展三阶段论，到联想的全面客户体验，“体验经济在全球已成了大气候”“我们正在进入一个经济的新纪元：体验经济已然成为继服务经济之后的又一个经济发展阶段”。体验经济最为重要的就是“以身体之，以心验之”，它在实践中侧重从感性方面认识事物，强调个体在亲为的事件或过程中所获得的直接经验。罗素·贝克尔说“现代顾客认为某些物品或消费体验所代表的不仅是普通的物体，还有更深的含义”，梅兰尼·沃伦多夫和约翰·雪利说“顾客通过消费体现这些物品的价值，也就表明自己与社会及某些个人的联系。就社会而言，赋予一些有价值的人造物品神圣地位促成了社会的凝聚和统一。对个人来说，生活的意义就在于参与这些价值的体现，而且通过这种联系体会稳定、快乐或迷恋”。

生产者生产的只有产品，但是消费者需要的不仅仅是产品，还需要满足内心的需求。系统配套型产品就是以消费者的需求为最重要的市场，以满足这个市场需求为目标而生产的产品。这种产品不仅具有原本物质上的价值，更多的是满足消费者内心需求的价值，这种价值才是让消费者去消费的更本质所在。系统配套型的产品已经是现在的体验经济下产生的最适合发展的产品模式。以消费者为目标，而不是以大众的市场为目标；以给予消费者最大的满足感为其生产价值，而不是以满足大众市场的需求为其生产价值；以消费者为其内心的需求而消费所产生的巨额利润为目标，而不是以满足消费者物质上的需求而产生的基础利润为目标。系统配套型的产品已经产生了远远超出以前为满足市场而产生的利润，并且可以不断满足消费者内心的需求，只有这种产品才是现在生产者和消费者和这个时代所需要的。

5.2.5.2 系统配套型乡村旅游产品选择系列

在体验经济时代下，旅游者需要的是那份特殊的身心体验或独特的回忆，因此乡村旅游产品需要实现的就是更加完善的服务，给予游客从头到尾的完美服务。对于有优质资源的地区，需要的就是全域旅游规划的配套服务；对于缺乏特色资源的村庄，可以借由离优质资源村庄位置近的优势，进行系统配套服务，以此为卖点进行乡村旅游开发。

相对于有资源的乡村，其目标是吸引消费者前往，而以配套服务定位的乡村，就是

① 董书羽．西柏坡红色旅游文创产品设计研究［D］．北京：北京印刷学院，2019.

留得住人。游客游玩了一天，需要地方休息，但是游览地又没有足够多的配套服务，这时候就需要旁边村落提供相对应的服务了。因此系统配套型乡村旅游产品除了最基本的道路交通、市政工程等设施外，更重要的是依据区域旅游资源和市场需求进行分析，缺什么就补什么。

配套型乡村旅游产品依据区域发展进行分析，针对发展地区缺少的部分来进行发展，或者针对需求不足的部分来进行补充。因此，系统配套型乡村旅游村庄和主打乡村旅游的村庄不再是竞争关系，而是互帮互助、相互协同发展的关系。系统配套型乡村旅游产品的选择就是依据周边发展的乡村旅游状况，进行市场分析和消费者市场调查，来进行配套服务的产品选择。

5.2.5.3　系统配套型乡村旅游产品设计案例——武汉新洲区问津耕读园旅游区总体规划

问津书院坐落于湖北省武汉市新洲区孔子山南麓，是我国唯一以《论语》“子路问津”典故而命名的书院。与岳麓书院、东林书院、白鹿洞书院等齐名，并称中国四大书院。深厚的历史底蕴使得“问津”品牌具有较强的市场影响力，加之新洲又是湖北教育强区，历来尊师重教，当地不少农户家中至今都留有耕读传家的匾额，勉励后人。

区域范围内没有一个真正意义上以耕读文化为特色的旅游景区，项目创意设计以“问津”为品牌、耕读文化为特色，并有机融入当地民俗文化、情缘文化等多元文化，按照“人无我有，人有我优，人优我精”的设计理念，争创“湖北特色、区域唯一”，打造湖北省唯一以“问津”为品牌、耕读文化为特色的乡村特色旅游区，抢占先机，以品牌优势和创新发展促进市场知名度的提高。

规划对于当地老百姓来说意义十分重大，概括为以下几点：（一）是借助旅游发展的动力，整治乡村环境污染，恢复周边生态环境的需要。（二）是以“问津”文化为主题，深度融入耕读文化、民俗文化和爱情文化等多元文化元素发展旅游业的需要。（三）是促进当地农村改变发展方式，吃旅游饭，走农旅融合道路，可持续发展的需要。

通过对本规划区内旅游资源进行定性分析，得到的结果为：文化底蕴深厚，群英荟萃。旅游区紧邻“问津”发源地——问津书院，“问津”文化氛围浓厚，周围老百姓以耕读传家作为家训，具有十分重要的历史文化研究价值。产品缺乏包装，核心竞争力不强。研究区内的旅游产品不少，但是缺乏包装，不具有品牌影响力，也没有核心品牌支撑，但是尚具有较大的提升改造空间。

以“休闲问津、寓教于乐”为核心思想，设计的“亲子采摘区”，主要功能定位为种植大面积的桃树、李树、荷花，发展以赏花、亲子采摘、婚庆摄影等为主的特色旅游项目，并结合新洲尊师重教的文化传统，创意设计“桃李满天下”主题教师节活动，以此达到丰富观光游览区的旅游项目，强化耕读文化主题的目的。

规划借“问津”品牌，实施创新发展战略；争取支持，惠及八方，实施资本化战略；统一规划，逐步建设，实施滚动发展战略；稳扎稳打，提高素质，实施精细化管理战略；农旅文融合，景城一体，实施产业联动的综合发展策略。以旅游业为引擎、现代及特色农业为基础、服务业为支撑、文化产业为特色，多业并举，做活乡村产业。

5.2.6 乡村旅游产业集群培育与发展

5.2.6.1 旅游产业集群概念

目前对于旅游产业集群的概念还没有一个统一的专业理论说法。有人认为它是由旅游产业链接起来的旅游活动和服务，其目的是为区域内的旅游产业进行更加好的服务；有学者认为产业集群是新的模式，为实现地区内共同的目标增加市场，而进行的旅游资源的整合与发展。有众多研究可以得出的一个统一结论为旅游产业集群的两大核心——“空间上的集聚”和“企业间的联系”。因此，可以将旅游产业集群定义为：在一定地域内，围绕统一的品牌效益进行的协调发展，组成一个企业网络体系，通过共同的发展目标进行协调合作，开展服务和营销宣传，以此来提升区域整体竞争力。它们是紧密联系在一起的集团，也是分工明确的不同团体。集群的产业为了同一个目标而共同努力，但是在同一个目标下，它们又有十分明确的分工，彼此之间相互合作，共同努力，共同发展。产业集群是把分散的群集结合在一起，但是又不完全同化它们，在使它们保持自身特色的情况下，共同发展，共同进步。在外部的威胁下，产业集群会紧密结合在一起，为解决外部问题而共同奋斗；但是在内部之间也会相互竞争，在良性竞争下发展自己。产业集群是对外的一致性和对内的互补的统一，在进步的同时不忘发展，在竞争的同时不忘协同互助①。

5.2.6.2 旅游产业集群产生的条件

由于旅游产业集群需要的地域空间十分广阔，并且具有完整的产业链来进行产业的集群化，因此由它的地域性、产业链、网络性和市场性等方面来显示产业集群产生的条件：

（1）必然具有一定的地域性。不是所有地区都可以产生旅游产业集群，而是需要一个完整的地域环境，在这个地域内需要有完整的自然条件、充足的发展空间，最主要的是需要有一套完整的产业政策和发展规律，有一个统一的力量来进行市场的整合，才能进行产业集群发展。

（2）具有完整的产业链。一个完整的产业链才是地区全面发展所必须的条件，分工越明确的产业链发展越好。一个地区能够进行产业集群的要求就是需要完整的产业链，可以在地区中完整地发展，不需要外在条件的补足。

（3）区域企业网络密集。地区内企业具有快速的交流系统，企业间不仅仅只有竞争关系，还有互助关系。地区间企业在良性竞争的同时，相互补助，共同发展。在主导企业的带动下，向着共同目标前进、发展。

① 王兆峰．基于产业集群的旅游产业结构升级优化研究［D］．中南大学，2009.

（4）多样化的市场造就多样化的产品，也就会呈现多样化的发展。多样化的产品体系一方面不会导致产业集群内部的恶性竞争，多样化的市场只有相互补助发展；另一方面是打下良好的基础，促进市场发展，使得产业集群不断发展。

（5）科技创新推进发展。产业集群新的动力就是科技创新。在产品多样化的条件下，减少企业间的内耗，产业集群的发展增加企业间的信息交流，增加科技创新的机会，并减少产业知识和技术“外溢”的可能，增加旅游企业成员间的交流，对区域企业提供帮助。

5.2.6.3 旅游产业集群的形成和发展

（1）旅游产业集群的形成过程

旅游产业集群的形成是有一定的发展规律的，通过总结可以表述为“点（旅游核心企业）—线（旅游产业链）—面（旅游产业集群）”的发展趋势。

点状发展是旅游产业发展的最开始状态，这时基本上是企业自身的发展。依据当地的资源开始发展旅游产业，吸引游客，并慢慢打造品牌，形成自身的特色。在这个时候就需要开始完善地区内的基础设施，慢慢地为地区营造一个良好的发展氛围。

线状发展就是地区间的旅游产业链的补足。在区域有了一个良好的产业品牌的情况下，在区域大企业的推动下，为小型企业的发展提供机遇，带动它们慢慢发展起来。随着小型企业的发展，使得旅游产业链逐渐完善，慢慢使地区全面繁荣发展。

面状发展就是旅游产业集群的出现。在旅游产业链完整的情况下，产业开始呈网络状的在区域内全面发展，使得地区内的产业全面共同发展。

（2）旅游产业集群的发展模式

旅游产业集群的发展模式可以分为“自上而下”和“自下而上”两种模式。

在没有外力的影响下，由市场自身的需求而发展形成的旅游产业集群就是“自下而上”型的。在没有足够强大的政府推动力下，市场自身形成推动力，企业在市场的需求下发展起来，达到了一定的阶段后，政府推出部分政策来保障旅游产业集群发展。这种情况的特点就是市场机制的完善性，可以由市场稳定企业的发展。

“自上而下”型就是由政府指导的旅游产业集群。政府先发布发展战略，给地区发展定了发展方向，然后发布各种地区发展需要的各种法律政策，保证地区企业的发展，引导区域企业朝着科学合理的方向发展。

5.2.6.4 旅游产业集群的发展动力和优势

（1）旅游产业集群的发展动力

旅游产业集群是旅游产业和所在地域的文化、社会、经济环境交互的结果。旅游产业集群中的企业具有很强的地域联系，是当地最具有价值的资源的集群化。旅游产业集群根植性的重要性尤其不可忽视，旅游目的地对旅游者的吸引不仅仅是某个特定的吸引物，旅游目的地的整体生活环境对旅游者的吸引也是极其关键、重要的方面。旅游产业集群的特性之一是它的根植性，另一个特性就在于它的竞争性。

竞争性分为对外的合作性和对内的竞争性。不论是对外的合作性和对内的竞争性，产业集群最重要的发展动力还在于它的创新发展。旅游产业集群如果只是地区间的产业结合、共同发展的话，那就没有太大的作用了。这时需要的就是在集群的同时，集中企业间的知识，进行创新发展，改良或者去寻找新的方式来代替之前旧的结构，使得企业和企业间更好地发展。旅游产业集群的重点不在于企业间的结合发展，而在于区域专业知识的集聚、人才的结合，以此为基础来进行创新，推动区域全面发展。

（2）旅游产业集群的发展优势

① 促进旅游企业创新。旅游产业集群是把一定地域内的资源、产业和人才等全部结合发展的集群。旅游产业集群为知识和人才提供了更加广大的舞台和更加完整的基础，因此具有更加灵活的创新性。首先，面对外在企业的压迫，从旅游产业集群总体上的创新来发展，来增强自己的竞争力；其次，面对内在不同企业间的竞争，不同企业在面对企业间的斗争时，通过创新来不断完善和发展自己，从而可以得到更多的资源，并始终和集群一起发展。

② 加强企业间的合作，整合旅游系统。旅游产业集群使得地区企业在良性竞争的同时可以为了地区的发展进行合作。首先，集群企业是集合原有的地区资源，降低了交易成本；其次，在集群里的信息交换和积累，可以实现知识的共享、人力资源和技术优势互补，从而增加产业的创新能力。

③ 产生商业吸引力。旅游产业集群是区域内的合作，打造了统一旅游产业品牌。统一的资源利用和配套服务开发能够吸引大量的旅游者，并吸引大量的旅游企业和旅游专门设施落户旅游地，从而吸引更多的专业化、有经验的人才。

④ 树立区域旅游品牌，提高竞争力。形成旅游产业集群，易于塑造区域旅游品牌，形成旅游整体形象，拥有区域营销优势。产业集群可以使地区间的品牌效益进行整合，形成地区大品牌，扩大地区的影响力，为区域内的企业提供更加广阔的市场。

⑤ 有利于加强地区环境保护政策的落实。在旅游产业集群的同时，地区企业有了共同的目标，因此会为同一个目标而努力，而不会只想发展自身而不在乎其他方面的内容。良好的产业集群使得区域基础设施建设更加完善，环境建设更加完善。

5.2.6.5 乡村旅游产业集群案例——青岛市旅游产业集群

青岛市旅游产业集群是依据地域环境、行政区划和配套组织的原则进行统一打造的，其中最主要的产业集群就是主城旅游集群，可以充分地体现旅游集群的特色。在共同发展旅游产业的同时，分工明确，协同发展，向着共同的目标发展。

主城旅游产业是青岛的核心旅游产业，也是最主要的游客集散中心，是最为集聚的区域。主城区的东岸主要是打造为海滨游玩和历史文化旅游区，西岸区主要是建设为休闲度假展示区，西岸区就是新兴科技的旅游产业区。不同地区发展不同的旅游产业，分工明确，从而共同协作和谐发展。

就地区来看，青岛旅游产业集群已经有了明确的分工，但就主城区内部来看，不同地区具有不同的分工，在复杂划分的同时，又不缺少联系性。有的地区是旅游行业的龙头企业；有的地区为其他地区做配套服务，增加整体形象；有的地区主打服务业，培育服务企业，增加乡村旅游的宣传力度；有的地区拥有优美的风景名胜，主打旅游观光、度假休闲和海上观光为一体的产业；有的地区主打科技创新的国际旅游，为国外旅游做好服务保障。

5.2.7 乡村旅游产品生命周期

5.2.7.1 旅游产品生命周期的含义

旅游产品生命周期是以有形的产品销售周期为具体体现提出来的一个概念，指的是以一个新的旅游产品的出现为起始，投放到市场后经历市场的各种经历后到最后的淘汰，该概念是以产品的销售额和获取的利润为参考基础来进行分析的。乡村旅游所拥有的全部内容，不论是物质产品还是山水田园等，都是投入市场，经过发展，由弱到强的过程，这是一个不可逆转的过程，可能延迟，但是不会间断。

旅游产品生命周期一般可以分为导入期、成长期、成熟期和衰退期四个过程。在不同的阶段，产品具有不同的市场、不同的竞争、不同的成本和利润，也就需要不同的策略进行发展（图 5-7）。

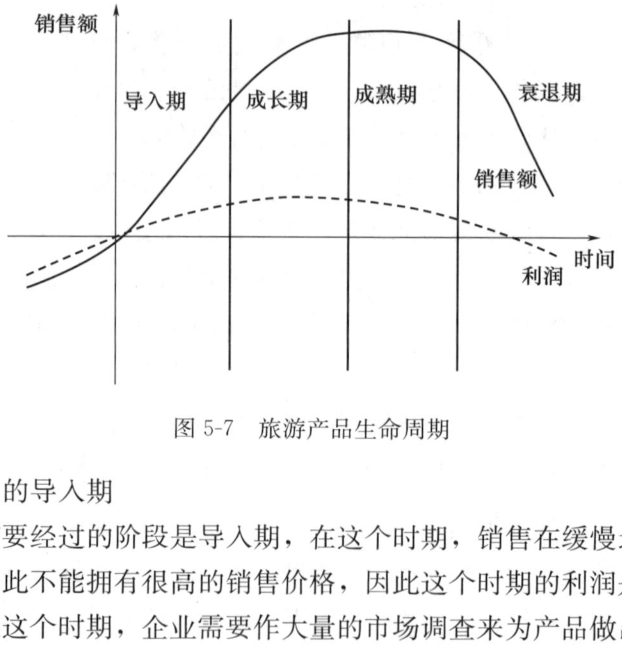

图 5-7 旅游产品生命周期

（1）旅游产品的导入期

所有产品都需要经过的阶段是导入期，在这个时期，销售在缓慢地增加，由于需要增加销售市场，因此不能拥有很高的销售价格，因此这个时期的利润是十分低乃至于可能是负利润的。在这个时期，企业需要作大量的市场调查来为产品做出改良，以此来增加销售量。因为是新产品，在这个时期一般是没有竞争对手的，中间企业可能会尝试进行销售，市场还在进行缓慢的扩展。

（2）旅游产品的成长期

在这个时期主要是市场进行了扩展，销售慢慢地保持稳定的状态。这个时期的企业需要做的就是进行旅游产品的改良，改善不足之处，提升产品的质量，增加销售量。由于销售量的增加，产品利润也就慢慢地增加了。在这个时期会慢慢地出现竞争者，会抢夺市场，开发相似的产品进行销售，竞争也就慢慢激烈起来。

（3）旅游产品的成熟期

在成熟期的旅游产品销售额会处于停滞甚至稍微下降的状态。这个时期企业需要做的就是保持良好的作风，不能降低产品品质和服务质量等。这个时期的产品利润也是最高的，因为产品销售数量达到了最高，并且产品制造的工艺也已经成熟，降低了生产成本，从而提高了销售利润。但是这个时期的竞争者也是最多的，被高额利润吸引了过来，这个时期就需要开发新的旅游产品或者选择其他市场作为销售入口，来寻找新的目标市场。

（4）旅游产品的衰退期

这个时期销售额已经在下降了，并且有新的替代产品进入了市场，并随着竞争者的市场价格竞争，使得产品销售越来越难，因此这个时期的企业就应该选择之后的退路了：一是开发新的旅游产品，代替原来的产品进行新的销售；二是退出现有的市场，去寻找新的市场，寻找新的发展机会。

在此应该指出的是大部分产品都具有这个特征，但是，也不是每一个产品都具有这个完整的产品周期，不同产品经历的阶段可能不同。一些独特的旅游产品，由于其资源的特殊性和不可复制性，因此可能其生命周期十分长，长时间处于成熟期。也有可能一些地区的旅游产品由于其可复制性强，突然出现大量相似的旅游产品，那么就会导致一些地区的旅游产品直接进入衰退期，而没有成长期，中间就会夭折。

5.2.7.2 旅游产品生命周期形成原因

（1）旅游产品的吸引力

乡村旅游产品最主要的部分就是吸引物。吸引物就是吸引游客来此旅游的目的，主要是由本地资源结合一定的创意产生的。吸引物的寿命和其他辅助旅游产品是相互依存的，它们的延续性是基本一致的。一般来看，一个吸引物越是独特，越是不可复制，那么它的吸引力也就越高，相反也就越低。吸引力越高的地区，它的成长期和成熟期也就越长。

（2）旅游目的地的自然与社会环境

乡村旅游产品总是在一定环境下存在的，不会脱离了本身存在的环境。在一些旅游产品相似的地区，当地的自然环境和社会环境越良好，那么吸引的游客自然也就越多。比如在自然环境优美的地区，有着良好的居住环境和卫生，并有通畅的交通网络系统的地区，相对来说就更加能够吸引游客的到来，这种地区的生命周期自然也就更加的漫长。

（3）消费者需求的变化

消费者的市场变化也会导致产品生命周期的变化，但企业在市场变化的同时也相对地改变自己的产品，可以减弱因市场变化而导致衰弱期到来的影响。消费者的需求总是会随时代的改变而改变，旅游产品因此也需要随之进行更新，来迎合时代的变化。

（4）市场竞争因素

在旅游产品导入期时，市场还在开拓，这个时候的市场竞争基本上没有。但是当市场稳定时，有充足的产品利润的时候，那些观望的企业就会快速地进入市场，抢夺市场份额和利益，会使得产品的生命周期缩短，这个时候企业需要做的就是进行产品更迭，调整营销政策并细分市场资源，开拓潜在需求市场，以此来延长本产品的生命周期。

5.2.7.3 基于旅游产品生命周期的营销策略

研究旅游产品生命周期，能够在不同发展时期，制定不同旅游产品销售策略，来更好地销售产品[①]。

（1）导入期的营销策略

新产品的导入期最重要的特点是产品知晓度十分低，因此这个阶段基本上就是提高产品的知名度。主要策略为：一是完善产品体系，使其成为系列产品；二是增加促销手段，在市场快速地增加知名度；三就是运用新兴科技，进行网络销售。这个时期的旅游产品价格难以提升，要不然游客难以购买，但是又不能太低，使得后期难以提升价格，因此在根据成本价格来制定合理的价格同时进行折扣优惠，增加游客吸引力的同时又保存足够的销售潜力。

（2）成长期的营销策略

成长期的营销目标是在保持原有销售增长的同时，提高市场的开发量。经过导入期的旅游产品已经表现出明朗的市场前景，尽管由于游客的快速增长，可以给企业带来利润，但是对企业来说还远不是收获利润的时候。企业对该旅游产品不能杀鸡取卵，应该把经营重点放到开拓市场和提高效率上，以持续提高旅游产品的市场份额占有率和竞争能力。因此，这个阶段的营销策略主要为以下方面：首先是增加产品类型，变相地开阔销售市场；其次是使产品价格恢复到平常价格，不再寻求激进增长，而是在正常的范围内快速增长；再次是优化销售渠道，在提高产品市场的同时，使用更加便捷优质的销售渠道来增加销售的品质；最后是增加促销也就是增加优惠营销活动，在特定的环境下可以在优惠的刺激下增加消费者。总之，成长期主要是在保证现有市场的情况下快速、健康地发展。

（3）成熟期的营销策略

在整个旅游产品生命周期中，处于成熟期的时间最长，企业大多数时间面临的是制定成熟期的市场营销策略。在成熟期旅游产品市场需求开始出现增长缓慢并逐步饱和，因而市场竞争异常激烈，同时旅游产品的成本也达到最低点。旅游企业应该根据成熟期的市场特点来制定旅游产品的营销目标和策略。成熟期要想继续增加市场需求总量是不现实的。因此对企业来说，旅游产品在成熟期比较理性的营销目标是以守为攻，维持和提高旅游产品的市场占有率，获取最大利润额。

---

① 李惠强．探究全域旅游视角下的乡村旅游发展战略［J］．中国市场．营销研究方向，2018（05）：35-36.

在这个时期的旅游产品主要从市场开发、产品组合和其他营销因素三个方面来进行营销。首先是在保证已有市场情况下，更加细化销售市场，精细化地去寻找新的市场来缓慢发展；其次是更新产品组合，老旧的产品已经无法产生新的效益，提档升级产品的外形或者增加新的产品组合，吸引老用户来购买产品；最后是调整促销方式，不再使用特殊的促销方式，而是对特定人群使用长久的优惠，或增加新的网络销售渠道，使得老市场产生新的经济效益。

成熟期的营销主要是为了保证原有的市场而进行销售的，不再追求更大发展，而是在老市场中发现新的经济增长点。

（4）衰退期的营销策略

旅游产品一旦进入衰退期，就意味着产品竞争者推出的旅游替代产品日趋成熟，已经能够被企业产品完全替代，并大量投放市场，造成游客购买力的转移，等到企业旅游产品的供给能力过剩，带来产品成本增加、利润下降甚至消失。对企业来说，主要的战略目标及策略应该是：稳住后期游客，并适度压缩营销费用，进行市场收缩，同时积极开发新的旅游产品替代衰退期的旅游产品。

衰退期的旅游产品需要做的是保证现有的市场，延长本产品的生命周期，并在利润不足的情况下适当地收缩市场，把资金和能力集中于效益好的旅游产品、目标市场和销售渠道，最后在惨淡经营导致亏空之前，放弃已有的旅游产品，发展新的产品或者进军新的市场，来寻找新的发展机会。

5.3　县（镇）全域旅游发展战略选择

5.3.1　战略选择思路与原则

（1）选择思路

县镇域经济可持续发展离不开强有力的产业支撑，要点在于其特色优势的形成与不断强化，产业集群、块状经济乃至专业县、镇的形成与发展。但长期以来，受城市主导产业霸权地位的排挤和左右，区域特色产业的选择被严重忽视。基于区位理论、区域比较优势理论、区域产业组织理论、区域经济发展模式理论、产业转移理论等相关理论，县镇域产业布局影响因素识别基本可以分为三种：经济区位（距离成本最小化）、市场需求（市场容量）和自身资本（市场竞争最大化）。目前，县镇域产业选择战略分为三个方向：工业导向、农业支撑和旅游带动，而本书此章节旨在制定研究旅游产业的布局特征，靶向地作出战略选择，针对县镇域产业布局的研究，后期需要结合工业与农业发展一起做全县的大战略①。

① 李惠强．探究全域旅游视角下的乡村旅游发展战略［J］．中国市场．营销研究方向，2018（05）：35-36.

就县镇全域旅游战略选择而言，有效的资源整合是实现县镇域旅游全面发展的前提条件。如何让旅游全方面的发展，实现全域旅游发展模式的应用以及空间布局，俨然成为当前旅游行业的发展难题。如不同地形下的旅游资源偏好不同、产品设计的思路也随之不同，落实到空间布局上也会有较大差异；处于不同发展阶段、能级不同、消费水平不同的县镇，其旅游需求会有很大不同，在制定的旅游模式上会有较大的差异。按照产业经济效益最大化原则，县镇地形对宏观产业发展战略的选择具有较大影响，旅游资源开发与旅游市场开拓的竞争力大小会有明显不同，基于此，旅游业的产品类型也会更兼容、更多样；此外，按照正相关的关系评定，县镇的经济发展水平越高，当地的居民消费水平也会随之增高，相对而言对于预期的旅游消费需求也会越高，相应的旅游结构会得到充分的完善。

县镇全域旅游发展战略的选择旨在调动旅游空间、产品、产业及相关服务四个方面的全域化，以全域引爆的方式实现旅游资源效益的最大化。因此，结合旅游资源梳理、产品类型划分，分析各类型旅游产品选择的地形偏好，考虑不同地形下旅游业发展战略选择影响因素的随机性，实现“资源—产品”转换、“地形”、“战略选择影响因素”三者在县（镇）域地理空间的多元排列组合与叠加，是探索县镇全域旅游产业发展战略的关键。

基于上述研究分析，本文对县域旅游战略选择的影响要素进行系统梳理，将其划分为自身资源、发展阶段和区位情况三大类，根据城市建设用地指标参数及旅游地服务半径规模，将县镇域总结为区位好、需求高，区位弱、需求高，区位好、需求弱，区位弱、需求弱四大旅游区位，结合战略选择方法论的阐述，依据资源依托型、文创主导型和系统配套型三大旅游产品布局的地形偏好，将四大旅游区位与三大地形（平原、山地、丘陵）特征的县（镇）单元进行耦合，最终确定全域旅游战略类型矩阵，明确县镇全域旅游基本类型（图 5-8）。

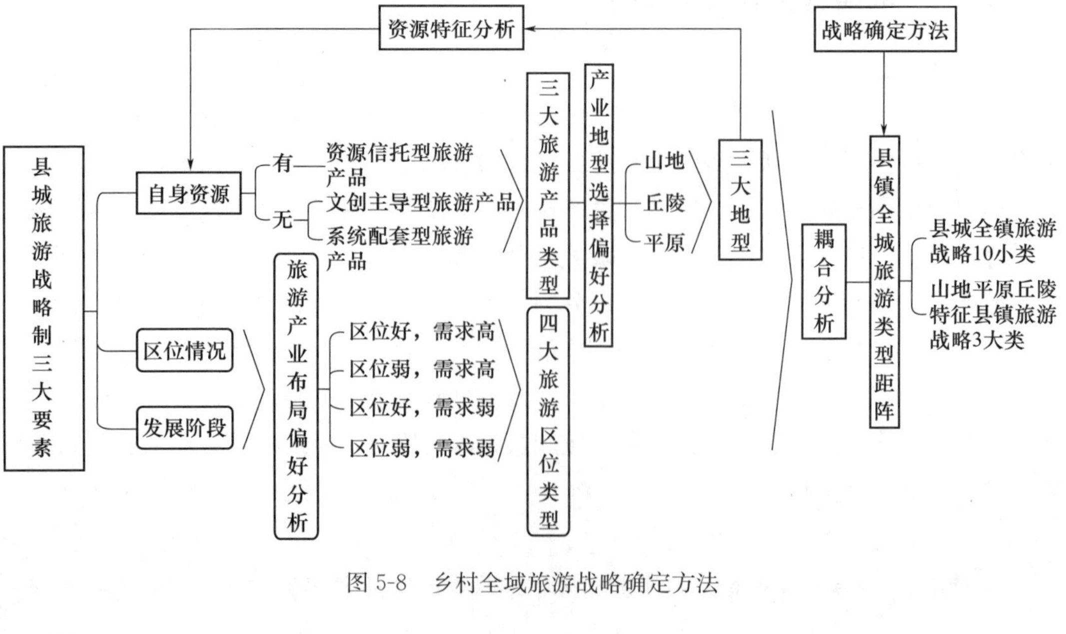

图 5-8　乡村全域旅游战略确定方法

其中，系统的资源整合、产品设计以及战略选择并非简单的“集聚相加、平面组合”，而是“交错融合，盘根错节”，以期构建食物链更繁琐、产品更多样、结构更加稳定的“旅游生态系统”，因此，多业融合是关键。空间上的全域化对全域旅游具有宏观上全域统筹的要求，有解决城市配套需求、旅游消费需求、助力近郊区城市化困境突围的能力；有将乡村的土地、农田、文化、特色风貌等有形与无形的闲置资源转化为资本的思想路径；有讲好地方故事，弥补旅游资源缺憾，引入旅游新产业、调整产业结构的技术路径。而资源依托型、文创主导型、系统配套型产品则对解决城乡功能互补（资源型乡村）、讲好地方故事（非资源型乡村）、解决大城市配套（近郊区）具有针对性功效，其融合发展对推进乡村以农旅推动农业、农产品加工业、旅游及相关服务业发展，迎合大城镇近郊区旅游度假、休闲康养、商务会议等消费需求具有重要意义，是新时期社会主义新农村“产业兴旺”的必由之路，也是长期以来城乡市场差异化选择的结果。

（2）选择原则

县镇全域旅游的战略选择，是关系到城乡一体化融合发展、人与自然和谐发展、旅游资源产业全面统筹发展、区域地方大协同小差异化发展、全域产业良性竞争发展，基于此，县镇全域旅游战略的选择应遵循以下五大原则：

① 可持续原则。乡村全域旅游是以具有特色的乡村景象和独特的自然景观来吸引游客。所以乡村旅游的发展不能竭泽而渔，要在追求经济利益的同时保护好当地的环境，实现可持续性发展，要在充分保护当地旅游特色的同时，对景区做好绿化和保护工作，对旅游过程中产生的垃圾和废弃物做好回收处理工作，充分保护当地环境。

② 系统性原则。乡村全域旅游是旅游业和其他诸如牧业、林业、农业等关联性高的产业的结合，产业之间相互融合，发展遵循系统性思维，要求每个部分都要互相协调，共同促进全域经济增长。乡村全域旅游的发展规划在经济的总体规划大背景下，与旅游业、农业、林业和牧业发展规划紧密结合，在生态、经济和社会因素等各个方面协调发展。

③ 生态保护原则。乡村的生态系统是长久以来形成的、稳定的生态系统，发展要注重生态保护、因地制宜，发挥地方特色，在长期的发展中形成自己的能量循环方式和规模。

④ 因地制宜原则。各县镇根据本地方特点，发挥农业资源的特色。在乡村旅游项目的建设上要形成自己的风格，突出乡土风情，避免资源浪费和重复建设，使旅游产品体现文化内涵，形成满足市场需求的差异性。

⑤ 良性竞争、利益最大原则。从宏观层次上看，县镇主导产业的选择对旅游产业的发展也存在市场资本的强弱竞争，工业与农业导向的县镇市场资本占比最大，但市场经济效益不同，对旅游业分别存在强弱竞争关系的同时，两者分别在旅游消费需求和旅游产品体系构建方面对旅游业有较大促进作用，因此，反对主导产业霸权主义。旅游作为第一、二、三产业之间的融合剂，是推进市场良性竞争，稳定市场秩序的一大抓手，在追求利益最大化的同时，多业融合、百花齐放才是繁荣稳定之象。

5.3.2 县（镇）全域旅游发展战略类型

5.3.2.1 制定全域旅游发展战略的相关要素

县镇全域旅游战略的制定，是关系到全域旅游资源到产品有效转换、产业规划合理布局的关键，因此识别影响全域旅游发展战略制定因素是追本溯源地梳理战略制定逻辑思路的第一步。其中，从旅游产业原始资本分析，自身资源是旅游业开发并逐步具备市场竞争力，并存活下来的基础；从市场消费水平和居民购买力分析，宏观层面上，城市越发达，市场消费水平越高，旅游需求越大，微观层面上，距离城市越近，居民购买力越强。因此，本文将县镇全域战略制定的影响要素分为以下三个方面：

其一，自身资源——根据目前旅游产品类型集聚的地形偏好，我们不难发现山区、丘陵以及平原的产品类型集聚情况大不相同。一方面，在制定旅游产品类型的难易度上，依次为：资源依托型＞系统配套型＞文创主导型，原因在于在投入和产出之间的关系中，依据宏观县镇域经济利益最大化原则，平原地区发展工业的价值远远大于旅游业和农业；另一方面，平原地区，自身的山水资源比较匮乏，发展旅游业与农业并非明智之举，但个别平原地区的粮食大省如河南、安徽等例外。

其二，发展阶段——城市的发展阶段与城市的能级直接挂钩，直接映射着城市的消费水平、购买力水平，以及旅游配套的需求程度，因此城市发展阶段越高、周边的旅游需求能级越大，那么市场导向下的近郊区资源依托型和系统配套型旅游产品越容易存活，反之，系统配套型旅游产业的建设与运营则难以为继。

其三，区位情况——旅游目的地的区位直接影响着市场需求，所以距离城市近的近郊区域，三类旅游产品都比较容易存活；而在城镇旅游市场断点之外，偏远的乡村则要靠乡村资源特性特征或文创设计来开辟新的旅游市场；但资源型乡村与非资源型近乡村在旅游产品选择上也有很大差异，非资源型乡村由于旅游类山水林木等资源较为缺乏，对区位的要求不高，文创主导型旅游产业竞争力较大，为市场最优选择。

5.3.2.2 战略确定的方法

GE 矩阵又称为“行业吸引力矩阵”以及“九盒矩阵”。GE 矩阵可以用来根据某旅游产品类型在市场上的实力和所在市场的吸引力对这些事业单位进行评估，也可以表述一个公司的事业单位组合判断其强项和弱点。在需要对产业吸引力和业务实力作广义而灵活的定义时，可以以 GE 矩阵为基础进行战略规划。在战略规划过程中，应用 GE 矩阵必须经历以下 5 个步骤：

① 对每个战略业务单位进行内外部环境分析。②确定评价因素及每个因素权重。确定市场吸引力和企业竞争力的主要评价指标，及每一个指标所占的权重。③进行评估打分。根据行业分析结果，对各战略业务单位的市场吸引力和竞争力进行评估和打分，并加权求和，得到每一项战略业务单元的市场吸引力和竞争力最终得分。④将各战略单位标在 GE 矩阵上。⑤根据每个战略业务单位的市场吸引力和竞争力总体得分，对各战

略单位策略进行说明。

根据以上说明阐述，综合考虑县域旅游战略制定中的三大影响因素，将自身资源、发展阶段和区位情况确定为外部影响环境的评价因子，对资源依托型、文创主导型和系统配套型旅游产品的市场竞争力进行高、中、低三个等级的划分，融入空间统筹的理念，将近郊区和乡村的吸引力作为区位因子和市场需求因子的综合映射，同样划分为高、中、低三个等级，最终构成 9×9 格的 GE 模型。

其结果见表 5-1。其中，在区位条件好的情况下，山地和丘陵特征资源依托型、文创主导型和市场配套型旅游产品市场竞争力大，市场吸引力也大，平原型则为系统配套性市场竞争力大，吸引力大，文创主导型市场竞争力与吸引力均适中，而资源依托型产品不易存活；在区位条件比较弱的资源型乡村，山地和丘陵特征的资源依托型旅游产品市场竞争力大，吸引力高或适中，系统配套型市场竞争力适中，吸引力适中，而平原型则只有文创主导型属于市场竞争力与吸引力均适中，其他两类产品不易存活；在区位条件比较弱的非资源型乡村，山地和丘陵特征的文创主导型市场竞争力大，市场吸引力适中，其他两类旅游产品不易存活，而在平原特征的非资源型乡村中，三类旅游产品均不易存活。

表 5-1 战略确定方式表

			市场竞争力								
			山地			丘陵			平原		
			高	中	低	高	中	低	高	中	低
市场吸引力	近郊区乡村（区位好）	高	123			123			3		
		中								2	
		低									
	资源型乡村（区位弱）	高	1			1					
		中	1	2		1	2			2	
		低									
	非资源型乡村（区位弱）	高									
		中	2			2					
		低									

说明：(1) 代表资源依托型旅游产品类型。(2) 表示文创主导型旅游产品类型。(3) 表示系统配套型旅游产品类型

5.3.2.3 全域旅游发展战略类型矩阵

依据上述全域旅游战略制定的方法论，根据 GE 模型处理的结果，将市场吸引力这一抽象板块具象化，拆分为区位因子和需求因子，经随机排列组合形成区位好、需求高，区位好、需求弱，区位弱、需求高和区位弱、需求弱的四大旅游区位。在此基础上，与山地、丘陵和平原特征的旅游产品类型选择偏好相耦合，形成如表 5-2 所示的全域旅游战略类型矩阵：

表 5-2　全域旅游矩阵

发展条件	县镇类型		
县镇区位及周边需求能级 求能级	山地类型	丘陵类型	平原类型
区位好、需求高	资源依托型＋系统配套型＋文创主导型	资源依托型＋系统配套型＋文创主导型	系统配套型＋文创主导型
区位好、需求弱	资源依托型＋文创主导型	资源依托型＋文创主导型	文创主导型
区位弱、需求高	资源依托型＋系统配套型 或资源依托型＋文创主导型	资源依托型＋系统配套型 或资源依托型＋文创主导型	—
区位弱、需求弱	文创主导型	文创主导型	—

5.3.3　以山地特征为主的县（镇）全域旅游战略类型

山地型县镇其本身的地形地貌所造就的山水优势，是旅游开发初期基于资源禀赋最容易被开发利用并迅速占据市场的关键，但是其地形地貌同样也是阻碍客源到达旅游目的地的最大障碍，因此在山地型县镇域范围内，距离大中型集中居民点的距离、距离主要道路的距离、距离重要景点的距离都会对旅游区位的好坏产生直接影响。此外，也正是由于山水的阻隔，景点的服务半径被削弱，依据市场断裂点法则，全域范围内旅游市场需求的大小在不断变换。基于区位和需求在空间上的平衡协调，以山地特征为主的县镇旅游战略类型主要分为以下 4 种，其中涉及系统配套型的战略类型是地形导向下集中建设用地规模不足、刚需外拓的结果。

（1）区位好、需求好旅游区位下的旅游发展战略

在此旅游区位上，由于旅游地明显的区位和市场优势，资源依托型、文创主导型、系统配套型三种类型的旅游产品市场均能兼容，受三种旅游产品对山水资源、文化底蕴以及城区市场需求的外部相关性与辩证独立和统一协调内部相关性影响，依据具体情况可以分为 7 种组合类型：①资源依托单职能型；②文创主导单职能型；③系统配套单职能型；④资源依托—文创主导复合职能型；⑤资源依托—系统配套复合职能型；⑥文创主导—系统配套；⑦资源依托—文创主导—系统配套多职能型。

案例解读：襄阳市保康县马良神话谷旅游规划

马良神话谷旅游区位于湖北省襄阳市保康县境南部，紧邻马良镇中心，距离保康县城 37 公里，襄阳市中心 100 公里，宜昌市中心 105 公里。项目地内有呼北高速横贯南北而过，距离呼北高速马良出口仅 3 公里，同时东部与 223 省道连接，交通条件较为便利。

全域旅游发展战略为：资源依托型＋文创主导型＋系统配套型模式，其中，资源依托型、文创主导型和系统配套型旅游产品及产品空间从以下 3 个方面体现：

① 资源依托：地文景观、水城风光、生物景观、天气与气候景观、遗址遗迹、建筑与设施、旅游商品（蔬果、中药、传统手工业）、人文活动的整合应用。②文创主导：

项目地所处的马良镇由三国蜀谋士马良而得名，同时与神笔马良“同名”，因神笔马良的故事在全国家喻户晓。此外，项目地所处的荆山山脉，是楚国第一任君主熊绎筚路蓝缕之地，是楚国的源头和荆楚文化的发祥地。横贯项目地的鸡冠河是沮河的支流，沮河是中华文明的发源地之一，有着浓郁的诗经文化、祭祀文化等氛围。项目地紧邻神农架，与神农架一衣带水，神农架因华夏始祖炎帝神农氏在此架木为梯、采尝百草、救民疾夭、教民稼穑而得名，是众多远古神话故事的发生地。主打神话更能对外来游客产生吸引力。③系统配套：随着短途短期旅游需求持续增长，乡村休闲度假产品当下受到市场热捧，传统观光游览正向休闲度假转变，文化休闲旅游用以提升旅游消费品味，深度参与型旅游成为未来发展趋势。因此，适应市场需求的农旅一体、文旅一体以及景城一体的旅游服务配套、城镇康居养老配套应运而生。基于上述战略，项目旨在将其打造为山水峡谷观光、生化故事体验、康养度假、游船体验于一体的东方神话谷。

（2）区位好、需求弱旅游区位下的旅游发展战略

在此旅游区位上，旅游地一般位于距离中心城区或交通要道较近，但城镇建成区不大，旅游市场受很大限制的地方。由于旅游购买力有限，市场需求有限，以康居养老、商务度假等为主题的系统配套型旅游产品没有市场，而旅游资源和文创主导虽受地缘限制，仍旧存在竞争力，故依据具体情况可以分为 3 种组合类型：①资源依托单职能型；②文创主导单职能型；③资源依托—文创主导复合职能型。

案例解读：宜昌市五峰县五峰山旅游发展规划

五峰位于鄂西南边陲，宜昌西南部，全境皆为山区，规划区位于五峰县渔洋关镇西南部，北以 325 省道为界，紧邻簸箕山，南抵黄龙山，东以 232 省道为界，紧邻天堰山，西到杨家河，靠近月山，具有强大的综合服务功能，是城市各种功能辐射的最佳之地。

全域旅游发展战略为：资源依托型＋文创主导型模式，其中，资源依托型、文创主导型旅游产品及产品空间从以下两个方面体现：（1）资源依托：地文景观、水域风光、生物景观、天象与气候景观、遗址遗迹、建筑与设施旅游资源的整合开发。（2）文创主导：五峰盛产茶叶，历史悠久。茶叶是五峰土家族地区的家常饮料，有着独特的饮用法。五峰人还在种茶、采茶的劳动中创造了千百首“茶歌”。土家族不仅饮茶普通而讲究，还创造出种茶、采茶、制茶一系列茶文化。土家族地区的茶古时就已进入了“官宦、王侯”家，五峰的采花曾是贡茶的基地。如今，“采花毛尖”荣获湖北第一名茶的称号，县境内的“茶马古道”被列为全国文物普查十大新发现，湖北首家茶博馆全方位、多层次地展示了茶文化的魅力。这里有“国宝”刘德培、著名诗人田泰斗等历史名人；有“打溜子”“南曲”“撒叶儿嗬”“唐祭”等一批国家级非物质文化遗产。基于上述战略，项目旨在将其打造为风景优美、生态观光与休闲、土家风情体验、自驾游玩的渔洋茶山之地。以茶文化为旅游开发的主题，完美运用规划地的文化特征，同时又与自身原有的“渔洋”资源结合，与昭君、屈原、清江等文化并行，其茶旅融合发展模式适

应了休闲时代到来的需要。

（3）区位弱、需求高旅游区位下的旅游发展战略

在此旅游区位上，旅游地一般位于远离中心城区或远离交通要道，但距离县镇域副中心较近的地方。在此条件下，资源依托型、市场主导型以及系统配套型旅游产品均可兼容，但由于区位较弱，旅游市场购买力和需求较强，故相比区位好、需求高的旅游区位，本区位最多一般容纳两类产品，此外，由于文创主导型无法在此条件下单独存在，故依据具体情况可以分为4种组合类型：①资源依托单职能型；②系统配套单职能型；③资源依托—文创主导复合职能型；④资源依托—系统配套复合职能型。

案例解读：彭州市大宝乡九女峰旅游发展规划。

项目地位于鄂西生态文化旅游圈内，地处堵河中上游，属于大巴山余脉。东连武当山、房县野人谷，南临神农架、重庆巫溪，西接竹溪十八里长峡，周围景区众多，旅游区位条件较好，未来可以借“市”发展。同时，项目地处武汉、西安、重庆三大火炉城市的中间，坐拥庞大的避暑游市场，为开发避暑度假游产品创造了良好的基础。

全域旅游发展战略为：资源依托型＋文创主导型或系统配套型＋资源依托型模式，主要体现在以下3个方面：①资源依托：地文景观、水域风光、生物景观、天象与气候景观、遗址遗迹、建筑与设施、人文活动旅游资源的整合运用。②文创主导：据历史典籍记载，竹山古称上庸，曾是尧之子丹朱的封地，丹朱少愚顽，尧为教化他特地发明围棋，史称“尧时庸人善弈，性狂放狡黠”。这里是巴文化的发源地，也是女娲炼石补天、抟土造人和伏羲推演先天八卦的地方。竹山得名与“共工触山”有关。相传九女峰即为九仙女助女娲登高补天之地。③系统配套：交通便利，可进入性强。适应市场需求的康居避暑配套而生。基于上述战略，项目旨在将其打造为传奇美妙自然山水、优良避暑之地、康养度假生态体验的神话园。

（4）区位弱、需求弱旅游区位下的旅游发展战略

在此旅游区位上，旅游地一般位于远离城市主次中心和远离交通要道，但受红色文化、宗教文化、历史文化等文化要素影响，在区位和需求都比较弱的情况下，以文化消费的方式开阔外来客源市场是此条件下发展旅游业的唯一途径，故在该条件下只能是文创主导单职能型旅游地。

案例解读：新洲区团风县九龙湾旅游发展规划

九龙湾项目基地位于团风县杜皮乡北部的於杨岗林场，黄冈市大别山以南，武汉新洲区道观河景区（道观河水库）与其紧邻，依山傍水，景色优美。新洲现代城市发展轴、团风县生态人文旅游轴线交接处。

全域旅游发展规划战略为文创主导型，该地区道文化盛行，民俗工艺文化源远流长。坚强高亢的大琦山脉、将军山脉结合温婉细腻的道观水库形成得天独厚的山水文化。红色革命文化底蕴深厚，致力于建设“山水杜皮”。基于上述战略，项目旨在将其打造为将红色文化与现代旅游融为一体的理想型旅游、休闲、度假、养生现代休闲度假区。

5.3.4 以丘陵特征为主的县（镇）全域旅游战略类型

“三山五岳”之所以闻名，就在于其高、其险，才吸引了全世界游客慕名而来。丘陵相比山地，地形对交通要道、对景区的约束力并没有那么大，山水对外部的吸引力相应也会大幅减弱，故丘陵特征为主的县镇旅游产业绝大部分靠市以及省内部消耗。此外，集中建设用地比山地大得多，因此不同旅游区位下，旅游地选择的区位与距离道路远近和城镇大小的关系也变得模糊。但相比平原，丘陵地形对旅游景区的服务半径的影响仍旧很大，地形对旅游经济造成的门槛仍旧存在。因此，基于区位和需求在空间上的平衡协调，以丘陵特征为主的县镇旅游战略类型主要分为以下 4 种，其中涉及系统配套型的战略类型是长期以来丘陵地区土地利用布局不合理，重居住而轻配套导致的，是配套设施需要外部补充平衡的结果。

（1）区位好、需求好旅游区位下的旅游发展战略

在此旅游区位上，县镇域旅游主要为市以及县镇内部城区人口提供短距离旅游消费市场。凭借区位好、需求好的区位优势，依据具体情况可以分为 7 种组合类型：①资源依托单职能型；②文创主导单职能型；③系统配套单职能型；④资源依托—文创主导复合职能型；⑤资源依托—系统配套复合职能型；⑥文创主导—系统配套；⑦资源依托—文创主导—系统配套多职能型。

案例解读：嘉鱼县恋江湖文化生态旅游发展规划

规划区紧邻嘉鱼县城，即将通车的武深高速出口距离项目地仅 10 公里，并由迎宾大道、工业园二路、田野大道等城市主干道直通项目地。目前，嘉鱼三环线、102 省道、主坝路、凤凰大道、环湖路已构成恋江湖的外部道路主环线，交通条件优越。

全域旅游发展战略为：选择资源依托型＋文创主导型＋系统配套型模式，主要体现在以下三个方面：①资源依托：地文景观、水域风光、生物景观、天象与气候景观＋建筑与设施、旅游商品（农林畜产品及制品、菜品饮食、水产品与制品）、人文活动等旅游资源的整合应用。②文创主导：嘉鱼历史文化悠久，最具代表性的为三国文化，既是三国时期东吴美女“二乔”的故里，又有现存的陆逊营寨、吴王行祠、吕岱墓、丁奉墓等三国遗址遗迹，黄花铺毯，绿柳镶边，小桥流水，屋舍俨然，秋水长天，渔舟晚唱。③系统配套：规划区推进景城一体、农旅文一体，一区四景，同步开园，实施产品一体化发展。基于上述战略，项目旨在将其打造为集观光旅游、休闲度假、文化娱乐、特色康养等功能于一体的长江水都慢城。

（2）区位好、需求弱旅游区位下的旅游发展战略

在此旅游区位上，旅游地一般位于距离中心城区或交通要道较近，但建成区不大、人比较少的地方。由于旅游购买力有限，市场需求有限，以康居养老、商务度假等为主题的系统配套型旅游产品没有市场，而旅游资源和文创主导受地缘限制，具有吸引外来游客的能力，故依据具体情况可以分为 3 种组合类型：①资源依托单职能型；②文创主导单职能

型；③资源依托—文创主导复合职能型。其中为增加旅游地的竞争力，一般打组合拳。

案例解读：木兰方家潭旅游发展规划

规划区位于木兰文化生态旅游区内的长轩岭街办，黄土公路与长塔公路交接点以西的月亮湖（院基寺水库）大坝脚下。规划区与木兰文化生态旅游区长轩岭游客集散中心相邻；旅游主通道黄土公路、长塔公路在此相交，是游客通往木兰系列景区必经的咽喉要道。

全域旅游发展战略为资源依托型＋文创主导型模式，主要体现在以下两个方面：（1）资源依托：地文景观、水域风光、生物景观、遗址遗迹、人文活动等旅游资源的整合应用；（2）文创主导：据考察发现，方家潭起于南宋，毁于战乱，复兴于清代。清顺治后期开始大规模重建，多为方家潭大户、富户所修。1960年，院基寺水库建成蓄水后，方家潭古镇沦为泽国。

本规划区所在的方家潭位于传奇英雄花木兰的故乡——黄陂，这里自古以来地灵人杰、人才辈出。方家潭这座千年古镇虽湮没水底，可花木兰的智勇双全、保家卫国的传奇精神却能够代代相承。如明弘治黄陂三大名进士之一的彭凤来；清顺治八年武举，后官至广东协镇的杜菘然为方家潭楼子湾人；早期同盟会会员、粤军旅长张华堂是方家潭大张家湾人。规划区具有“传承传奇与穿越”的文化内涵。基于上述战略，项目旨在将其打造为山水田园观光、美丽乡村民宿体验、乡村休闲度假的文化旅游古镇。

（3）区位弱、需求高旅游区位下的旅游发展战略

在此旅游区位上，旅游地一般位于远离中心城区或远离交通要道，但距离县镇域副中心较近的地方。在此条件下，资源依托型、市场主导型以及系统配套型旅游产品均可兼容，但由于区位较弱，旅游市场购买力和需求较强，故相比区位好、需求高的旅游区位，本区位一般容纳两类产品。此外，由于文创主导型无法在此条件下单独存在，故依据具体情况可以分为4种组合类型：①资源依托单职能型；②系统配套单职能型；③资源依托—文创主导复合职能型；④资源依托—系统配套复合职能型。

案例解读：英山县桃花冲旅游发展规划

桃花冲·洞天瀑旅游区位于湖北省黄冈市英山县草盘地镇，南临陶家河乡，东临安徽岳西，北接安徽霍山，西与大别山主峰风景区呼应。项目地有222省道西接武英高速杨柳出口，距离杨柳出口65千米。东接105国道，南临占线乡道。整体上北接南连、东西贯通，交通条件较为便利。

全域旅游发展战略为：资源依托型＋文创主导型＋系统配套型模式，具体体现在以下三个方面：①资源依托：地文景观、水域风光、生物景观、建筑与设施、旅游商品（农林畜产品及制品、中草药材及制品、传统手工产品与工艺品）、人文活动等旅游资源的整合利用。②文创主导：1990年在英山县草盘地镇发掘毕昇墓，举世震惊，英山作为毕昇故里，毕昇又是世界级名人。和尚石、水观音传说在当地广为流传，当地佛教文化浓郁。项目地内保留有原始的小村湾，村湾保持着原始大别山村的风貌。③系统配套：地处武汉城市圈内大别山人文生态旅游带的核心位置，已形成“一区四带”的全域

旅游格局，向武汉城市圈的旅游一体化发展迈出重要一步。基于上述战略，项目旨在将其打造为集大别山水观光、古黄州府名人文化体验、康养度假、漂流体验等功能于一体的四季宜游之地。

（4）区位弱、需求弱旅游区位下的旅游发展战略

在此旅游区位上，旅游地一般位于远离城市主次中心和远离交通要道，但受红色文化、宗教文化、历史文化等文化要素影响，在区位和需求都比较弱的情况下，以文化消费的方式开拓外来客源市场是此条件下发展旅游业的唯一途径，故该条件下只能选择文创主导单职能型旅游地。

案例解读：麻城市龟峰峡谷旅游发展规划

麻城市位于湖北省东北部，鄂豫皖三省交界的大别山中段南麓。北与河南省商城县、新县以山脊为界，东北同安徽省金寨县依界岭分水，省内东邻罗田县，南接团风县、武汉市新洲区，西与红安县毗连。

全域旅游发展战略为文创主导型模式，龟峰峡两谷交会处有一个山头名为月亮岗，相传一仙女看上了麻姑故里勤劳善良的一位柴夫，他不仅人才俊朗，而且十分孝敬老人，他经常到龟峰峡为村上无儿女的老人打柴。因此，仙女下凡，来到月亮岗，拜托月老促成与柴夫百年好合，后来因天条不容，仙女无奈，只有每当月圆之时来此看望心中的郎君，在这里望夫思郎。基于上述战略，项目旨在将其打造为以情缘文化为主打的峡谷观光休闲游玩之地。

5.3.5 以平原特征为主的县（镇）全域旅游战略类型

平原在地形以及山水资源方面毫无特色，因此其旅游更多地是满足附近城镇人口就近出游的需求，由于交通四通八达，所以景区服务半径大，旅游市场竞争激烈，而在不适宜发展旅游的大环境下，县镇宏观层面的产业发展战略更倾向于工业，因此在该条件下唯有系统配套型与文创主导型旅游可能在如此激烈的整体市场竞争环境下存活。因此，依据具体情况，区位弱在平原县镇的条件并不成立，因此以平原特征为主的县镇旅游战略类型分为以下两种：

（1）区位好、需求好旅游区位下的旅游发展战略

在此旅游区位条件下，旅游地大多位于建设用地较大、人口较为集中的区域附近，该区域经济发展水平较高，以第二、三产业为核心主题的大型建设区无法满足居民的消费需求，而资源匮乏型平原缺乏资源依托型产品。因此，为满足县镇域大中型集中建设区的旅游需求，依据具体情况可以分为3种组合类型：①系统配套型；②文创主导型；③文创主导—系统配套复合型。

案例解读：赤壁市全域旅游发展规划。

赤壁市的优势之一便是交通区位优越，体现在陆路和水路两个方面。陆路又以公路和铁路为典型，京港澳高速公路、建设中的武深高速公路，形成了基本的高速公路主干

架，加上107国道，形成了国省道主干线。水路则以素有“湖北南大门”之称的陆水河为代表，通江达海，扼潇湘咽喉，控江夏通衢，整条水路以长江为依托，与以内河为基础的干支相连。优越的区位、便捷的交通，对当地旅游业起着强有力的推动作用。

全域旅游发展战略为文创主导型＋系统配套型模式，主要体现在以下两个方面：一是文创主导：坐拥举世无匹赤壁古战场、有鼎力的峨石宝塔、年代久远的蒲圻古城、建设工程陆水景区内三峡试验坝的主题公园、文化底蕴深厚的羊楼洞及新店明清古街等人文景观。在宏观层面上，打造三国文化休闲体验极、砖茶文化休闲度假极、生态陆水休闲度假极，彰显了赤壁市的“三国文化”“茶文化”。微观层面上，构建“一带两环三段”绿道旅游体系，二是系统配套：打造乐活赤壁颐养主题板块和“134”旅游集散服务体系板块两大配套服务板块，前者集中开发度假休闲、商务会议、浪漫庄园、康居养老、蔬果基地等，后者为推进赤壁市全域旅游服务体系的完整性，分级分片分区打造1个一级服务中心、3个二级服务中心、4个三级服务中心。

（2）区位好、需求弱旅游区位下的旅游发展战略

在此旅游区位条件下，旅游地大多位于建设用地较为分散、人口较为稀疏的区域附近，该区域经济发展水平不高，以第一产业农业为主，为探寻以旅游业调整产业结构的路径，依托本土特色文化吸引外来游客是其发展旅游产业的唯一路径。因此，在该条件下旅游发展战略唯有一种：文创主导型。

案例解读：潜江市全域旅游发展规划

潜江市位于湖北省中南部江汉平原腹地，是三峡、三国、三楚旅游线的必经之地。境内汉宜高速公路和国道横贯东西，襄岳公路纵贯南北。潜江区位优势明显，但被列为资源枯竭型城市以后，潜江必须培育新型替代产业。要借鉴一些资源枯竭型城市成功转型的范例，把旅游业作为城市转型和实现经济结构调整的突破口和引爆点，打造世界“戏曲之都”。

全域旅游发展战略为文创主导型模式，潜江市是杰出的戏剧大师曹禺先生的故乡，其代表作《雷雨》《日出》《原野》《北京人》等是享誉文坛的名著，久演不衰。潜江市是全国有名的“戏窝子”，是荆州花鼓戏的代表城市，培育了胡新中、李春华、孙世安等一批花鼓戏表演艺术家。自2009年编制了《潜江市旅游发展总体规划》，确定旅游发展战略“以楚文化为主体，水乡情韵为主线，努力打造武汉城市圈和鄂西生态文化旅游圈交汇区最富竞争力的旅游目的地”以来，潜江市积极以该产业园为依托，“曹禺文化”品牌为推动，由文化品牌到文化产业的转型和跨越，积极整合本地历史、民俗、戏曲、旅游资源，提升竞争力，期以旅游业融入武汉城市圈、全省乃至全国旅游产业“大循环”，其中典型代表就是以“剧文化”为主题的大型公园——梅苑。目前，潜江市全域旅游尚处于快速发展阶段，但适应城市转型发展的要求，适应人民群众日益增长的旅游消费需求，建设文化旅游的极品景观，打造戏剧活动基地和交流中心，打造“东方的斯特拉夫”和“中国戏剧之都”是其必然选择。

6　路径Ⅱ：空间统筹与设施配套

6.1　全域旅游空间结构与布局

6.1.1　县（镇）全域旅游空间优化原则、策略与要素

6.1.1.1　空间结构与布局优化原则

（1）系统性原则

旅游空间结构的系统性是指城市旅游空间经济发展要素之间和空间构成要素之间存在着稳定的联系，这种联系具有统一性、整体性和综合性。统一性表现为旅游空间结构诸要素在一定条件下，均保持一种空间相互作用的状态。城市旅游区域与乡村旅游区域无时不存在着相互渗透、相互贯通、相互依存、相互联结和相互转化。旅游空间结构要素的整体性特征有时表现得相当强烈，以致形成一个控制系统，当该系统的某一旅游结构要素实行某种程度的干扰时，会出现整个系统的变化。而旅游整体性特征的存在有其客观必然性，是因为旅游空间结构系统都是由旅游节点、旅游线路、旅游域面等旅游基本要素组合而成的，三者互为一体。不论旅游空间结构如何发展变化，旅游空间结构中的节点离不开旅游域面，旅游域面的发展会促进旅游节点的发展，旅游节点的空间组织和推动作用也促进旅游域面的发展，旅游节点和旅游域面的发展以及两者之间的客观关系离不开旅游网络这个纽带系统，综合性表现为旅游空间结构要素的多样性，旅游空间相互作用关系的多样性以及功能效应的多样性。

（2）区域性原则

城市旅游空间结构的区域性是指不同类型的旅游区域，如城市历史文化旅游区与自然观光旅游区、山岳旅游区与湖泊平原旅游区等，不同旅游发展水平区域如城市旅游发达区域与不发达区域，其旅游空间结构具有明显的区域个性或景观特性。不同的城市旅游空间，其结构形态、水平、效益和功能等方面存在显著的差异，呈现出突出的城市旅游空间个性。城市旅游空间结构主要是通过它明显的地理个性而表现出来的。对城市旅游空间结构的研究，一定要具体问题具体分析。

（3）要素极化、扩散和边界的模糊化动态演变原则

城市旅游空间结构要素的极化是指城市旅游空间经济活动向某个具有旅游优势的区位聚集，并逐步演化为整个旅游发展极核的旅游空间经济现象。这种城市旅游发展极核

在区域旅游空间中一旦形成，就会具有一种自我发展的能力，可以不断为自己的进一步发展创造条件。城市旅游空间结构要素的扩散是指从城市旅游发展极核向外围扩散的空间位移过程。一般认为，只有当城市旅游增长极核不存在集聚经济和规模经济效益时才出现扩散作用。城市旅游空间结构要素的极化与扩散的模式及其过程见表 6-1。

表 6-1　城市旅游空间结构要素的极化与扩散过程

极化与扩散	城市旅游空间的过程
波状极化波状扩散	旅游空间结构要素逐步由外围区域向核心区域聚集，多反映在宏观城市旅游空间尺度上与波状极化过程相反
向心极化向心扩散	外围区的旅游节点（要素）向旅游核心区域的节点极化，多反映在城市旅游区域内部与向心极化过程相反
等级极化等级扩散	低层次的旅游节点依次向高层次旅游节点的极化与等级极化过程相反
跳跃式扩散	旅游空间结构要素跨越空间距离的限制，直接在区际首位节点扩散（具有一定的偶发性和随机性）

城市旅游空间结构的边界是模糊的。城市旅游带、城市旅游圈等城市旅游空间结构因旅游网络的交叉、重叠，同一城市旅游节点可能属于多个城市旅游带与城市旅游圈，城市旅游带与城市旅游圈也可能会有交叉、重叠之处。旅游活动常常跨越行政与自然的地理界限，城市旅游空间相互作用也导致城市旅游空间结构边界的模糊性。

（4）要素层次性分级原则

旅游空间结构的层次性主要表现在两个方面。一方面，是从某一城市旅游区在更高级旅游空间系统中所处的地位上看它的层次性，这种层次性主要是由区域核心旅游城市的层次性表现出来的，即层次较高的区域核心旅游城市支配较高等级的旅游区域，具体支配方式是通过对低层次区域核心旅游城市的支配来控制它们的外围区域；另一方面，就旅游城市自身的旅游发展水平、所处的发展阶段而言，各个旅游区域的空间结构又有高、中、低之分，并与旅游发展水平相对应。就一个较大的区域旅游系统而言，旅游发展水平较低的旅游区域所处的地位—空间层次较低，反之则高。而就一个具体的旅游区域来说，其旅游发展水平总有一个由低级向高级发展的过程，而且由低层次的城市旅游空间结构达到高层次的空间结构又是一个逐渐发展的过程。由于受区域旅游发展不平衡规律的制约，某些旅游区域的自身结构发展至高级化，而另一些旅游区域的层次地位可能相对下降。城市旅游空间系统内各子系统在规模上或层次上是逐渐过渡的。这种过渡现象具有突变性，从而形成了近似的等级关系。正因为城市旅游空间结构具有规模和功能上的等级层次性，才有可能使不同等级层次上的旅游空间实体，通过旅游协同作用在城市旅游空间上形成有机的功能结构体系。

6.1.1.2　空间结构与布局优化策略

（1）加强区域旅游规划结构理论指导

通过文献查阅梳理的方法，加强旅游空间结构组织的理论指导。除理解旅游专业学科的旅游空间要素布局策略以外，跨学科地借鉴经济地理学、旅游经济学、旅游地理学、城市地理学等相关学科的相关理论，经济数学模型、地理空间模型对全域旅游空间组织模式的借鉴意义。如借鉴曾菊新、陈才等的研究成果，他们从城市旅游空间经济活动的区位和功能出发，论述了城市旅游空间结构类型，系统总结为点线面型、点面型、点轴型以及散点型，并对各种类型的特点作了具体阐述等。

（2）多情景模拟旅游空间结构组织模式

全域旅游重在全，结论预设的影响要素要全，其中因素分为内部因素和外部因素，如影响旅游节点布点、旅游线路走向、旅游节点规模、旅游线路等级等方面的因素。此外，必须顾全全域视角下的多情景全域覆盖，不同城市的能级、旅游资源、市场区位、宏观产业发展战略的制定、旅游消费方面的需求都会不同，投影到全域旅游空间系统的形式也就不同，基于多情景研究全域旅游空间布局要素等级体系的划分，要素间相互吸引与互相排斥的作用，点线面的空间布局与内在联系。

（3）逆向思维的实践案例推导总结

通过将大量的实践案例样本组建成数据库，总结其旅游空间结构组织的组织原则、影响要素和演变过程，运用逆向思维推导旅游结构要素之间的组合模式和空间布局。如吴承照（2005）通过大量的案例将旅游空间结构分为：①单核模式，这类城市有价值的旅游区是集中在一个地域，典型案例如扬州和杭州。②多核模式，这类模式的城市较多，与城市规模有关，如上海、南京、苏州、无锡等市。③带状模式，这类模式的形成与城市自然环境特征有关，如河流、海滨等，青岛、厦门等城市均属此类。④网络模式，具有这类模式的城市其吸引物分布比较散，呈点状分布，不成规模，如苏州城区。⑤综合模式，即上述各类模式的复合。

6.1.1.3 空间结构要素与布局优化

按照景观生态学的观点，空间结构要素被描述成具有生态经济意义的嵌块体、基质和廊道。旅游空间结构也可以被描述成旅游嵌块体、旅游基质与旅游廊道。借鉴空间经济学的理论成果，本节把旅游空间经济结构要素具体分为以下几种类型：

（1）旅游节点

旅游节点是指一定区域范围内城市旅游经济活动内聚力极化而成的中心。由两大相互联系的基本成分组成，即城市旅游吸引物聚集体及城市旅游服务设施。旅游吸引物聚集体包含旅游者游览或打算游览的任何设施和资源，其包括一个或多个个体吸引物及能产生吸引力的景观和物体等。根据旅游吸引物聚集体吸引力的重要程度差别，旅游吸引物聚集体在空间上呈等级结构，县镇层面结构体系相对简单，一般分为两级，即旅游节点与次要旅游节点。旅游节点的服务设施成分包含一系列旅游服务设施，如住宿业、各式餐馆、零售商店或其他任何以旅游者为主要服务目的的服务设施等。这些是旅游目的地的空间主要成分，对区域的经济价值有重要作用，但它们不是目的地吸引力的要素，然而近年来旅游发展的实践表明服务设施和吸引物聚集体之间的关系正慢慢变模糊，兼有度假、娱乐、休闲、观光功能的各式度假村、生态旅游地的有住宿功能的生态小木屋、各种游乐场等，自身既是服务设施，又成了吸引物聚集体。

(2) 全域旅游发展轴线

旅游循环与网络路线是指旅游者在旅游目的地的各吸引物聚集体和服务设施之间的流动轨迹。这种轨迹加强了要素集聚、规模集聚。其中，路径既代表公路、铁路、航道等交通线，也代表各节点交通线大致的长度及客源的流向，一级客源地流向二级的路径为主路径，二级客源地流向三级为次要路径，一般县镇层面分为两级，即全域旅游主要发展轴线和次要发展轴线。

(3) 全域旅游县（镇）

全域旅游的核心在“全”，资源全、产业全、产品全、空间全以及服务全，但其根本是在空间上的全域、全旅游要素统筹，以及要素空间结构与布局的统筹。它是旅游节点和全域旅游发展轴的载体，反之，二者又是全域旅游县（镇）的骨架，将地形地貌地质等城市组织串联起来，一个个旅游节点的服务半径和旅游发展轴缓冲区交错重叠，将其全域覆盖。而在更宏观的区域视角，全域旅游县（镇）单元可能只是山脉或水系宏观旅游发展轴上的一个节点，是宏观区域的一个主题旅游单元。

6.1.2 县（镇）全域旅游空间优化涉及的相关理论

6.1.2.1 县（镇）全域空间优化涉及的基础理论

空间结构长期以来作为地理学的研究核心，学术界对其概念有着不同的定义，陆大道认为空间结构是指经济社会客体在空间中的相互关系以及相互作用，以及反映这种关系的客体和现象所形成的空间聚集程度和集聚形态；吴必虎认为空间结构是空间的点、线、面所构成关系的一种抽象，空间单元相互影响、相互作用、相互联系而构成的空间关系。空间结构在旅游系统中可以反映出旅游系统各要素在地域上的分布与组合形态，并将旅游系统各要素以点、线、面的方式进行可视化表达，对于任何一个区域来说，不同的发展阶段会产生不同特点的空间结构。

景区空间结构并不是将景区和空间结构这两个概念简单地叠加在一起。旅游景区是旅游经济活动与区域相互作用而构成的地域体系，而景区空间结构是指景区系统在空间中的相互作用、相互吸引和相互联系形成的空间聚集状态，它可以反映出区域景区间的空间属性和相互关系。

其中涉及的基本理论包括分形理论、增长极理论、中心—外围理论、点—轴理论和网络化理论。

(1) 分形理论。所谓分形，其原义是“不规则的、分数的、支离破碎的”物体，其核心和实质是分形体的自相似性，即部分与整体之间以某一种方式相似的形体，而分形理论恰恰是研究这种分形的性质及应用的科学。景区是作为一种特殊的自然、人文要素综合体，往往是分形体的集聚区，景区的空间结构具有等级性与层次性，在其演化过程中呈现出由简单到复杂、由低级到高级、由无序到有序的自组织发展特征，最终形成相互嵌套的、相似的、有序的景区空间结构。因此，将分形理论及其方法应用于景区空间结构研究，能精确反映出其空间结构的复杂性以及演化状态，深入揭示景区空间结构演化规律以及驱动因子。20世纪90年代起，国内学者开始将分形理论应用于景区空间结构的相关研究，并主要应用于集聚维模型、网格维模型、关联维模型三种模型的测算。三种分形维数都可以反映景区空间结构中景点要素的空间分布形态，通过测算出景点要素空间分布的均衡性，从而判断景区景点系统空间结构的紧致性与系统演化的有序度等。

（2）增长极理论。增长极的概念最早由法国经济学家佩鲁提出，其发现经济的增长最先发生在部分区位与资源禀赋突出的地区，然后通过支配效应、乘数效应、极化与扩散效应等方式向外扩展，从而对整个区域的经济发生影响，而增长极就是具有经济带动性的地区，在增长极的吸引下周边地区经济要素不断向其聚集形成了单中心空间结构的集合体。之后的学者将增长极的概念与地理空间概念相融合，形成区域增长极理论。同理在区域旅游发展中，一些发展条件好的旅游中心地与高等级景区会率先发育成为区域旅游增长极，并对周边区域的旅游发展起到极化与涓滴作用，增强区域知名度。因此，在区域旅游发展初期，大力开发培育合适的旅游增长极，可以辐射和带动整个区域旅游业发展，最终达到区域共同发展。

（3）中心—外围理论。中心—外围概念起初用于分析经济贸易格局，后被引入区域地理的研究之中，融入了明确的空间关系概念，形成了中心—外围理论，而韦佛、希尔斯和朗德格仁进一步将中心—外围理论运用于旅游空间结构的实证研究中，发现旅游空间结构中存在中心与外围域，即旅游核心区与旅游边缘区，旅游核心区对边缘区具有支配作用，引导边缘地区旅游业的发展，而边缘区依附于核心区并进一步巩固核心区的中心地位。保继刚、汪宇明等学者在探究景区空间结构中的中心—外围特征时发现景区空间结构是由核心景区与依附型景区共同组成的，有着明确的中心聚集性与距离衰减性，其中核心景区位于区域中心，对周边景区起到引领作用，而外围等级较低的景区则依附其发展，并且吸附力随距离逐渐衰减。在中心—外围型景区空间结构中，要注重核心景区与依附型景区间的关联性，完善旅游交通道路，对不同级别的景区进行有效衔接，充分发挥核心景区的辐射作用，带动区域的整体发展。

（4）点-轴理论。点-轴理论的核心思想是对区域发展的最佳结构的探究，因而被旅游地理学者广泛运用在旅游空间结构的研究中。景区在区域景区空间结构系统中可表现为点，是区域景区空间结构的基本构成要素；轴通常为旅游交通线路，是区域景区系统内部要素空间联系的基本纽带。在区域旅游发展的初期，旅游禀赋较好的地区形成等级较高的中心景区，随着经济的发展中心景区逐渐增加，由于旅游要素交换的需要在中心景区间形成了相互连接的交通轴线，这种轴线最先是为高等级的中心景区服务的，但轴线一经形成，对游客、周边景区也具有吸引力，使其不断向轴线两侧集聚，形成新的点轴系统。因此，点—轴理论可以理解为不同等级的景区（点）沿交通线路向外围区域纵深地发展推移的过程，而交通轴的构建对于点—轴空间结构的形成至关重要（图 6-1）。

（5）网络化理论。网络化理论作为成熟的空间结构理论被广泛应用于旅游学科的研究中，旅游系统空间结构可视为由点、线、面构成，即以景区与客源地为点状要素并依据其区位条件与发展水平形成等级不同的节点，以旅游交通为廊道对系统中不同等级的点进行串联使其相互连接形成面域的复合结构，各要素在面域结构中不断发展、扩散最终形成网络化的景区结构系统。因而，网络化理论可以看成一种旅游系统的空间自组织理论，旅游系统的优化程度随着网络结构的优化程度而提升，其优化的首要条件是加强区域旅游交通建设，完善区域旅游交通网，提高区域旅游的空间运行能力（图 6-2）。

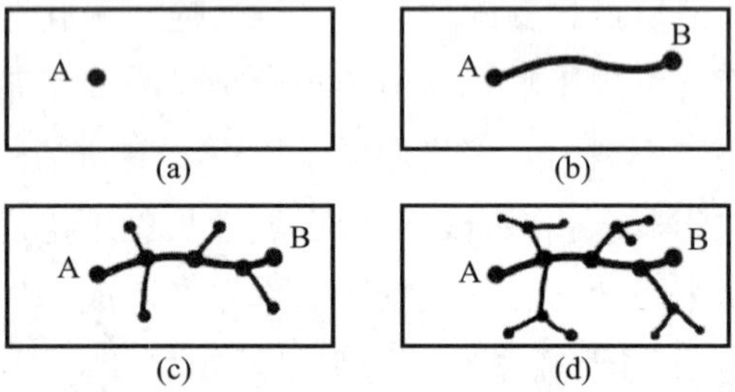

图 6-1　区域旅游“点—轴系统”发育过程

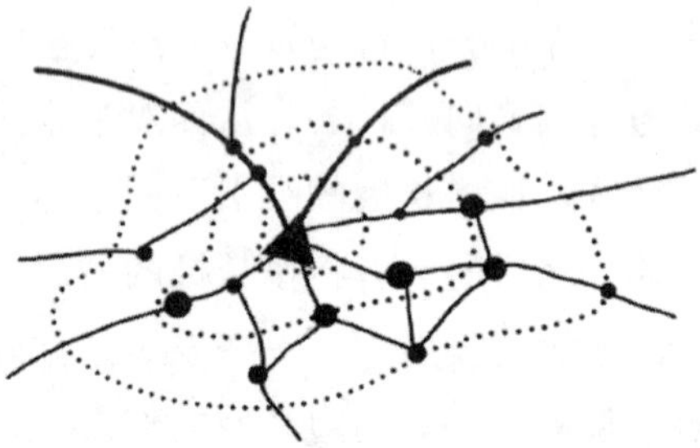

图 6-2　旅游系统的网络空间结构

6.1.2.2　县（镇）全域空间的典型地域划分与优化思路

旅游系统内部各要素在结构和功能上的优化升级，使景区在不同的发展阶段呈现出不同的空间结构演化模式，不同的景区空间结构也要相应采取差异化的发展策略和发展机制。在总结前人对景区空间结构的演化模式研究的基础上，李欣（2017）将景区空间结构演化分为点状展布模式、极核带动模式、多中心辐射模式与协同化一体模式 4 种类型（图 6-3）。

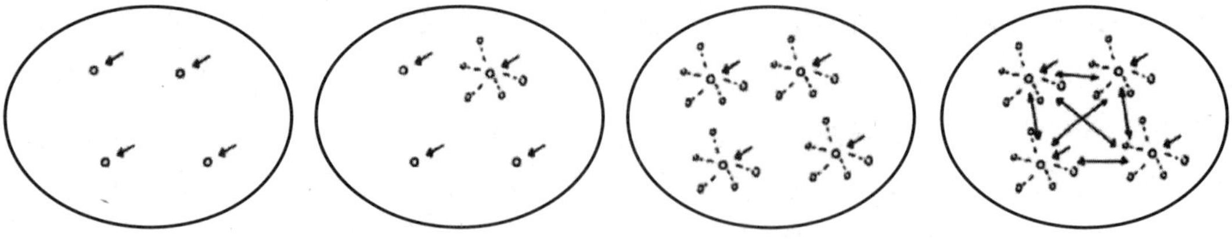

图 6-3　景区空间结构的演化模式

基于以上理论研究，本文分别针对山地、丘陵与平原提出相应的演变模式类型并对各自的演变过程进行详细阐述。

6.1.2.3　旅游导向下的山地型县（镇）全域空间演变与优化

关于山地城市空间结构研究多是基于城市规划、资源利用、生态保护等角度，然而，关于山地城市景区空间结构的研究较少，山地城市的旅游资源丰富且开发具有特殊性，优化其景区空间格局有十分重要的现实意义。国外学者主要从景区管理、旅游规划等角度，如 GillA，Williams. P 等从环境保护和承载力的角度，以两山度假社区阿斯彭和科罗拉多以及加拿大惠斯勒为例，应用生长管理技术，采用增长管理实践进行检验，对山地旅游社区进行检查，旨在突出生长管理技术在山地旅游景区的应用。国内学者王阿娜从资源利用角度，为了优化城市空间布局结构，深入解析了山地资源型城市空间形态及其旅游开发的影响要素，探索了山地资源型城市空间演化机制、布局规律等一系列理论，为整合利用该类城市的资源、合理布局各要素提供理论依据。重庆学者黄光宇教授从生态保护角度，研究了重庆等典型山地城市的空间结构发展演变模式，提出了有机分散与紧凑集中、多中心组团结构等 6 条基本原则和规划思想用以指导山地城市的规划与建设。在分析利用我国典型山地城市整体规划案例的基础上，归纳得出多中心组团、环湖组团、长藤结瓜等多种山地城市布局模式，为山地城市学的发展奠定了坚实的基础。

基于原有山地城镇空间结构研究和旅游空间与城乡建设空间的相关性，本文衍生出山地旅游空间的空间结构与布局范式，根据旅游地发展规律，系统总结其演化过程，具体演化模式总结为以下 5 个阶段：

（1）散点模式：疏点模式是区域旅游系统的萌芽阶段。此阶段区域旅游的发展属于一种自发形式，旅游活动凸现在经济发展相对较好、旅游资源丰富、内部交通便利的城市，区域内一般会萌生 2—3 个旅游节点。克氏中心地理论告诉我们，这些萌芽点基本上组成三边形或多边形分布的格局。旅游开发上没有合作意识，彼此独立发展，也没有市场意识，所以城市内各景点基本上不与外界发生自觉联系。城市内通道路径系统简单，旅游流向呈单向性。

（2）散块模式：散块模式是区域旅游系统的起步阶段。旅游区以大块状散落分布于区域内，此阶段仍然有新旅游节点萌生。虽然散块模式在结构特征上只是疏点模式的扩展，但散块模式是疏点模式量积累基础上质的飞跃。疏点模式只是在狭小的萌生区空间内发生着旅游现象，还没有扩散能力，而散块模式旅游业的发展属于一种邻接发展，已开始向其腹地进行邻接扩散，其影响面已经大大超出本身的萌生区。另外就是疏点模式萌生旅游节点有限，仅限制在一些旅游资源丰富、经济发展较好的城市，由于资源禀赋、经济发展、旅游业自觉意识的不平衡继续作用，使得萌生的旅游城市开始出现等级分化，节点间的合作意识还没有发生，旅游合作仅发生在节点内部。

（3）组合模式 1.0：放射状＋环状＋带状模式。此阶段处于地区旅游产业发展阶段，显著特征就是中心城市以外的近距离旅游节点间开始通过发展轴线加强区域合作。由于用地紧张，施工工程量大，“因天时，就地利”成为山地建设区选址的关键原则，针对山地类型中的盆地/台地、坡地与沟壑河谷用地，散块模式的景区在该阶段为进一步开拓市场，会紧紧围绕影响力逐步增加的旅游通道沿线，因地制宜地分别发展成为受地形约束最小的初级放射状、受地形约束相对较弱的环状、受地形约束最强的初级带状模式雏形，该阶段旅游节点之间的联系得以加强，区域主题旅游开始逐步成形，类似旅游产业及服务业开始集聚，形成旅游产业集群。

（4）组合模式2.0：放射网络状＋环状＋带状模式。此阶段属于区域旅游产业相对发达阶段，该阶段基本不再催生新的旅游城市，并且旅游城市等级体系从此进入较稳固状态，但区域节点之间的合作仍旧会进一步加强。其中，受地形约束最弱的台地与盆地，地形较为平坦，城市建设用地相对宽裕，较适合发展大城区，城市能级较高，对于旅游的消费需求更大，因此初期放射状发展的地方旅游空间结构会向小范围的中心网络化发展，而坡地和沟壑河谷地形下的旅游空间结构则在不断强化完善。

（5）组合模式3.0：网络状＋环状＋枝带状模式。此阶段属于全域旅游升级阶段，该阶段的特点是旅游资源的全面挖掘与转换。其中，变化最明显的就是受地形约束最强的带状模式会因为新节点的开发而演变为枝带状，而相应的节点联系也会进一步达到峰值，在全域的高度，达到统筹空间、协调城乡的目的，这是旅游业发展的大势所趋，同时也是国土空间规划下旅游专项规划发展的诉求。

其具体结构与布局模式演化过程如图6-4所示：

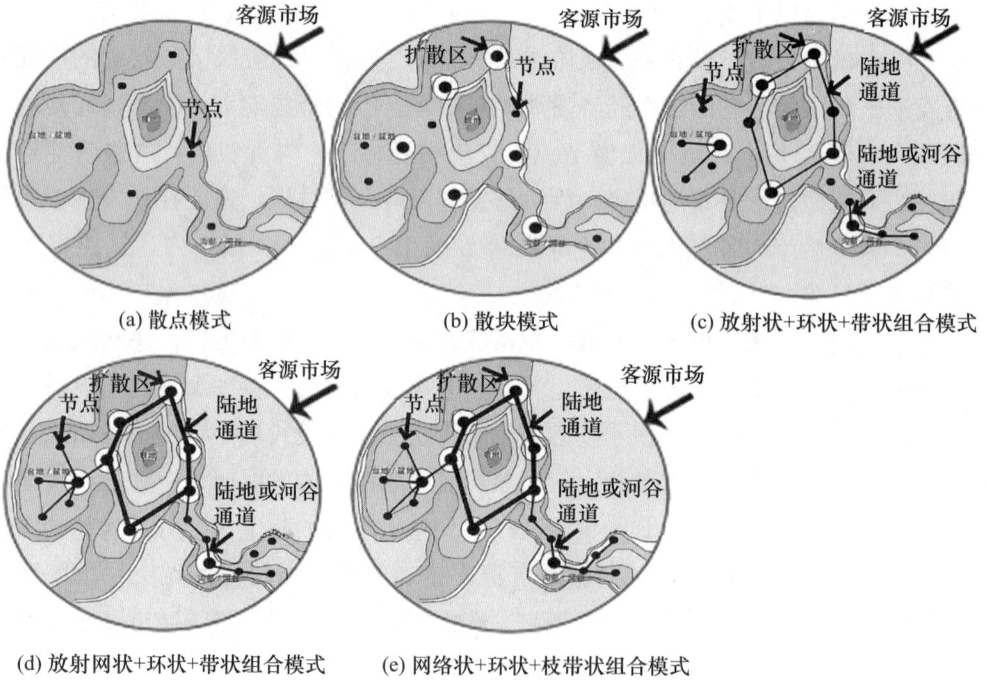

图6-4　山地旅游空间发展模式

6.1.2.4　旅游导向下的丘陵型县（镇）全域空间演变与优化

湖北省除地处西北与重庆毗邻的恩施州为山地外，绝大部分县镇地处丘陵地带，相较山地，丘陵地区地势较为平坦，山体起伏坡度变化不是特别大，建设用地依据特定地形，绝大部分不是很紧张，工程建设的技术要求也不是很高，因此道路与建筑物的排布也并非严格地顺应地形走势，因此该地形下建设区整体呈现“大集中、小分散”的特点。

丘陵特征的城镇空间结构、空间布局研究主要受山地城市学相关研究影响，重庆大学的刘博、李勇等人对丘陵地区的城镇空间结构模式展开研究，根据城市空间结构与核心区、山水环境的关系，大致可以划分为环形模式、组团模式和带状模式三种模式。而基于宏观县镇域旅游空间的结构与布局研究，市域中心城区与近郊县镇的空间关系通常呈现单中心放射状，而远郊区由于市场竞争力较弱，因此常沿着水系或山脉形成环城旅游带。因此，县镇域旅游空间结构整体呈带状分布，为保持基质—廊道—板块基底的完整性，局部呈放射状。基于此，综合考虑旅游发展规律，系统总结其演化过程，将区域旅游空间结构演化模式总结为以下 5 个阶段（图 6-5）：

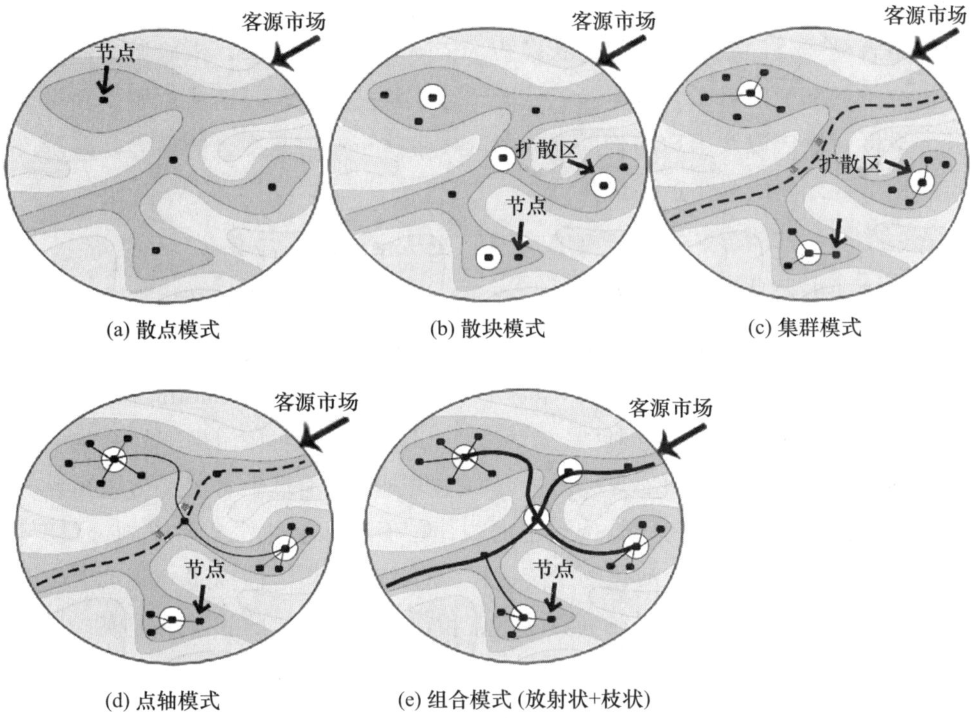

图 6-5　丘陵旅游空间发展模式

（1）散点模式：受旅游产业空间自组织结构模式影响，萌芽时期的旅游产业受外部环境影响较小，其布点模式同山地大致类似，以散点模式零星分布，各节点之间几乎没有联系，不同之处在于初期丘陵地带的交通主干道对旅游地的约束力较弱，所以远离县镇主干道，且山水资源优势较为明显的山、水、田、湖集聚区会率先占领旅游市场，形成旅游节点；相反，地势较为平坦的主干线沿线是城镇集中分布的地区，而旅游节点几乎没有。

（2）散块模式：散块模式是旅游产业自觉发展的起步阶段，散点模式下兴起的节点进一步壮大形成扩散区的同时，新的资源＋配套或资源＋文创的旅游节点会相继萌生，形成初级旅游产业二级体系，但该阶段旅游管理、旅游经济等方面的研究还比较少，所以景点之间的联系意识不强。

（3）集群模式：集群模式是个体向集群、单个产品向多元产品体系过渡的必然阶段，相比山地，旅游地的存活必须依靠道路，丘陵地区对地形影响较小，以个别山脉、水系为主体的主题扩散区为核心，旅游节点通过次级交通与核心扩散区连接，局部呈放射状壮大，形成环绿心型或环水域型放射状集群模式，旅游景区间的联系逐步加强。

（4）点轴模式：随着旅游产业竞争力的增强，顺应山地山脉走势的丘陵景区必然与其他毗邻县镇连成宏观的旅游景观带，如横跨整个黄冈市以及武汉市的新洲区、黄陂区的大别山山脉在宏观上形成一条大别山旅游景观带，而在黄陂区沿着该景观带则形成黄陂木兰生态旅游带，连接着木兰山、木兰天池两大景区，两者之间形成旅游专线，形成典型的点轴模式，该阶段区域旅游景区间的联系进一步加强。

（5）组合模式：即枝带状＋放射状模式，依附现有旅游品牌，沿旅游交通要道，具有区位优势的局部地区势必会萌生新的旅游节点，将交通要道打造成旅游发展带，连接原有各大景区，形成以线串珠的、局部放射的枝带状＋放射状组合的模式，此阶段各旅游节点和扩散区之间的联系达到最强。

6.1.2.5　旅游导向下的平原型县（镇）全域空间演变与优化

平原型模式大致可分为三方面：第一方面是指旅游地系统空间结构的演化，有旅游景点、旅游区、城市群；第二方面是偏重于探求旅游地空间演化的动力机制及过程；第三方面是旅游地系统空间结构模式演化的研究，自冈恩（Gunn）提出旅游目的地地带概念分为三种类型（都市型、放射型、扩展型）以来，现有对旅游地空间结构演化模式的研究从理论和实证两个方面展开。理论方面，我国旅游地理学者试图运用经典的区域空间结构理论来解释旅游地空间结构演进的规律。但以上演化模式阶段划分跳跃性强，还不能具体反映区域旅游系统演化的延续过程，且大多仅作定性描述，技术手段上也缺少空间统计分析，而且都是停留在主要以节点和轴线要素构建的旅游系统模式上。基于上述研究，本文将区域旅游空间结构演化模式总结为以下 5 个阶段（图 6-6）：

（1）散点模式：与山地、丘陵旅游产业萌芽时期相同，平原地区的旅游产品初期无疑也是呈散点排布，但其兴起更多反映的是旅游资源匮乏的平原城镇对旅游配套的需求，由于地势平坦，交通便利，而且相比发展旅游业，工业的经济效益更大，所以城镇周边的旅游地分布较分散，布局较随意，旅游节点非常少。

（2）散块模式：随着城市化进程的不断推进，人口不断向城镇聚集，城市建设用地不断扩张，不同于城市风貌的近郊区和乡村旅游消费需求会进一步扩大。基于此，新的系统配套型或文创主导型的旅游节点会进一步萌生，而原有景观节点的影响力会进一步扩大，形成扩散区，构成散块模式，但该阶段处于旅游业的快速上升期，旅游市场的竞争多于合作，各景点的联系并不强。

（3）条带模式：此阶段区域旅游开发、市场联系和区域联系都发展到完全自觉的阶段。区域内中心旅游节点极化作用和累积循环作用出现，中心旅游节点的中心作用得到巩固，完成极化作用之后又沿交通轴线向周围强力扩散其作用力，沿交通轴线地带得到

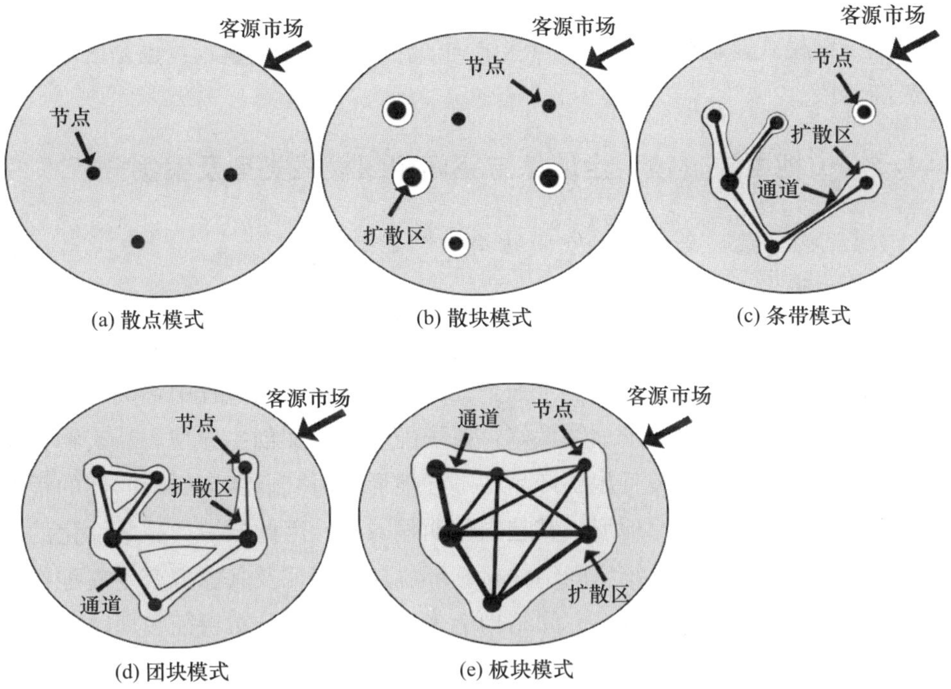

图 6-6　平原旅游空间发展模式

了很好的开发，形成了旅游发展轴线，旅游节点间的合作联系已经发生。区域旅游系统主要呈定向发展，即扩散作用主要体现在中心旅游城市或副中心旅游城市向低等级旅游城市定向扩散，施加影响力，尽管也存在低等级城市沿旅游发展轴线向高等级城市扩散，但作用较弱。由于旅游交通轴线的显著作用，使得区域旅游系统空间结构上呈现条带状。形成该模式的动力因素主要有远程游客的增多、旅游合作意识的增强和现代服务设施的日渐完善。

（4）团块模式：此阶段区域旅游系统进入相对发达阶段，旅游空间模式相对较合理，显著特征就是中心城市以外的近距离旅游节点间开始通过发展轴线加强区域合作。由于各等级城市旅游影响力大大增强，沿发展轴线的辐射作用力变得很强，使得区域旅游城市间紧紧抱成团状。这时由条带状的定向发展向多向发展迈进，即区域旅游系统扩散作用不再主要体现为由高等级城市向低等级城市扩散，还体现在由低等级城市向高等级城市扩散，中心旅游城市和副中心旅游城市间旅游影响力也出现相互扩散。城市间各大旅游发展通道将各城市连接在一起，这时区域内外旅游圈也开始出现雏形。

（5）板块模式：此次阶段区域旅游系统相对成熟，板块模式是在团块模式的基础上，通过合理的规划与管理建立起来的。铁路客运专线及城际铁路的通行、高速公路网络化的发展使得远距离的低等级旅游城市间都建立起了合作关系，通过旅游发展轴线向彼此扩散影响力，而且正负中心旅游系统间不同等级城市间也建立起区域合作，并形成了良好的互动机制，旅游业从多向发展转向全方位扩展。以区域旅游中心（副中心）城市为核心的主旅游圈内各节点的活动空间范围扩大，低等级旅游城市内及彼此间已建立起次旅游圈。该模式是区域旅游系统空间结构演化模式的最优模式，也是区域旅游系统发展的最高阶段。

6.1.3 山地型县（镇）全域旅游空间组织模式类型及案例分析

6.1.3.1 县（镇）全域旅游空间结构组织要素

（1）内部影响

点层面：不同旅游产品类型的旅游地会在空间结构上表现出不同的分布特征和规律。旅游资源旅游目的地的综合性非常强，在旅游产品组合的过程中，资源依托型旅游产品的分布具有明显的山水地形地物偏好，系统配套型和文创主导型产品实物分布则主要受市场影响；此外，三种类型旅游产品在不同地形上对交通要道的趋向性的程度也会不同，由山地到丘陵再到平原地形，其趋向性明显减弱。因此旅游产品个性化的布点特征，会在很大程度上对旅游系统空间结构对其环境功能特征及其发挥产生支配作用，即资源分布的差异会引起旅游景点在空间结构上表现出不同的分布特征和规律。

线层面：旅游交通区位、地形地貌对景观廊道的走向有直接影响。区位条件是指一个地区与周围各种社会经济事物之间关系的总和，包括位置、交通、信息、地域分工及地缘政治、地缘经济关系等。区位条件的优劣是一个地域的通达性高低的直接决定因素，而区位条件的优劣主要取决于位置、交通、信息条件的优劣。一般认为，旅游资源是影响系统空间结构布局的首要因素，但牛亚非认为，旅游的区位条件比资源因素对旅游空间布局的决定性更大。如江苏省各城市从地理空间上看，有着苏南、苏中和苏北的分布差异，城市内部的旅游景点在这种区位条件下受到周边地区的影响程度不同，旅游景点的空间结构也会因此存在着差异，其对旅游交通的依附性极大程度地影响着宏观面域景观廊道、旅游发展轴线的走势。

地形地貌在面域上的分布，决定着建设活动开发的难易程度以及不同地形下旅游开发建设的主题，山地以生态保护和经济集约为主，旅游发展轴线崎岖多样，丘陵和平原以坚守永久基本农田红线和生态绿线为主，地形改造与适应相结合，发展轴线大多简单直接，其地形的多样性也会直接影响全域的空间景观格局。

面层面：旅游产业作为解决县镇域产业结构矛盾的重要调和剂，对以工业、旅游业等为主导的县域发展战略与协同起促进作用。县镇主导产业的选择直接关系到政府对旅游产业的关注强度与发展力度。相对于工业发展对城镇化发展的带动作用，旅游业的发展对城镇化的贡献虽然还比较微薄，但是旅游是城市发展的功能型要素，伴随着旅游经济的增长，其对城市环境的影响力也逐渐增强，旅游的经济和社会效益潜力巨大。旅游业作为一个具有巨大发展潜力的产业群体，在国民经济中的地位日显重要，旅游业不仅能拉动地方经济，还能为旅游地居民提供丰富的就业机会。它所带来的经济影响和边际效益越来越被重视，成为推动当地经济发展的重要因素。城镇发展需要第二、三产业的规模化发展，为城镇建立和运转提供经济动力和人口城镇化转移途径，同时城镇化的发展也为旅游业的发展提供基本的公共设施和市场基础，不仅是旅游业发展的支架，还是其发展的加速器。城镇化发展和旅游业发展互相促进、互相支撑，共同促进各自的发展速度和发展质量。因此，应该充分利用旅游业的资源，同时合理促进工业化进程的推进，拉动地方经济的有机调整，从而推动新型城镇化进程。

（2）外部影响

旅游市场需求的大小与旅游地存活率的高低直接相关。随着旅游者需求的多样化和差异化，旅游消费结构也在潜移默化中发生着变化，进而带动旅游产品的变化，多样化发展的旅游日益凸显。现在形成有文化体验、自然风光、工农业旅游、自然科技旅游、红色之旅的“五位一体”的旅游形式多样化发展的新格局。而旅游资源的主体包括自然和人文景观，而这些大多是经过历史的积淀形成的，在地域分布上往往不均衡，这必然导致旅游供求的不均衡。一方面，某些城市旅游资源丰富，但远离客源地，导致供给过剩，需求不足；另一方面，某些城市旅游资源相对贫乏，游览点较少，但旅游需求旺盛，除此之外，还存在某些城市社会经济发展水平较高，旅游的各项配套设计都相对完善，而现存的旅游资源满足不了城市旅游业的发展。由于旅游资源的不可移动性，因而根据旅游需求的空间分布所带来的市场因素也决定着旅游系统空间结构的变化。

6.1.3.2 山地型县（镇）全域旅游空间组织模式类型

1. 景区空间组织要素布局特征

（1）全域旅游发展战略下旅游产品空间单元的组织模式

山地型县（镇）单元，针对区位好、需求好，区位好、需求弱，区位弱、需求好，区位弱、需求弱 4 大旅游区位，对资源依托型、文创主导型以及系统配套型旅游 3 产品空间单元的组合形式在之前的章节中作了具体阐述，山地型县（镇）单元旅游节点中产品空间单元要素的组合模式要依据发展战略制定。

（2）地形导向下旅游节点与旅游发展轴线的布局特征

由于受山地地形约束很大，山地道路和城乡居民点通常呈现“以线串珠”的布局模式，在县（镇）域单元内，贯穿全域的交通要道通常同时也是全域旅游规划中的旅游发展轴线，道路较为曲折，由于文创主导型与系统配套型旅游产品必须依附于较大规模的建设用地，因此旅游节点通常位于旅游发展轴线沿途。相较之下，资源依托型旅游产品空间单元则更多地位于交通区位较弱、山水资源丰富的地区。

2. 建设用地规模与景区服务半径导向下的全域旅游空间要素规模、数量、等级，以及整体组织模式的把控

要素规模与数量：山地城乡建设用地较为紧张，呈现“小集中，大分散”的布局特征，基于此，受建设用地指标影响较大的文创主导型与系统配套型旅游产品空间单元规模也会受限，单体服务能级较低，受地形因素影响造成的旅游经济门槛又比较高，基于全域旅游旅游服务全覆盖的要求，旅游节点服务半径受限，旅游节点的数量会变多。其

中，由于四种区位模式下，旅游节点服务半径太小，刚性需求下可能会在全域旅游服务的空缺地带萌生新的旅游节点，这些新生旅游点一般远离主城区，二、三产业相对薄弱。此外，旅游发展轴兼主次干道一般为 2—3 条，其规模质量比丘陵、丘陵同等级道路水平高。

要素等级与组织模式：在县（镇）有限的空间单元内，主次城镇中心为 2—3 个，基于全域旅游的系统性与整体性，一般其旅游节点、旅游发展轴线都会划分为 2 级，基于地形导向下旅游节点与旅游发展轴线的布局特征，通常呈现“一轴多带多节点多片区”枝带模式，其中最典型的即为“一轴两带三节点四片区”模式（图 6-7）。

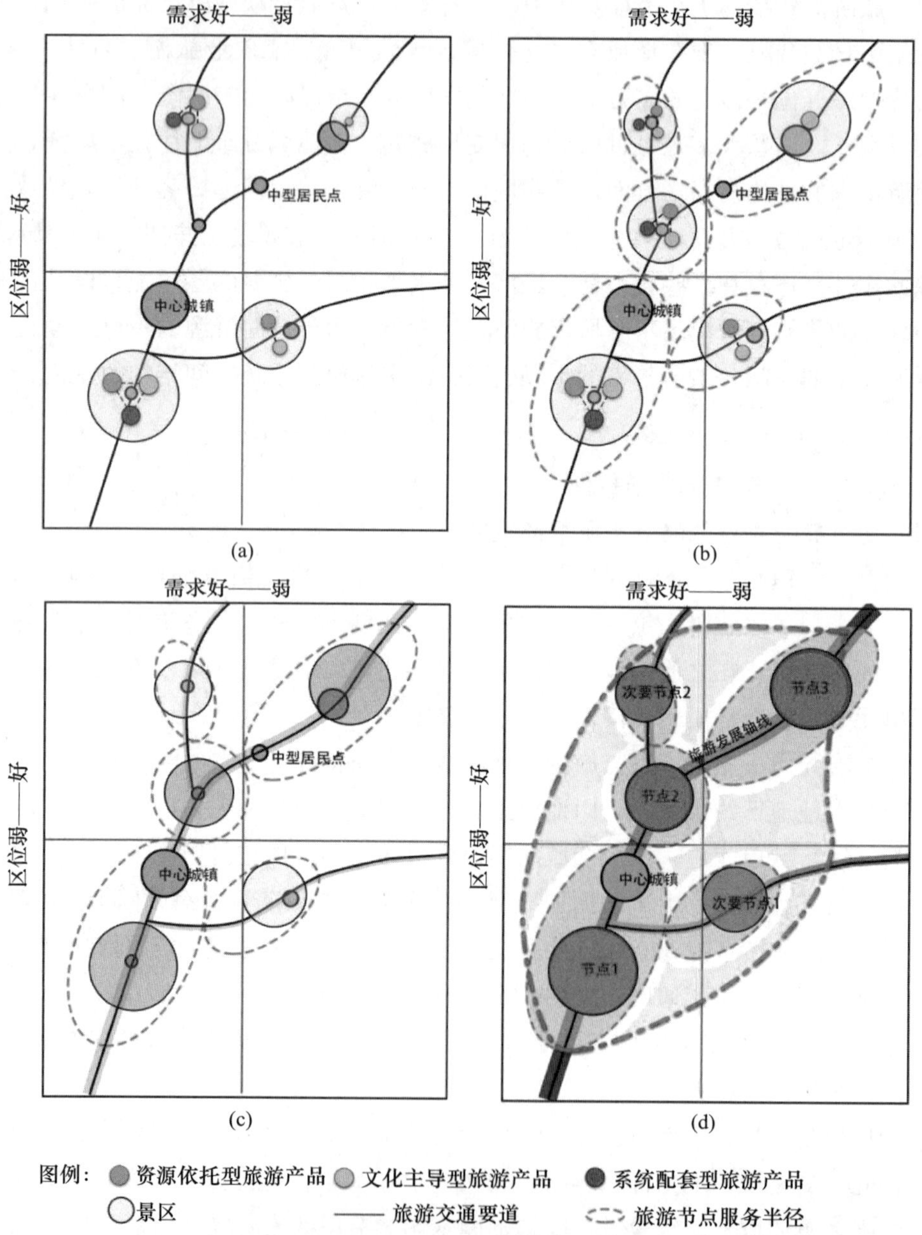

图 6-7　山地景区空间结构组织模式

6.1.3.3 案例分析——山地型县（镇）全域旅游空间结构组织模式

案例：恩施州鹤峰县下坪乡全域旅游发展规划。

下坪乡位于鄂西南武陵山区，恩施州的东南部，为鹤峰县辖乡，位于县境西北部，为湖北省典型的山地型乡镇。恩来高速过境且有旅游专线与重要的旅游集散点相连，交通便利，旅游资源丰富，鹤峰县旅游资源分类见表 6-2。

表 6-2 鹤峰县旅游资源分类

一级分类	二级分类	基本类型	代表性景点及商品
自然旅游资源	地文景观	综合自然旅游地	木林子国家自然保护区、三姊妹尖、九连山
	水域风光	河段	白泉河、两凤溪水库、二等岩瀑布群
人文旅游资源	遗址遗迹	社会经济文化活动遗址遗迹	观音坡古战场遗址、天星寨古战场遗址
		传统与乡土建筑	周家院子
	人文活动	民间习俗	傩愿戏剧目、传统舞狮、民间吹打乐
	旅游商品	地方旅游商品	农家千层底、花袜底、十字绣、毛线手工拖鞋

下坪乡全域旅游发展规划将其定位为以鄂西区域旅游协调发展和鹤峰县全域旅游发展为契机，依托木林子国家自然保护区旅游资源和自身交通优势，综合开发集体验、观光、度假于一体的旅游项目，形成木林子国家自然保护区旅游集散中心。并采取结合自身旅游资源构筑生态农业体验游、民俗文化观赏游和休闲养生康体游三大旅游主题，将下坪乡建设为生态民俗文化旅游基地的发展战略。

基于此，规划空间结构确定为“一核双轴三次四区”。其中，“一核”指下坪集镇和东州村组成的旅游服务核心；“双轴”：指由两河口—留驾村—下坪集镇—东州村—木林子国家自然保护区组成的旅游发展轴，以及木林子旅游发展轴；“三次”：指两凤溪水库次要景观节点、木林子林场次要景观节点和堰坪白泉河次要景观节点；“四区”：指岩门村、下坪集镇、东州村和岩门村组成的旅游服务区，以云蒙村、两凤村和红鹞村组成的自然景观区，以堰坪村、留驾村为主的生态旅游区，以木林子国家自然保护区为中心的森林休闲体验区。

6.1.4 丘陵型县（镇）全域旅游空间组织模式类型及案例分析

6.1.4.1 丘陵型县（镇）全域旅游空间组织模式类型

1. 景区空间组织要素布局特征

（1）全域旅游发展战略下旅游产品空间单元的组织模式

丘陵型县（镇）单元，针对区位好、需求好，区位好、需求弱，区位弱、需求好，区位弱、需求弱 4 大旅游区位，对资源依托型、文创主导型以及系统配套型旅游 3 类产品空间单元的组合形式在之前章节中作了具体阐述，丘陵型县（镇）单元旅游节点中产品空间单元要素的组合模式要依据发展战略制定。

（2）地形导向下旅游节点与旅游发展轴线的布局特征

由于受山地地形约束较小，丘陵道路和城乡居民点通常呈现“以线串珠”布局模式，县（镇）域单元内，旅游发展轴线通常为贯穿全域的交通要道或者沿着区域山脉延伸的旅游专线，轴线走势较为平滑，由于相较山地，其旅游资源特征竞争优势不明显，其旅游业的开发更多地是为了满足县（镇）内部旅游需求，在巨大的竞争压力下，旅游交通区位影响效应进一步强化，因此旅游节点通常位于旅游发展轴线沿途。

2. 建设用地规模与景区服务半径导向下的全域旅游空间要素规模、数量、等级，以及整体组织模式的把控

要素规模与数量：丘陵城乡建设用地相对宽裕，呈现“大集中，小分散”的布局特征，但建设用地空间布局不合理造成的配套设施配置不足，是困扰其稳定运作的关键问题，近远郊区旅游配套产业应运而生。由于县（镇）人口规模有限，建设用地规模受限，集中建设用地规模较大，其旅游购买力较大，而旅游节点服务能级的影响力受地形的影响较小，旅游节点服务半径较大，因此旅游节点较少，通常为 2 个，而旅游发展轴一般受区域山脉走向与城市主干道的关系决定，通常为 1—2 条，道路等级较高。

要素等级与组织模式：县（镇）有限的空间单元内，主次城镇中心为 2—3 个，一般旅游节点、旅游发展轴线划分为 2 级，基于地形导向下旅游节点与旅游发展轴线的布局特征，通常呈现“一轴一带多节点多片区”放射模式，其中最典型的即为“一轴一带两节点四片区”模式（图 6-8）。

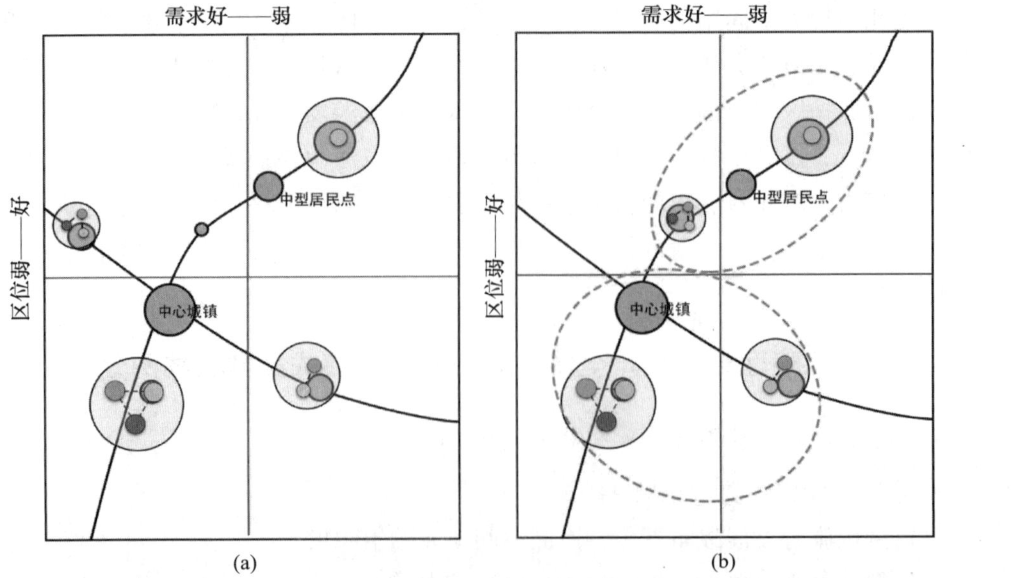

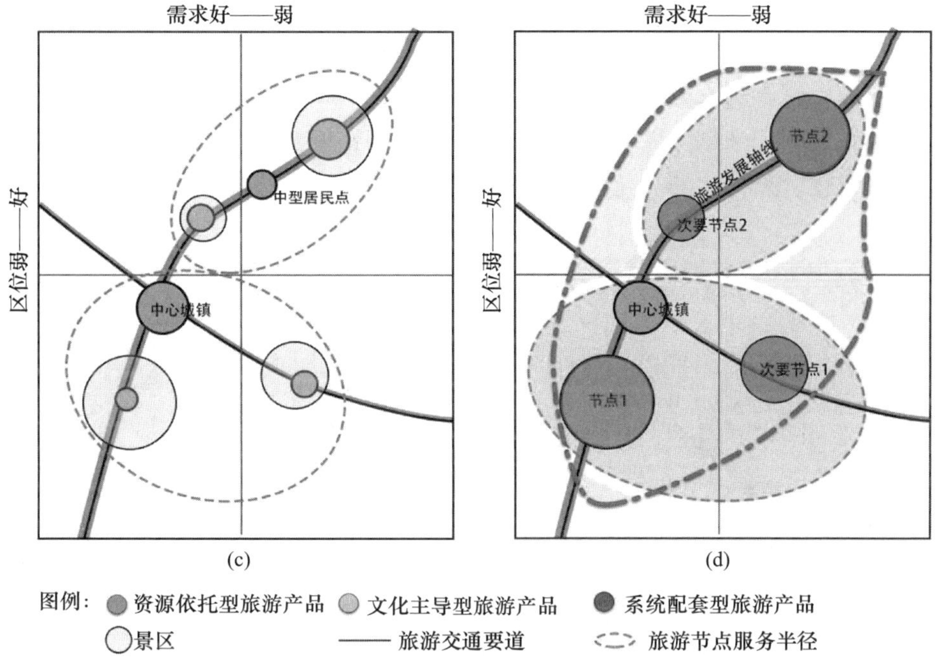

图 6-8 丘陵景区空间结构组织模式

6.1.4.2 案例分析——丘陵型县（镇）全域旅游空间结构组织模式

案例：四川省蒲江县全域旅游发展规划

蒲江县位于四川省成都市西南入口，距离双流国际机场 50 公里、天府国际机场 80 公里，交通优势明显，也是成都近郊旅游的热点。蒲江境内农业资源丰富，有柑橘、猕猴桃、茶叶三大主导产业，文化资源丰富，是国家首批生态文明建设示范县、国家循环经济示范县、全国休闲农业与乡村旅游示范县、中国地名文化遗产“千年古县”、四川省旅游强县。

蒲江县以特色引领全域旅游建设，立足县情深入挖掘地域特色、文化特色，探索自身特色的统筹发展机制与发展模式，以发展全域旅游为载体，全面实施“旅游＋”发展模式，促进旅游业与相关产业相互衔接、联动发展，催生旅游新业态，推进旅游在更大空间和更广领域发展。在发展底线上，充分挖掘蒲江生态和人文内涵，结合生态和旅游、统筹发展与保护，将旅游资源转化为绿色财富和生态福利，实现人与自然的和谐发展。

根据蒲江主导功能区城乡空间结构，用“2＋1”的线性连接全域旅游空间，“2”是指两个生态走廊（蒲江河谷、临溪河谷），“1”是指连接两个生态走廊的景观大道——甘成路。在“2＋1”的闭谷环行线路上，串联大溪谷旅游度假区、石象湖小镇、妙音湖优学游学基地等重大旅游项目。串联明月村、铁牛村等美丽新村，以明月国际村、石象湖、成佳茶乡等重点项目为引领，推进多业融合，拉动经济社会发展，带动蒲江全域旅游的全面发展。打造“一心三区”的全域旅游空间结构体系，“一心”为综合服务中心，整合城区资源，完善配套设施，形成一个集咨询、集散、住宿、文化展示于一体的综合服务中心，“三区”为乡村文创休闲集聚区、生态康养度假集聚区、工业旅游体验集聚区，依托区域乡村田园资源、水果产业，以“农业＋旅游”为模式，创造乡村产业价值。同时大力发展“文创＋旅游”，延长旅游产业链，以文化集群化发展为手段，开发多元化、特色化、差异化的文化创意主题旅游产品，构建蒲江旅游特色亮点（图 6-9）。

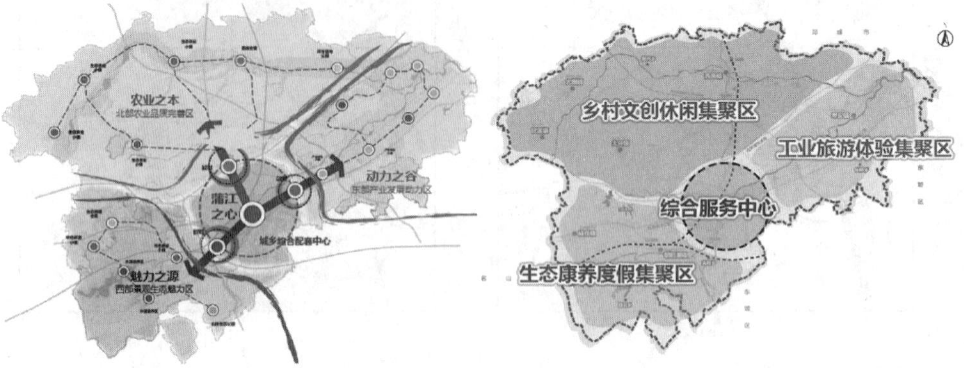

图 6-9　蒲江县旅游发展规划结构示意图

6.1.5　平原型县（镇）全域旅游空间组织模式类型及案例分析

6.1.5.1　平原型县（镇）全域旅游空间组织模式类型

1. 景区空间组织要素布局特征

（1）全域旅游发展战略下旅游产品空间单元的组织模式

平原型县（镇）单元，针对区位好、需求好，区位好、需求弱，区位弱、需求好，区位弱、需求弱 4 大旅游区位，对资源依托型、文创主导型以及系统配套型旅游 3 类产品空间单元的组合形式在之前章节中作了具体阐述，平原型县（镇）单元旅游节点中产品空间单元要素的组合模式要依据发展战略制定。

（2）地形导向下旅游节点与旅游发展轴线的布局特征

由于不受山地地形约束，山地道路和城乡居民点通常呈现“（放射）网络状”的布局模式，县（镇）域单元内，旅游产业主要分布于城镇近郊、市场区位较好的地方，为城镇居民提供旅游配套服务。由于旅游资源十分匮乏，资源依托型旅游产品空间单元不复存在，以养老、休闲、商务为主的系统配套型以及文创主导型旅游空间单元呈“放射状”环绕于城镇周围。

2. 建设用地规模与景区服务半径导向下的全域旅游空间要素规模、数量、等级，以及整体组织模式的把控

要素规模与数量：平原县镇城乡建设用地基本不受限制，呈现“大集中”的布局特征。基于此，由于平原型城市全域的主导产业均为效益产值更高的第二、三产业，因此旅游业竞争力压力非常大，服务能级很低，但不受地形交通区位限制的旅游节点服务半

径也很大，所以为维持旅游生态系统的稳定性，通常出现 3 个旅游节点，2—4 条旅游发展轴线，其道路等级较高，通常为城市主干道。

要素等级与组织模式：县（镇）有限的空间单元内，主次城镇中心为 1—2 个，一般旅游节点、旅游发展轴线都会划分为 1—2 级，基于地形导向下旅游节点与旅游发展轴线的布局特征，通常呈现“多轴多节点”的放射模式或三角模式，其中最典型的即为“三轴三点一环”三角放射模式（图 6-10）。

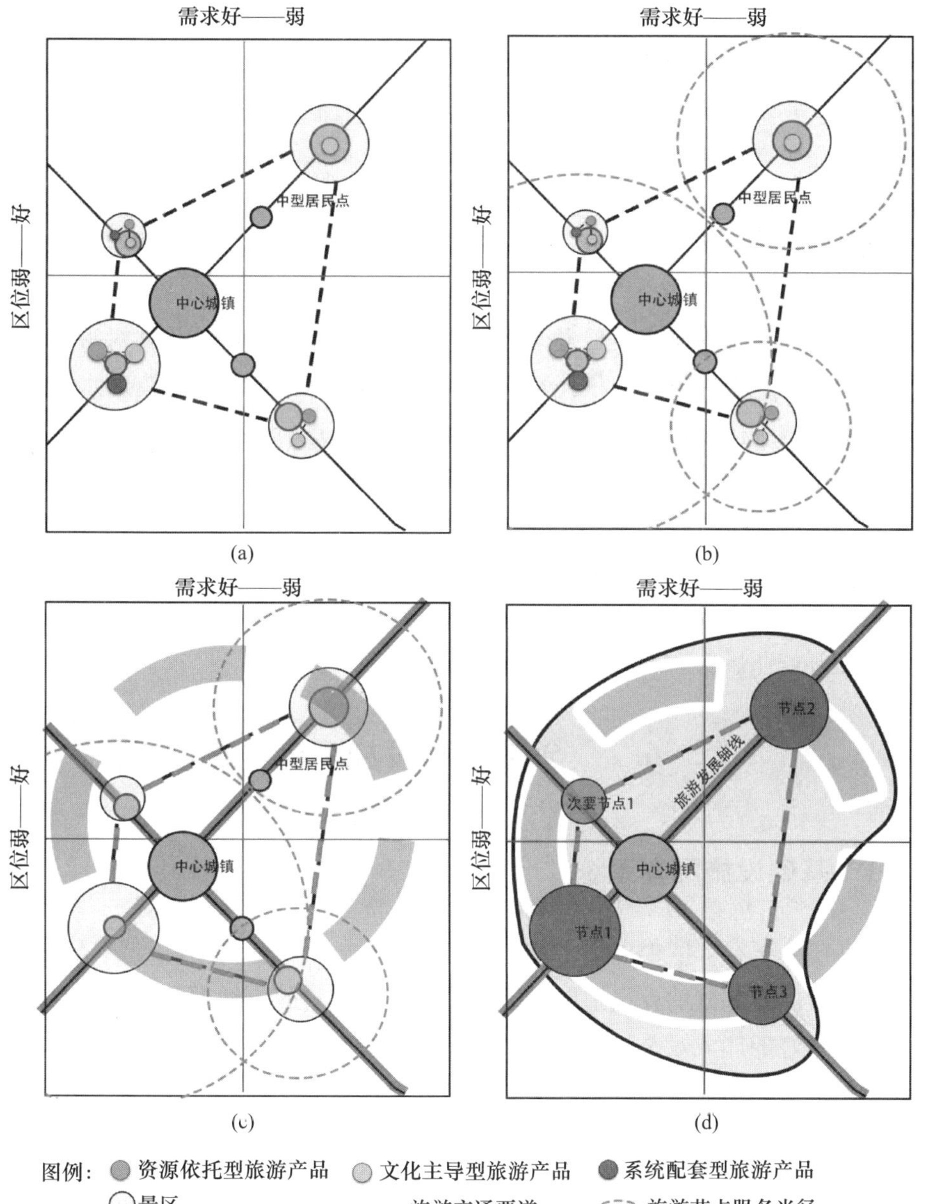

图 6-10 平原景区空间结构组织模式

6.1.5.2　案例分析——平原型县（镇）全域旅游空间结构组织模式

案例：张家港凤凰镇全域旅游发展规划

凤凰镇位于张家港市南部，因境内凤凰山而得名，是国家历史文化名镇、江苏省水美乡镇，镇内旅游资源分布集中，山清水秀，便于联动开发，主要旅游景点呈带状分布，万亩桃园、莺山、红豆树、凤凰新城、凤凰山、恬庄古街从西到东依次排列，位于凤恬路两侧，方便对资源进行整体控制。

凤凰镇承接“全域景区化”的发展理念，以生态山水环境与广袤乡村田园为基底，融合小镇、乡村、文化等特色资源，以产旅融合发展为导向，通过一产转化、二产优化、三产强化，实现旅游业与第一、二、三产业的相互融合，延伸旅游产业链条，提升经济效益，构建凤凰镇全域旅游经济体系。在大力发展旅游经济的同时，一方面，将旅游业发展成为凤凰镇的国民经济的支柱性产业；另一方面，以旅游引导当地城镇、新农村建设，改善当地居民的生活环境，增加当地居民的经济收入，实现新型城镇化的战略目标。

基于此，为优化全镇旅游发展空间格局，凤凰镇制定全域旅游战略对策，以生态旅游资源、度假服务配套为重点，依托水美乡村基底，由点到面打造江南新水乡风貌，同时与周边城市和旅游区合作，进行资源上的互补，积极进行宣传和营销，围绕资源特色和精品旅游项目强势分流周边市场。全镇构建了五大布局体系，包括旅游服务中心体系、旅游景区集散体系、特色小镇产业体系、旅游驿站绿道体系和美丽乡村游赏体系。以全域旅游发展为契机，以“一业融五化”（新型工业化、信息化、新型城镇化、农业现代化和文化产业化主动植入旅游因素）为主要思路，撬动全镇各产业融合发展，调整产业结构，提升产业层次，形成以旅游为引导的产业升级模式。

6.2　全域旅游设施配套

6.2.1　基础设施配套系统

6.2.1.1　道路交通设施

乡村旅游发展最基础的就是道路交通设施，一个完善的区域道路交通，可以大大增添游客对区域良好的印象。全域旅游需要一个流畅的道路交通网络，不仅对外，对内也是十分重要的。道路交通设施是地区发展的最基本保障。

1. 对外交通

对外交通一般是指公路交通和水运交通，一般不包括航空，其中水运交通网络一般是自然形成的，不需要处理，部分需要进行一定的人工改造。

形成旅游的交通网络一般是指公路交通，是乡村旅游对外交通的主要道路。依据数据分析，游客在道路上花费的时间越短，游览的时间越长，那么游览效益业绩越好，因此就需要区域道路网络更加快捷和舒适。在路程一定的情况下，尽量保证道路的质量，给予游客快速交通的能力。其中，最重要的道路就是高速公路，是连接各个地区最主要的方式，因此建设道路的花费也就越高，这也是乡村建设花费最大的部分①。

2. 内部交通

内部道路一般情况是指旅游景区内的道路，即游客游览道路。游览道路一般情况是步行道，要求主要是行走的舒适性，不仅仅是路面行走的舒适，还需要道路两边景色优美，可以让游览的人感受大自然的美丽。

内部道路另一个重要的部分就是停车场。全域旅游的游客有很大一部分都是自驾游，因此在景区的起点和终点需要大量的停车场。一般的景区车位不少于 20 个，较大的景区这一需要不少于 50 个。

3. 建设案例——以武汉木兰·方家潭旅游区为例

（1）外部交通规划

规划区地处黄陂区中部，长塔公路与“木兰景群”相连，距武汉中心城区 52 公里，距离汉口火车站 63 公里，距离黄陂火车站仅 24 公里。距离岱黄高速出口仅 24 公里，交通优势度较高。规划区目前主要对外交通道路为长塔公路，对外交通较为便捷。规划区的内部主干道月湖路、鄢竹公路与外部的黄土公路、长塔公路等道路相连接，共同构成旅游区的对外交通系统。结合木兰·方家潭旅游区发展的战略需要，规划以提升月湖路和鄢竹公路的道路等级、增加道路容量为主。另外，可以开设规划区到火车站、天河机场、高速公路出口以及到周边景区的专线。

（2）内部交通规划

规划区内部交通目前在村庄内有村村通公路，但大部分景区游览带、体验区几乎没有通行的道路。从现状上看，村村通公路等级低、路况差，错车道极少，远远不能负荷旅游高峰期时的交通压力。

规划以木兰·方家潭综合服务中心为中心、以景观轴线为骨架、以现有公路为基础、以建设旅游区游步道为主要任务建设旅游区交通。区内部道路分为三个等级：车行主干道、车行次干道和游步道三个等级。主干道红线宽度为 9—12 米，次干道红线宽度为 5 米，游步道红线宽度为 2 米。

6.2.1.2 通信设施

旅游区类的通信设施是现代生活中不可缺少的部分，可以使人们便捷地联系在一起，最主要的是当景区过大，无法靠人力联系时，使用现代的电话网络可以便捷地使得景区内部发生的事情很快地传达给景区管理人员，可以更加便捷地服务于游客和景区的保障工作。一般的通信系统包括电话、传真和电脑网络。主要的建设需求为通信管线和电信中继站等黑色素的建设。通信在社会上的要求主要为通畅、便捷，足够满足景区人

① 潘顺安．中国乡村旅游驱动机制与开发模式研究［D］．东北师范大学，2007.

员和游客的日常生活使用，并留下未来发展的余地。

6.2.1.3　水电设施

水电设施一般是指地区的供排水设施和供电设施，是人民日常生活所必须的设施。

供水设施的建设一般包括取水地的选择和保护、蓄水池的建设、供排水管网的建设等方面。大型旅游区域一般是采取集中供水，小型的农村可以采用分散式的一家一户供水的方式。排水系统建设一般包含排水管网的建设、化粪池的建设和污水处理设施的建设。乡村旅游地区的排水一般需要特别关注，尤其是生活污水和污水的处理方面。不能直接排放到自然环境中，破坏自然环境是对旅游开发的研究破坏。

供电设施建设包括变电箱的设置、电线杆和电线的搭建等。主要是为了人们的日常生活和景区的运行服务的。供电设施的建设一般需要考虑当地的电量需求和为未来发展的开发保留。

（1）给水工程规划

给水工程规划原则为以下内容：以总体规划用地为依据，服从上位规划，与相关规划协调；科学预测，统一规划，近、远期相结合，以近期为主，使整个给水系统具有前瞻性；在满足水量需求的前提下，提高水质和水压，消除低压区，防止二次污染；强调节约用水意识，保证有限水资源得到充分、合理、有效、科学的使用，合理选择水源及水厂建设规模；供水方案符合“结合现状、高效利用、技术先进、运行安全、合理配置”的要求；科技进步优先，大力推广应用先进工艺、设备、新材料，提高自动化和信息化管理水平和供水效益。

给水工程管网建设要求为以下方面：给水管网依据远期发展用地及用水量对整个规划区统一规划，主干管网沿主要道路敷设，供水管网采取环状管网形式；给水管网按最高日最大时流量计算管径，同时按最高日最大时流量加消防用水量、事故水量以及最不利点水压校核管径；给水管网系统应满足规划区的用水量、水质、水压及消防供水的要求；给水管应铺设在人行道、绿化带或慢车道下。规划在配水管上设置消火栓。

（2）污水工程规划

污水工程规划原则为以下方面：以总体规划用地为依据，服从上位规划，与相关规划协调；排水工程的设计应全面规划，按近期设计，考虑远期发展有扩建的可能；排水体制：实行雨污分流制；污水的收集、处理系统必须统一规划，协调发展，分期实施；与整个排水系统有关的各种设施要做到同步建设、同步投产；对污水处理和污泥处置须贯彻资源综合利用的原则。

（3）雨水工程规划

雨水工程规划原则为以下方面：采用雨污分流制；管网布置充分考虑近远期结合，管网尽量顺坡布置，减少管道埋深；加大雨水资源化利用，减少地面径流，收集来的雨水就近排入水体。

雨水管网建设方式为以下方式：规划区范围内雨水管道的布置充分利用地形，根据分散和直接的原则，沿道路坡向布置，保证雨水管渠以最短路线、较小管径把雨水就近排入附近水体；雨水管一般布置在道路两侧的非机动车道下，埋深控制在 2.5～6.2m，雨水管与其他管线及建构筑物之间的间距应满足规范要求。

（4）供电工程规划

供电系统规划原则为以下内容：科学预测，统一规划，近、远期相结合，保证供电系统具有建设运行的灵活性和前瞻性；供电方案符合“结合现状、技术先进、配置合理、高效利用、运行安全”的要求；合理选择供电电压等级、各个电压等级的供电容量规模，合理安排变电站位置，供电电源深入负荷中心；在满足用电负荷需求的前提下，优化变电站与电源之间的网络连接，优化各个电压等级用电设施的布置，提高供电土地和输电走廊的利用率。

供电管网中的电缆线路规划的要求为：由于规划区内中低压等级及控制电缆数量众多，电缆采用电缆沟分层敷设，宜沿道路人行道或绿化带敷设，需要穿越公路的根据用户分布预留过路管道。

（5）燃气工程规划

燃气工程供气原则为：结合城市燃气事业的发展，遵循规划编制的可实施性、可操作性原则，合理确定居民气化率；从实际出发，合理确定规划各期供气区域。正确处理近、远期关系，做到因地制宜、远近结合、量力而行、留有余地；贯彻节能方针，从当地能源条件出发，充分利用上游天然气的压力，做好能源的综合利用与合理利用，提高效率，力求取得较好的经济效益、社会效益和环境效益，促进乡村燃气事业的发展；坚持科学态度，积极采用新工艺、新技术、新材料、新设备，既要体现技术先进、经济合理，又要安全可靠；严格执行国家现行的法规、设计规范、规定和标准。在符合规范要求的前提下，尽可能降低工程造价。

燃气管网建设方式为规划区燃气直接连接到燃气管网，管网的布置采用以环状为主、环支结合的布置方式，一般敷设在人行道或慢车道下。

燃气管材及附件建设的一般方式：输送燃气管道和规划区燃气配气管道均采用无缝钢管。进入规划区的管道设计压力为 0.6MPa。为便于维修及事故时切断天然气，中压管网每隔 1～2km 左右设置一个切断阀门，且重要路口及主要干管的起止点均设置切断阀门。为了防止燃气在输送过程中产生凝结液，降低管道的输气能力，对中压管网每隔 2～3km 设一个凝液缸，具体位置根据现场地势进行调整。

（6）环卫设施规划

① 每个公厕面积在 100 平方米左右，设 40 个蹲位，男女厕所建筑面积比例为 4∶6，在同一平面设有男女厕所，大便池男 150 人一个，女 50 人一个（男女蹲位比为 1∶3），小便池每 40 人设一个。室内高度 3.7 米以上，厕所设有单独排风设备，门净宽不少于 1.4m，采用双向门。

② 规划区内，在服务点及游路两旁每隔150—200米处设置造型别致、与环境协调的垃圾桶或垃圾箱一对，可回收垃圾与不可回收垃圾分离。规划区内垃圾运至区外垃圾处理中心进行集中处理。

6.2.2 服务设施配套系统

乡村旅游的服务设施最主要的是住宿设施和餐饮服务设施，以及纪念品商店等商业设施。

游客前往乡村游玩的目的是观赏乡村风景和体现乡村特色风俗，对于住宿条件不方便的旅馆是不愿意入住的，因此大部分乡村旅馆都是新建的或者新装修过的。村集体建设的宾馆，由于有村委提供资金，因此在档次上一般都较好，这种宾馆的设施比较齐全，服务也统一。但是村民自发的民宿服务则是层次不一，有较好的经济条件和经商头脑的村民就会先进行民宿宾馆整修，并提高服务水平，吸引客户，他们也是最具有活力的村民。但是对于乡村中的贫困户来说，自己都没有一个好的住宿环境，更别说去办优质民宿了，这一部分的群体在没有外部帮助的情况下就很难发展起来，这时就需要村集体的扶持，共同发展了。

乡村的住宿大部分是外貌古朴，符合当地的特色，内部朴素整洁，功能齐全，可以使游客在体验乡村风情的情况下不会降低生活质量。

餐饮设施一般情况下是和住宿设施一起设置的，是相互依存的。大型餐饮一般是乡村集体设置的，服务齐全并有足够的空间供多人使用。小型餐饮一般是村民自发开设的，这种餐饮可以使游客更好地体验到形成氛围，更加地吸引游客，但是前提也需要良好的环境和干净卫生的服务，并配套符合标准的消毒设施。

乡村一般没有大型的卖场，但是有许多小型的、流动的纪念品商店，一般是乡村集体提供货物，但是分开售卖的。分散的小型商店在乡村的各个位置，可以让游客方便地购买。

乡村旅游服务设施的预估主要是由人口容量来进行控制的，因此依据以下方法来进行人口的计算和预测：

（1）面域模型

公式为 $D_m=sd$（D_m 为游客最大容量，s 为规划区面积，d 为游人最佳密度）。

（2）线状模型

$$C=m_1/m_2\times D$$

式中 C——日环境容量，单位为人次；

m_1——游线长度，单位为m；

D——周转率，D=全天开放时间/游完所需时间；

m_2——每位游人应占有的游线长度，单位为m。

6.2.3 环境设施配套系统

6.2.3.1 乡村旅游发展存在的典型环境问题

（1）安全环境

良好的治安是乡村旅游地最基本的条件，安全环境是游客关注的重点之一，不仅仅关系到游客的安全，还关系到旅游地的生存。一个旅游地具有安全的环境，可以放心地游览，为旅游地赢得一个良好的口碑和声誉，游客自然愿意来；相反，一个治安差，经常发生偷窃、抢劫等事情的旅游区，不仅当地的居民生活十分不安全，游客更是不会来这种不安全的地区，也没有旅游企业会安排到这种地方来宣传旅游。

不仅旅游地治安是基本条件，旅游地的游玩设施的安全保障也是基本条件之一。只有具备有保障的娱乐项目才会有足够的游客去放心地游览；相反，一个事故频发的实施，只会让游客害怕，而不会有人愿意去游玩的。影响娱乐设施安全性的因素主要有以下几点：第一，娱乐设施自身的安全性。娱乐设施在购买、安装和测试过程中应该有足够质量保证，足够安全可靠，并需要进行定期的检查维护。第二，安全管理工作。有风险的娱乐设施，都应该有专业的工作人员来提供服务，要严格按照操作来进行，把危害风险降到最低。第三，就是游客自身的安全意识。有危险的设施要进行明显的标注，强化游客的意识，进行相关的安全教育，防患危险的发生。

（2）卫生环境

乡村卫生环境是乡村旅游的外在品牌，没有一个好的卫生环境，是没有游客愿意来游览的。卫生环境一般分为环境卫生、餐饮卫生和住宿卫生。

环境卫生是其中最为重要的，因为这就是乡村旅游的卖点，没有一个好的环境卫生，乡村风景再漂亮也会受到影响。环境卫生一般就是指景点、游览路线和周边的卫生环境。特色的乡村旅游景点大部分是有野生动物的，因此要特别注意动物的排放物，是需要时常进行整理的。一个优美的景观廊道，如果周边出现了杂乱的垃圾及其他废弃物，也会影响游客欣赏的兴致，给游客留下环境脏乱的印象，这都是不利于旅游区发展的。因此要大力进行环境卫生的整治，保障旅游区整体的环境。

餐饮卫生就是餐饮食品的卫生和环境的整洁。不能因为是乡村就没有足够的饮食卫生标准，这是城市游客不能容忍的，因此要有足够的饮食消毒标准，保障食品安全。餐饮环境也是十分重要的，一般游客会想要一边吃饭一边欣赏乡村风景，如果餐饮区周边不够整洁，那么也会影响饮食的欲望。

住宿卫生就是具有一个良好的住宿条件，可以使得城市来的游客放心入住，完善的设施和整洁的服务都是住宿卫生需要注意的。

（3）商业环境

商业环境讲的就是乡村商业集体的经营环境，一般要求为良性竞争、诚信待客。一般出现的问题有：一是村民自发进行的商业集体间进行恶性竞争，发生争吵斗殴等不良现象；二是销售的商品存在以假代真的商家，这种商家一旦出现影响的不仅是自己一家的良好声誉，影响的是全区域的声誉，会影响旅游宣传的发展。

6.2.3.2 优化环境设施配套系统的建议和措施

1. 生态环境保护对象

（1）水域。水的合理利用是生态建设中最基本的问题，水资源条件决定着旅游区的生态承载能力和植被容量。

（2）森林与山体。规划区内植被覆盖率较高，有大片山林，森林资源丰富且保存较为完整。保护当地林木资源的完整性和维持植被的丰度，是旅游区生态规划和环境保护的重点之一。

（3）农田。村庄的开发建设和土地荒废等不断侵蚀着农田生态系统，使其结构逐渐改变、功能日趋简单。旅游区应充分发挥其农田优势，发展生态农业和休闲农业。

（4）大气。规划区大气环境质量保持良好，区内汽车尾气污染不显著，没有重化工企业，大气环境质量基本达到《环境空气质量标准》（GB 3095—1996）Ⅰ级标准。

2. 水环境保护策略

景区生活用水需要经过统一的管理，以自来水厂供应；建造统一的水库，服务于景区。实现生活用水和景区用水的分离。加强对污水的治理，多方法进行污水的循环利用，实现水利用的生态化。

雨水收集系统。通过雨水资源的循环利用，建设用水量并正价视觉观赏性，保护水体。

污水处理系统。通过专业的污水处理设施，经过生物分解法或生化组合法来进行处理、净化后，充分利用水资源，实现零排放，并循环利用。

3. 森林资源与山体保护策略

乡村旅游区要求减少对森林的破坏，限制砍伐，扩大森林覆盖率，实现森林防洪保水的能力。因地制宜，科学安排，合理搭配树种结构，形成“山、水、林、田、风”的综合治理，以“乔、灌、草”相结合，“片、带、网”齐用，实现区域森林生态环境的良性循环。

（1）加强林地保护措施

乱砍乱伐、森林病虫害防治、森林火灾预防和控制是森林保护工作的重中之重，也是森林“三防”体系建设的核心。旅游区内森林资源丰富，首先应对现有资源合理保护，构建特有的“三防”体系。应聘用专门人员定时进行护林巡查、资源监测等工作。

（2）合理搭配树种结构

根据当地条件，选择不同树种，进行团块状、带状或根据地形进行不规则混交，营造多样化的森林类型，形成多树种搭配、多层次的景观结构，使人工林天然化。依据旅游区土壤状况，规划增加植被，适当增加草本植物种植，涵养土壤，增加土地的培殖能力。

另外，对于山体的保护要求建设内容严格遵循山体保护的相关要求，减少建设量，限制开发强度，保护山体形态和山顶绿化系统，强化山谷风的立体循环。重点提高山体的生态和游览休憩等服务功能，充分利用现已开发的矿山地区并进行优先建设。开放性的旅游项目优先准入，对不当开发进行调整完善，减少旅游区建设用地对山体的占用，逐步清理山体上影响景观的各类设施。对山体周边建筑高度进行控制，保证视线眺望要求。加强山体整治，预防地质灾害，控制建筑与山体距离，对山体危险进行定期评估，提前发现、提前治理，防止各类损失。对于交通、通信、电力等必要的基础设施建设，应尽量避免通过建成区主要山体；对于必须占用的，应严格审批手续，并控制其影响范围。

4. 农田生态保护策略

田块平整、林木成网、沟路渠配套，可改善农田小气候，增加有效耕地面积和旱涝保收面积，各种生物在这种维护下，其生存繁衍可以得到较好的保障，改善生态环境。

（1）合理修复农田生态系统

农田生态系统是农田土壤、微生物、动物、空气与农作物群落之间进行物质循环和能量转化的综合体，是典型的高度开放的人工复合的生态系统，结构单一、系统性很脆弱。

（2）适度开发有机农田

有机农业要求遵循动物、植物和环境的自然能力，建立多种种植、养殖相结合的平衡的生态体系。有机农业是人类与自然合写的田园诗，是人类与自然共谱的交响曲。

（3）打造休闲农业体验区

建设以苗木花卉、观赏盆景、茶果经济林、休闲渔业、园艺农业为主，集生产、科研、加工、观光休闲于一体的绿色园艺和休闲农业旅游区。

5. 大气保护策略

首先，要做到保护林木，形成天然的大气保护屏障。其次，创建低碳交通是必然之路。低碳交通建设是一个系统工程，应从交通工具的选择与改进、交通站点的合理设置、道路的科学规划、运营管理的技术引入等方面构建规划区内的低碳交通模式。交通出行可考虑采用电瓶车、水上巴士、自行车或者步行。

6. 生态环境保护与建设措施

（1）生态教育

通过建立永久性生态教育营地以及通过各种新媒体向游客宣传保护资源和生态环境对于社会、经济发展以及人本身的重要意义，进而进行生态旅游观念和环境保护知识的教育，为旅游资源的永续利用创造一个良好的人文环境。

（2）环境监测

依据环境质量评价标准，对区内大气、水体以及土壤、森林等生态环境进行监测，分析生态环境变化趋势，及时发现问题、解决问题。在做好环境监测工作的同时，还应做好环境监控工作，严格控制生态环境容量，并根据环境变化调整旅游策略，将游客的数量和旅游开发的强度控制在生态环境容量允许的范围内。

7 乡村全域旅游建设运营

7.1 乡村全域旅游发展的经济建设

乡镇经济建设主要体现在集镇的建设和人口的集聚，从产业上来说，是第一、二、三产业的发展情况，体现了一个乡镇的经济产业和商业业态；从人口上来说，是农村人口向集镇人口转移的过程，是城镇化的一个过程。

全域旅游的乡村经济建设一方面是使乡村旅游产业的转型升级，另一方面是调动乡村市场的积极性，吸引社会各方力量参与，增加乡村市场活力，使乡村人们摆脱贫困，实现乡村的协调发展。在乡村市场活力不足的状况下，应该调整乡村发展的重心，首先做好基础设施建设，加强产业环境建设，同时培育新兴产业，引入社会资本，引导全民参与，激活市场动力，促使乡村全域一体化发展①。

7.1.1 加强固定资产投资，注重产业培育

在传统的“投资、出口、消费”三驾马车的经济运行模式中，投资对一个地方的经济影响很大。在新时代的发展背景下，国家对乡镇基础设施的建设愈发投入，增加多项投资，乡村基础设施建设逐渐完善，乡镇整体面貌得到了很大改善。但是，在建设之后也发现了基础设施建设没有目标性，缺乏专业的指导无目地化地发展。

针对这些问题，需要政府解决。一方面，需要加强政府的管理功能，并引进社会投资。通过政府投资，事先开展充分的调查工作，把投资用到实处，避免出现无效投资，并在整个过程中加强管理和保障，在完善基础设施建设的同时，吸引社会投资，共同建设发展。另一方面，注重当地商业效益的发展和产业的培育。在投资建设的同时，培育当地产业，增加市场活力，高效发展产业功能，丰富当地创收种类，提升商业效益。

在全域旅游建设中，乡镇的资产投资应突出建设项目引导产业发展、市场引导产业业态的空间布局，注重当地产业的发展，减少对当地的无效投资和建设。配合当地的重大发展项目和未来市场的发展方向，以乡镇未来的旅游发展产业为目标，协调当地村民的发展需求，高效地建设基础设施，为商业发展提供有力的基础。

---

① 郑知廷．全域旅游视角下的乡镇“五位一体”发展机制研究——以杭州市淳安县威坪镇为例［D］．浙江工商大学，2018.

7.1.2　引入社会资本，开发旅游项目

通过分析全域旅游农民旅游产业收入的数据发现，在社会投资的旅游项目建设完成后，相对于政府投资的基础设施，农民的收入增加得更为明显。这体现了在全域旅游中应该更加重视社会资本的投资，通过引导社会资本的投资，开发旅游项目，调动农民的积极性，激活乡镇市场。

社会资本投资，需要做好加强招商引资的工作，以本地优势来吸引社会资本投资。主要方法有：第一，以乡镇重大项目来招商引资。以本地乡镇发展旅游的优势和未来建设的重大项目为招商亮点，来吸引社会企业，让社会企业理解在本地建设的益处和项目落地的可能性，增加吸引力。第二，能人招商。发动当地的能人或者外出发展较好的商人回乡建设，支持乡镇发展。第三，共同招商。乡镇旅游产业的发展不只是一家的事，需要靠大家共同发展，联合企业的共同效益，联合招商，提高效率。第四，政策招商。通过政府下达对旅游建设的惠免政策，吸引外来企业的入驻，提升乡镇的外在吸引力。

7.1.3　鼓励全民参与，激发市场活力

全域旅游的核心是资源整合、资源共享，从而实现区域内的全域化旅游，这给了区域内的个体实现积极参与实践上的可行性。

通过建设项目的宣传和引导，使得村民参与建设。通过专业的团队指导，让一般人也可以理解旅游发展项目的过程和需要的事物，从而鼓励大家参与到整个建设过程中，这样既可以让村民在务工中增加收入，又可以让村民参与到运营阶段中，提升长久性的经营收入。需要一定技术支持的项目，通过对村民进行专门的技术培训，使得项目可以在乡镇全域进行扩展，这样既让一般的农民参与进来，又使得项目的可行性提升，增加了旅游项目的成功性。同时，通过基于村民旅游发展基金的小额贷款，可以让村民自发地运营一部分项目，既增加了旅游产业的多样性，也保障旅游建设的可持续发展。

通过联合发展机制，提升市场动力。传统的村民发展都是单体化的发展，现在需要的是整合单体力量，联合起来形成旅游产业关联企业，引入专业化机制，通过创新经营模式来引领发展。落实旅游发展的重大项目，实现全域的共同发展，实现共建共享。

7.1.4　产业融合，引入新产业新业态

传统乡镇产业由于受地理位置和资金的影响，一般情况下都是单项个体发展，且存在产业不突出、特色不明显等缺陷。在全域旅游发展的前提下，乡镇产业开始整合，逐渐发展出由第一、二、三产业单个产业发展转向多产业融合发展的态势。自开展乡镇建设以来，以乡镇基础建设为主要建设需求，着重做好产业发展布局和多产业态整治，以新兴业态为主导发展乡镇产业。

按照乡镇旅游发展特色和未来产业发展导向，提前做好旅游项目规划。根据政府全

域发展规划，开展专业化的旅游项目规划，对区域进行综合规划，划分旅游区、发展区、体验区、购物区和其他区域，进行规范性引导，避免乱序发展。

完善土地利用规划，做好土地调整工作，特别是在农业用地方面的调整工作，避免因土地问题而导致开发延迟的问题。针对区域内的实体资产进行全域的整理调查，对需拆除的房屋和未利用地等进行登记和整理，为产业发展打好基础。同时做好村民的引导，在进行土地整治时需要村民参与，必须在保证村民利益的情况下来引导村民的运作，使得全域旅游发展规范化，全域和谐统一建设发展。

在全域产业统一协调发展的同时，突出各个地区的特色。一是运用现代技术，实现农业、产业、服务业的现代化发展；二是协调合作发展，建立合作社等组织和建立统一的建设平台，统合区域资源，建立统一标准，规范发展；三是开展绿色科技发展，以可持续发展为目标，实现全域旅游产业的长久发展，突出特色，提升区域整体价值。

7.1.5　镇村互动，打造一体化模式

在全域旅游背景下，旅游产业由单个点到产业链再到生态圈，体现着旅游资源的融合和共享。按照旅游产业发展，乡镇打造以集镇为代表的旅游品牌中心，村落打造A级以上景区，集镇拥有品牌优势，村落拥有空间优势，通过镇、村的互动，实现资源的有效整合，打造镇、村一体化旅游发展模式。

在业态布局上，各个项目实行优势互补。乡镇通过旅游产业的整体布局，实现差异化发展，不搞同质化发展，每个旅游项目尽量展现当地特色并加以发挥，体现各自的优势，实现优势互补，相应的旅游项目实行资源共享，满足游客的需求。

在游客流量上，各个项目实行共享。某个旅游项目游客量达到一定量后，可以介绍给其他产业链旅游项目，实现游客流量共享，定期清点结算。

集镇作为旅游集散中心，是旅游的目的地，是最大的游客容纳地；而乡村作为游客分散地，到集镇后，游客可以选择到乡村去体验。通过集镇和乡村的游客互动、资源互动、项目互动，促进集镇和乡村的协调发展，形成镇村一体化发展模式。同时，建立生态补偿机制，通过建立集镇和乡村的生态补偿机制，实现集镇和乡村的资源共享。

7.2　乡村全域旅游发展的政治建设

乡镇的政治建设起步于乡镇机构改革，通过转变政府职能，厘清政府和市场的关系，提高办事效率，激发市场活力。同时，加强专业化队伍的培训，提高专业技能和水平，引进第三方服务机构，丰富市场主体。强化镇、村互动体系的建设和形成，开展网格化管理，促进形成现代化的治理体系和治理能力。

7.2.1　乡镇机构改革

乡镇在全域范围内开展旅游产业后，乡镇产业的调整、环境卫生的改善，乡镇各方

面都得到了极大的提升，在这个转变过程中，通过乡镇机构改革，明确政府职能，形成更加高效的政府机构。明确乡镇机构改革的目的是根据实际需要，成立相对应的科室，提供相应的业务，做好政策上的支持。方向是在改革过程中，让乡镇机构更加高效，让事务办理更加便捷。在这个过程中，不是政府机构为了管理的需要，而是政府机构为了市场的需求、产业的布局、环境的保护，而开始相应的机构改革。通过改革明确政府职能，开展业务科室分工，厘清政府和市场的界限。

乡镇机构的设置，关乎基层老百姓的切身利益。在机构的改革中，应把握一根主线，那就是改革的目的，使科室之间的职能更加清晰、人员之间的分工更加合理，在事权和责任之间理顺理清，消除机构设置上的人为壁垒。如整合农业、工业、服务业等办公室，成立三产融合的特色产业办公室，突出产业的整合，优化资源配置。

在全域旅游产业全方位推动下，乡镇的各方面都发生了变化，需要建立专业化的队伍，以满足各项事务的需求。如政府管理的职能减少了，而呼吁居民参与的治理体系加强了，需要调动大家的积极性，参与到具体事务中。如政府在发展经济的同时，更要注意生态环境的保护。随着乡镇环境卫生意识和要求越来越高，需要成立单独的生态办，负责环境卫生整治，提升环境卫生的工作能力。在这个转变过程中，根据实际工作的新需求，及时成立相对应的科室，建立专业化的队伍，解决实际问题。

7.2.2　村级事务员整合

中国政府机构分为五级，从中央、省、市、县到乡镇，在实际工作开展中，五级政府具体工作的落实都需要村级组织的配合和执行。而乡村地区实行自治，纷繁复杂的事务最后都需要落实到村级具体事务员来处理。好比是“天上千根线，地上一根针”，由这些线指挥着这根针，如果指挥不当，会让好事大打折扣，甚至变坏。这就使得村级事务多而繁杂，村级事务员也是种类繁多。

这就需要开展村级事务员整合，使相关联的事务由某个人办理，这样既精简了人员，提高了待遇，办事效率也更高了。村级事务员都是兼职的，基本上都有自己的工作，而事务繁杂、人员繁多，十分不利于平时的管理和工作的执行。开展村级事务员整合，核心是村级各项工作事务的整合。对相关联的事务进行整合，罗列事务清单，明确职责，再以相应的事务，来确定具体的人员，起到事务整合的功效。事务员整合后，根据事务量多少，适当提高待遇，增强工作积极性。同时，村级事务员整合后，人员调整后，基本趋于稳定，在稳定的基础上，可以开展相关的业务培训，提升业务技能。

全域旅游开展后，乡村地区开始创建 A 级以上景区，通过景区建设，各项旅游项目和旅游设施开展建设并运行，在这个过程中，很多事务需要处理。把村级事务和旅游服务相结合，为旅游项目的前期开发提供人力支持。

7.2.3　建立专业化队伍

在乡镇机构改革和村级事务员整合的基础上，对乡镇和村级的现有人员进行整合，成立旅游项目服务专业化队伍，对成员进行分工，明确各自工作，并开展相应的专业知识和技能培训，提高成员的履职能力。在此基础上，开展定向的社会人才招募，特别是一些创新能力强、创意丰富的人员，通过社会专业人才的充实，提高队伍的整体水平。同时，向先进地区和做得比较好的地区学习，加强区域合作。通过走访和考察的方式，学习对方的宝贵经验，加强区域之间的互动。

7.2.4 引入第三方服务机构

在政府和市场的基础上，引入第三方服务机构，丰富市场主体的多样性，提高市场的服务能力。第三方服务机构既可以帮助政府，做好政府的市场职能，又可以帮助旅游项目方，提高旅游项目的市场化水平。

一是建立和完善商会、协会等社会组织。建立商会组织，把当地的、在外创业的优秀企业家和经营户纳入商会组织，通过商会的形式，把当地的优秀企业聚集在一起，发挥它们的作用，提高当地的商业水平。建立当地的旅游协会，通过协会，管理和服务当地的旅游项目主体。二是加强志愿者队伍建设。通过志愿者队伍建设，把社会上的热心人士召集起来，充实到旅游服务上来，为游客提供咨询服务，提高当地的旅游服务体系。三是引进社会中介机构。借助社会中介机构，帮助旅游项目方进行项目改造和升级，提高旅游项目的商业业态和品质。四是加强科研机构合作。通过科研机构和旅游项目方的合作，让旅游项目和当前科技相结合，使智慧旅游、科技旅游结合。

7.2.5 建立镇村互动发展体系

基于具体工作事务的联系，传统意义上的镇、村关系偏向单向性、行政命令式的。在全域旅游模式的带动下，镇、村紧密互动发展体系建立旅游产业一体化，形成治理体系和治理能力的现代化。

按照旅游发展模式，集镇通过品牌打造，形成有影响力的大品牌，如集散中心起着吸引人气、集聚人气的作用；乡村通过 A 级以上景区创建，形成自身的旅游品牌，拥有充足的空间满足更多游客的需求，通过旅游景区景点的打造，镇、村两级旅游产业一体化形成。镇、村两级以旅游产业为新的引擎点，点燃产业发展的潜能，涵盖多个维度的互动，促进镇、村两级增强互动体系建构。

7.3 乡村全域旅游发展的文化建设

长期以来，乡镇的文化建设因人才缺乏、专项资金少、缺少文化运行的有效载体，一直处于弱势地位。在实际宣传上，被动应付的多，主动挖掘的少，缺少本土的特色民俗形成不了品牌。同时城乡之间的差异大，使得农村地区文化建设长期不足，农村地区存在文化“真空地带”。

在全域旅游背景下，通过文化礼堂、农家书屋的建设，赋予文化发展的土壤，激发民俗文化市场化运作的活力，平衡了乡村地区的文化短板。

7.3.1 成立文化和旅游的融合机构

国家层面成立文化和旅游部地方政府在全域旅游的发展中成立配套的文化旅游融合机构，充分发挥文化的属性，让旅游产业得到提升，实现文化和旅游的完美融合，差异化发展全域旅游。特别是旅游项目需要品质化、差异化发展，通过文化和旅游的有机融合内生优势，实现文旅融合发展。

成立文化和旅游融合机构后，做好顶层设计，并配套好相应的规划。在旅游项目的开发上加入文化元素，在运营中，不仅重视旅游产业的商业化，同时把当地的特色民俗文化融入进去，让旅游项目具备当地特色元素，提高旅游项目的文化品质，同时让当地的民俗文化得以发挥其多样价值。

7.3.2 特色民俗文化挖掘和保护

集镇和乡村地区拥有悠久丰富的特色民俗文化，但一直以来不受重视，很多当地特色民俗正在逐步消失，需要及时挖掘并加以传承。

一是分类整理。各种民俗文化种类繁杂，但都有一定的关联性。通过分类整理，把相近或相关的民俗文化，分门别类做好整理。二是文化传承。在分类整理的基础上，找好相应民俗文化的传承人，鼓励帮扶做好文化传承。传承的方式多种多样，可以是人与人之间，也可以把相应的文化民俗和互联网相结合。三是定期交流。提供民俗文化的交流平台，让民俗文化的传承人有展示和互相交流的机会，通过交流传播优秀的民俗文化。

7.3.3 文化载体建设

在全域旅游模式下，乡镇建设了一大批文化礼堂、农家书屋、民宿民居、村级A级景区等旅游设施和项目，特别是本土的民俗文化挖掘、乡土风情展示，在实际项目建设中，赋予文化发展的载体，让文化有实体项目可以展示，也赋予文化发展的土壤，让文化可以落地生根、发芽长大。

创新旅游项目，通过文化的挖掘和展示，使得旅游项目更加丰满、更具地域独特性。优秀文化也通过旅游项目进一步宣传和更广泛传播。

7.3.4 文化市场化运作

长期以来，文化建设在政府层面重在宣传，自上而下式的，缺少和当地特色文化的结合，如民俗、风土人情；在乡村层面，基本上是自娱自乐，缺乏长期机制，更难管理。

在旅游模式下，镇、村两级因旅游产业互动性增强，引入市场理念。文化产业或文化项目，引入市场化理念，运用经营的理念，赋予“旅游＋文化”市场化的运作机制，激发文化本身的活力。在旅游项目的开发中，单纯的旅游项目，各地的雷同性较强，缺少创新和差异，使得游客失去兴趣。加入文化元素，如在民宿、民居的设计上，还原在地性的建筑风格，独树一帜。

文化市场化运作，可以是“农户+活动”的方法和游客体验的方式。活动是实体，文化是核心。通过活动让文化展现出来，吸引游客参与其中，并丰富活动的内涵，形成独具当地特色的旅游活动，也使得优秀的民俗文化得以呈现和传承。

7.3.5 文化全民参与机制

文化建设的出发点是丰富百姓的精神生活，让传统文化、当地特色文化得以保留和展示。这就需要更多的人参与其中，认识它的价值，了解它的文脉传承。当地的农户对本土的民俗文化认识更加深刻，掌握的风土人情更加全面。积极鼓励当地人参与其中，以全民参与的机制，积极挖掘本土文化，展示本土文化，丰富和充实文化氛围。

积极鼓励和引导有特色、有实力的文化创意企业和文化项目来乡镇、乡村发展，打生态牌，突出差异化发展。同时，在基础设施配套上，向薄弱地区倾斜，营造更加良好的氛围。针对城乡间文化发展的差异，特别是农村地区对文化的需求日益强烈，引进现代化的旅游项目，加入文化元素，在项目的建设中配套相应的资金和人才。在项目的运行上，会带动本土文化建设，起到以点带面的作用。举办各类活动，加入文化元素，如亲子乡村游、特色采摘游、自驾游，在活动中宣传文化。通过产业政策的支持、旅游项目的引进、文化元素的加入、各项活动的举办，促进文化均衡化发展，引导全民参与文化活动和产业发展。

7.4 乡村全域旅游发展的社会建设

全域旅游发展下的乡镇社会建设，通过整合资源综合利用现有资源和体系，建设镇村一体化的社会组织体系。着重体现在：一方面，引入社会组织，丰富当地的社会机构。引入全民参与机制，调动积极性，让当地居民参与进来，政府由管理转向治理模式，建立健全公共服务体系；另一方面，在现有政府组织体系下，强化镇、村互动，提高乡村发展的积极性，形成镇、村紧密互动体系。

7.4.1 引入第三方社会组织

社会事务的管理，不再单纯地依靠政府组织，而是引入社会组织，加强社会事务的协调和解决。如引入商会组织，让商会在本地招商引资、商会成员管理、矛盾纠纷协调等方面发挥作用。如旅游项目协会，通过协会把旅游项目联合在一起，设立行业规则，明确办事方式。

在第三方社会组织的管理上，一方面，引入效能管理。充分调动社会组织的积极性，提高社会组织的服务效率，强化社会组织的日常工作管理。另一方面，合作方式多样化。在和社会组织的合作上，采取多样化的形式，有利于旅游项目的运行和开发。

7.4.2　参与性体系建设

在传统的乡镇社会建设体系中，主要是乡镇参与社会事务建设，乡村往往是单向地、被动地执行和服从。在旅游发展方式下，旅游产业带动社会各项资源，促进了乡村地区参与社会事务的建设。

在参与性体系中，纷繁复杂的社会事务，单纯依靠政府的行政式管理，已经很难胜任。这时候需要调动全社会的积极性，让社会资源、社会力量参与进来，在全面参与、互动的过程中，实现社会事物的协调和解决。参与性体系的形成能让社会力量形成合力，大家的事情大家做，这也是政府由管理到治理转变的方向与途径。

在各项事务的协调处理上，不再单纯地依靠行政命令，而是开始机制化、常态化管理。根据事务的变化，让业务和属地管理相结合，把事务落实到具体的责任人。如在河道污染问题上，通过河长制把河道的职责落实到具体的责任人，特别是落实到属地管理的责任人头上，便于管理；如在环境卫生的保洁上，实施街长制，把街道的环境管理和属地管理相结合，落实到具体人员头上，提高效率。

7.4.3　镇村互动体系建设

乡村社会事务的管理，主要体现在村民自治、乡镇等上级政府组织对乡村的管理上，要么是村级内部之间的交流，要么是上下级之间的单向交流，缺乏镇、村之间的互动。

在项目管理和服务上，加强政府相应机构的业务能力和水平，适应旅游发展的新需要，提高履职能力和水平。同时，调动村级组织的积极性，参与到旅游项目的开发和建设上来，完善相应的考核激励机制。在此基础上，形成集镇与乡村的互动。在旅游模式下，通过旅游产业的带动，镇村资源实现资源共享，打破行政区域上的壁垒，为镇村互动提供平台。

7.5　乡村全域旅游发展的生态文明建设

随着新时代可持续发展的需要，生态文明建设的重要性越来越明显，良好的生态环境是乡镇发展全域旅游的基础。乡镇生态文明建设，主要从环境综合整治、厕所革命、生态修复、常态化机制形成等方面说明。

7.5.1　环境综合整治

环境综合整治，其实质是资源的整合、产业的重新布局和生态环境的修复。它是一个系统工程，而不是简单的环境卫生清理。环境综合整治分为小城镇环境综合整治和村庄环境综合整治，通过环境整治，提升集镇和村庄的整体生态环境。

（1）小城镇环境综合整治

在集镇建设中，大多数乡镇没有合理有序的布局，特别是乡镇的基本职能中没有城市管理职能，所以导致在乡镇发展中，出现了环境脏乱差、产业布局不合理等现象。而在新型城镇化的进程中，有条件的乡镇逐渐转向小城镇、小城市，这就需要对乡镇进行综合整治。

环境综合整治主要包括以下几个方面：一是环境卫生整治，重点在于卫生的清理和整治，划分包干区，分类整治。二是城镇秩序整治，重点做好集镇的道路设施和交通设施，开展路面美化、人车分离、停车有序等行动，做好休闲绿道建设，并提供市民生活休闲设施。三是城镇容貌整治，重点做好街道景观立面整治，开展电线的线路改造，由上改下铺设，开展老旧小区整治，还原历史风貌。四是做好特色项目提升。完善集镇的公共服务设施，如休闲公园、绿道、旅游线路导览等，提升居民的生活品质，满足游客的出行需求。

（2）村庄环境综合整治

按照集镇建设要求，同步开展村庄环境卫生整治，提升农村的卫生环境。主要表现方式是创建村庄A级景区。通过A级景区创建，做好本地区的环境卫生综合整治工作，做到村容村貌整洁有序、与自然生态相融合、村庄整体提升。

一是合理规划，在村庄整治之前，按照乡镇的整体规划，做好各个村的规划，合理布局划分各个功能区。二是开展基础整治，开展村庄环境综合整治，重点做好主干道、房前屋后、水沟水渠等内容的清理，通过有效整治，实现村庄整洁有序。三是做好美丽庭院，开展每家每户的美丽庭院创建，调动农户的积极性，清理好自家范围，种植当地特色的花卉植物，美化庭院。四是强化整体提升，在环境整治的基础上，让村庄环境和当地的自然生态相融合，让村庄和当地生态融为一体，实现生态资源到旅游资源的转变。

7.5.2　系列政策合力

（1）厕所革命

一是制定建设标准，在全镇范围内制定统一标准，开展A级以上厕所建设。通过集镇、村庄的厕所标准化建设，提升和完善厕所公服设施，解决居民和游客的基本需求。根据当地的实际情况，把需要创建的村落分门别类，明确创建时间。二是明确责任人，把创建工作和村级事务相结合，明确考核，落实到具体责任人。三是开展验收，创建完成后，组织验收组对设施进行验收，验收通过的，明确创建登记；验收未通过的，重新明确整改时间和整改要求。四是强化后续监管，创建完成后，加强日常监管，确保创建成效落到实处。

（2）生态修复

开展村庄生态修复，一方面，对现有的生态环境进行修复，如河道的清理、垃圾的清运、山体植被的绿化，恢复原生态；另一方面，通过生态修复，结合村庄现状，加入旅游和文化元素，挖掘当地的特色风俗，打造融合于山水的景观。

（3）无违建创建

开展无违建创建，对集镇和村庄房屋进行摸排，对违法建筑进行拆除。一方面，通过拆除违法建设，把脏乱差清理干净，使得建筑物整洁有序；一方面，拆除后腾出发展空间，对腾出的空间，可以种植植被，提高绿化率，提升当地的整体风貌环境。

(4) 继续深化开展"四边三化"工作

继续深化开展"四边三化"工作，把集镇和乡村的主干道、滨水和景区附近的彩钢棚等影响环境卫生的设施，清理清除到位，做到洁化、绿化和美化。通过"四边三化"工作的开展，促进当地环境达到旅游标准，满足游客旅游出行的需要。

(5) 五水共治

继续开展五水共治工作，做好污水治理，让集镇和乡村的所有污水都截污纳管。落实好河长制、沟长制，把每一条河、每一条沟落实到具体责任人身上，发挥属地管理职能，提高积极性。

7.5.3 生态常态化机制建设

在继续做好生态环境的基础上，清醒地认识生态优势，把生态环境和产业项目相结合，将生态环境优势转为发展优势。

一是和产业项目相结合，在旅游项目建设上，充分发挥生态环境优势，把生态环境和旅游项目相结合，让生态环境提升旅游项目品质。二是走差异化发展方式，生态资源是最公平的公共产品，在当地的旅游项目开发中，不去模仿其他地方的商业方式，而是结合当地的生态资源，打造独具特色的旅游项目，走差异化的发展方式，实现差异化发展。三是建立生态补偿机制，在集镇和乡村的发展上，根据生态资源的不同，建立生态补偿机制，让旅游项目发展和生态环境保护有机结合起来。

生态环境的保护在于长远，在于常态化，需要在现有运行机制的基础上，加以总结和提炼，形成可行性的常态化机制。

(1) 组织保障

乡镇成立生态办，设置专门的业务科室，负责全镇范围内的生态环境整治。各个村有专门的环保员，负责本村的环境卫生整治和污水运维。在集镇成立街长制，每条街成立一个街长，由乡镇分管领导任街长，由乡镇的各个科室落实责任包干，按照小城镇环境综合整治要求，把整个集镇的道路包干。通过街长制，把各条街的环境卫生和相对应的人员和科室一一对应起来，责任到岗到人。在乡村成立包干区。对照村庄环境卫生整治要求，各个村划分包干区，包干区成员由范围内的居民担任，提高包干区内成员的积极性。

(2) 时间保障

集镇层面，开展小城镇环境综合整治，每周全镇各科室和驻镇部门到各自对应的街巷，开展环境卫生整治行动。乡村层面，一方面，利用镇干部、公务员的每周集中下村日，协调开展环境卫生整治；另一方面，每月开展一次全镇范围内各村的环境卫生大检查，检查后根据各村情况进行排名。

(3) 奖励机制

集镇和乡村开展环境卫生综合整治，根据整治情况，开展检查并排名。排名靠前的予以奖励，排名靠后的予以适当的惩罚。奖罚形式，表彰和奖金相结合。

8 全域旅游规划实践

8.1 湖北省英山县九龙湾乡村振兴规划

8.1.1 背景与现状研读

8.1.1.1 项目背景

（1）政策背景

2019年，中央农办、农业农村部、自然资源部等多部委制定了《关于统筹推进村庄规划工作的意见》。文件提出实施乡村振兴战略要切实认识到村庄规划工作的重要性，强调建立党委领导负责的工作机制，调动社会力量，发挥村民主体作用。2020年12月14日，英山县委主持召开九龙湾乡村振兴先行区项目推进会。会议指出，为适应英山“十四五”时期英山发展需要成立四季花海片区联合党委，依托四季花海项目建设两个乡镇、9个村联片乡村振兴先行区。县委层面的高度重视，使九龙湾乡村振兴项目上升到县级发展战略的高度。

（2）市场背景

乡村作为区域内自然生产要素的发源地与中心城市有着内在紧密的经济联系，在城乡统筹引领下，乡村产业类型逐渐完善和丰富，乡村逐渐摆脱“普遍短缺”的困境，多元主体利益分配不均成为市场背景下的主要问题。对此，英山县逐渐形成以农业为基础动力、以文化为持续发展动力、多元产业同乡村振兴深度融合的“党建＋乡村振兴”模式。基于党建调动下的生产、生活、生态空间理想布局，有助于实现多元要素在空间上“共建”、多元主体“共用”、效益“共享”的理想状态。

（3）建设背景

九龙湾乡村振兴先行区项目依托四季花海项目而建，四季花海始终坚持原生态与自然美学相结合、原乡味与时尚元素相融合的建设理念，融合“山、水、花、泉”的特色要素，以“亲情、友情、爱情、恩情”为文化战略定位，现已打造了以四季赏花为特色的赏花一条游线、温泉养生度假区、森林花海观光区、康养运动体验区、康养度假医养区、自然科普教学区、红色文化旅游区“一线六区”的文旅融合小镇格局。

8.1.1.2　现状解读

（1）区位条件

九龙湾片区位于英山县城西南部，地处英山县域经济中心腹地，处于承东启西、连接“武汉城市圈”和“皖江经济带”的快捷通道，国道 318 与省道、县道枢纽交会于此。九龙湾片区与黄冈市区和武汉市联系紧密，紧邻武汉至合肥高速公路英山段进出口，距武汉高铁站 154.9 公里、武汉新港 130 公里，人流、物流的快速集散十分便利（图 8-1）。在旅游区位上，九龙湾示范区旅游主要为市以及县镇内部城区人口提供短距离旅游消费市场，凭借区位好、需求好的优势，道路和城乡居民点通常呈现“以线串珠”布局模式，轴线走势较为平滑。

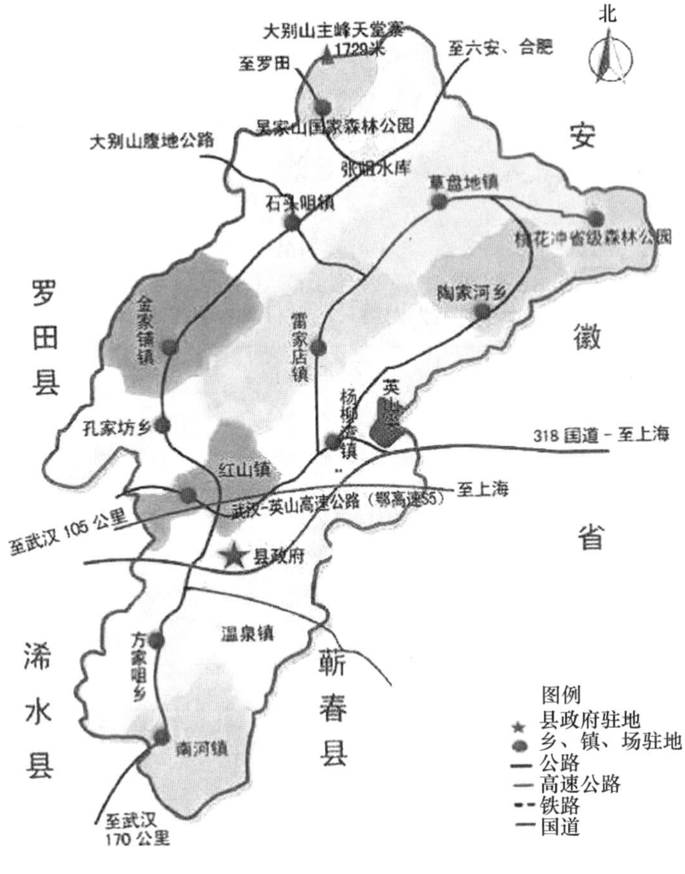

图 8-1　九龙湾交通区位示意图

（2）规划范围

九龙湾片区横跨温泉镇和方家咀乡两个乡镇，在英山县全域旅游格局中属于南河水乡风情旅游板块，区域范围覆盖九龙口村、大堖寨村、马堑村、将军山村、南冲畈村、花园村、四棵枫村、望天畈村、甘塘坳村 9 个行政村（图 8-2），规划范围约 25.83km^2（辐射范围约 30.04 平方千米），涉及人口约 1.3 万人，其中党员 403 人（表 8-1）。

图 8-2　九龙湾规划范围示意图

表 8-1　九龙湾片区各行政村概况

序号	村名	面积（km^2）	人口（人）	党员人数（人）
1	九龙口村	2.9	3400	81
2	大塆寨村	4	931	24
3	马埑村	1.88	1200	40
4	将军山村	1.66	659	22
5	南冲畈村	7.5	2186	62
6	花园村	3.5	790	26
7	四棵枫村	5	1236	48
8	望天畈村	1.2	1288	42
9	甘塘坳村	2.4	1560	58
合计		30.04	13250	403

（3）产业发展

九龙湾片区以前是以水稻、油菜、茶叶种植为主的传统农业种植区，其四季花海所在的核心区过去是闲置荒山。在产业扶贫带动下，目前已建成花卉基地 4000 亩、茶园 640 亩、水产养殖基地 130 亩，果蔬采摘基地 50 亩等特色基地，形成以花卉产业为主，茶叶、蔬菜、中药材、水稻等为辅的产业结构。其中，大塆寨村和九龙口村提供旅游服务，将军山村提供农产品加工服务，望天畈村和南冲畈村主导产业为蔬菜种植，马埑村、甘塘坳村和花园村主导产业为茶叶种植，四棵枫村主要发展苗木产业。

（4）建设基础

为推动九龙湾片区的发展，2020年5月英山县委常委会决定推进“党建＋乡村振兴”制度设计层面的产业空间融合模式，组建“四季花海”片区整体推进建设工作领导小组，成立了由温泉镇、方家咀乡以及四季花海景区共同组成的四季花海片区联合党委，建成了片区联合党委党群服务中心。党建促进全域旅游示范区建设得到了省文旅厅和文化和旅游部的充分肯定，为英山成功创建“全国全域旅游示范区”提供了创新模式。

8.1.1.3 规划思路与策略

1. 规划思路

（1）总体思路与技术框架

在现状研究的基础上，提出“1-3-1”的产业空间融合发展思路：前一个“1”主要通过“城乡供需关系”认知九龙湾的消费市场；“3”是把握九龙湾产业发展的3个客观规律，即乡村产业自然依附性下的基础资源、乡村产业自主发展规律下的产业集群和农村土地流转制度，后一个“1”为“党建＋”领导的“五联五共”党建组织模式研究（图8-3）。

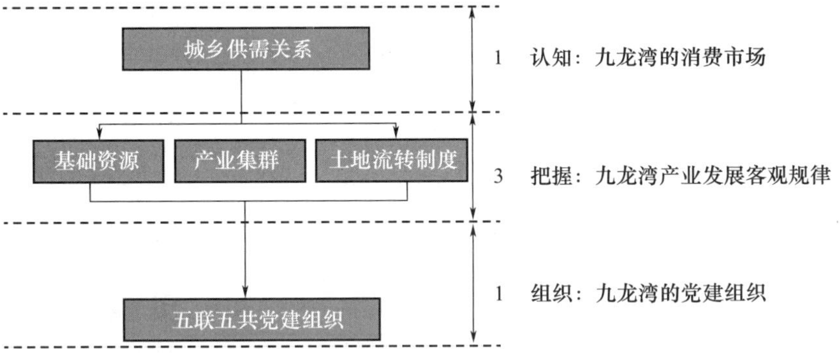

图8-3 “1-3-1”产业空间融合发展思路

（2）“1”：认知城乡供需关系

① 宏观层面

城乡供需是推动产业发展的重要动力，在城市居民追求生活体验、回归自然等消费观念升级下，以农业种植、田园风光、乡土文化为特点的乡村休闲旅游需求逐渐增加，乡村产业发展注入新活力，乡村结合自身资源发展特色乡村旅游，形成连片集聚的乡村旅游片区，随之产生新型产业业态，推动乡村产业结构转型升级。不管是从供给还是需求来看，乡村产业的功能都不是单一化的，其涵盖了经济、生态、文化等多元的功能，加上乡村地区所独具的生态环境、地理空间、文化底蕴，能够满足城乡居民对回归自然、乡村体验、休闲旅游等多方面的需求，是乡村旅游、休闲农业存在和发展的基础（图8-4）。

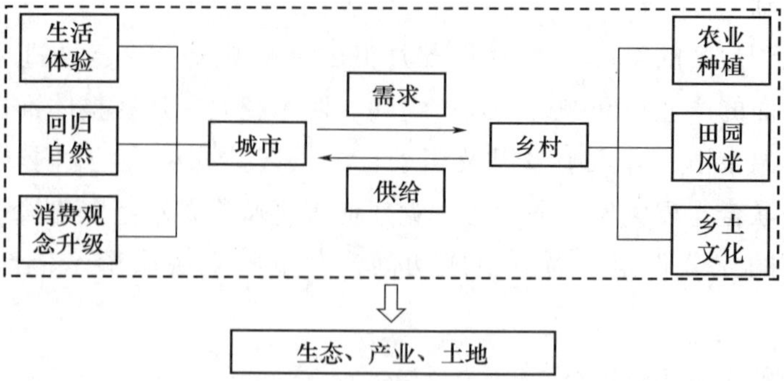

图 8-4　宏观城乡供需关系图

② 微观层面

产品上的供需是推动产业发展的根本动力，城乡的供需关系在微观视角下表现为产品供给与需求的矛盾与统一。在生理、安全、归属、尊重和自我实现五大需求的金字塔结构下，借助英山丰富的自然资源、产业资源和文化资源增加九龙湾在国际上的知名度，扩大九龙湾的旅游市场份额，聚焦鄂豫皖时间圈的市场服务范围，重点开发适宜的休闲、康体、研学等旅游产品，体现为多元产业融合下的农业—农产品、制造业—农产品加工、服务业—旅游康养等产品的供求关系。同时，目前来英山县的游客年龄青年和中壮年的比例分别占了 48%和 31%，在稳定青壮年市场的同时，九龙湾应注重开发青少年和老年市场，扩大青少年和老年市场份额（图 8-5）。

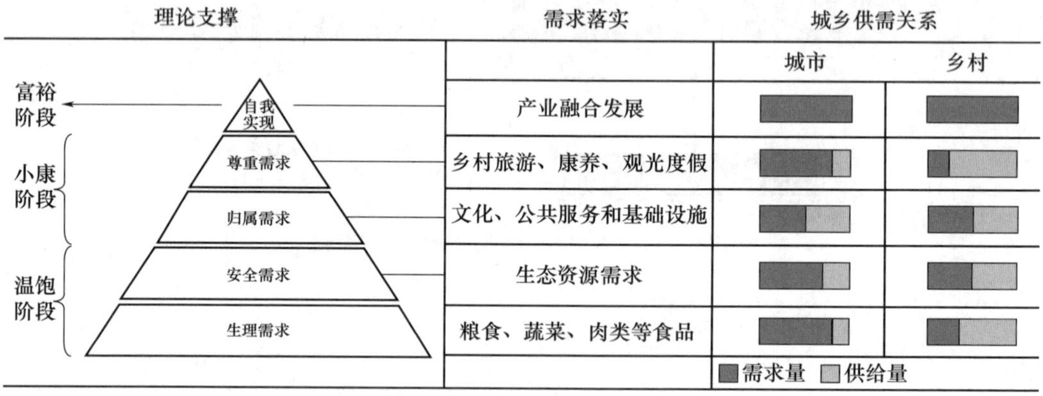

图 8-5　微观城乡供需关系图

（3）"3"：把握九龙湾乡村振兴示范区产业发展的三大客观规律

① 乡村产业自然依附性：依附自然 · 乡土产品变礼品

村民居住空间是九龙湾示范区村庄最原始的空间，人们选择依山、傍水、沿路聚簇而居，进行生活生产活动。同样，产业在人的参与下也积极地依附自然资源发展，乡村产业自然依附性体现为充分利用乡村的山、水、林、田、湖、草等自然生态要素，进行资源产品转化，开发乡土化的农业衍生品，实现九龙湾示范区"产品—礼品"的升级。

② 产业自主发展规律：融合发展·乡村产业多元化

乡村产业发展表现为人为干预三生空间组织，其逻辑必然是“生产先行，生态制约，生活能动反馈响应”的关系。产业经济发展为九龙湾乡村社会发展、空间建设提供物质基础，在生态肌理保护导向下，通过向乡村旅游产业空间中融入长寿、健康等文化，引导产业空间融合发展，促使乡村产业多元化。

③ 农村土地流转制度：土地流转·农村品牌自主化

在土地有偿使用制度建立后，土地作为核心生产要素占据市场的重要位置。在我国农村土地“三权分置”制度下，九龙湾示范区通过充分利用乡村的山、水、林、田、湖、草体等自然生态要素，对农村“宅基地和承包地”进行用地配置和空间布局，以此有序引导资本下乡、吸引农民回村就业创业。农户通过自主选择收益较高的“承包地”和“宅基地”经营方式，有助于提升乡村产业整体效益和促进农村品牌自主化。

(4)“1”：以党建引领的多元化参与主体机制

① 联合组织建设，共抓乡村治理

联合各支部在组织建设、党员组织生活、新党员发展、后备干部培养、宣传教育、联谊活动和引导群众等党建工作中，发挥联合党委的指导、引领和服务作用。发挥联合党委齐抓共管作用，推动乡村治理由“单打独斗”到“多元共治”的转变，实现片区自然环境优美、社会环境和谐、发展环境一流的目标。

② 联合规划布局，共谋区域发展

结合片区各村独特的条件和优势，邀请专业规划策划团队整合乡村生态、产业以及社会资源，牵头制定村庄规划、产业发展规划等发展蓝图。激发片区居民积极性、主动性、创造性，发展新技术、新产业、新业态、新模式，变“输血”为“造血”；激活乡村产业内在潜力，不断探索乡村振兴和现代化新农村建设新路径，合理规划、共同策划、抱团谋划，将片区打造成宜居、宜游、宜业的美丽乡村综合体。

③ 联合产业发展，共促村强民富

坚持“党建引领，强村富民”的理念，发挥四季花海作为国家4A级旅游景区、省市党员干部教育基地、国家森林康养基地和研学旅行基地的规模优势，推进产业链融合迈向新高度。联合党委成立乡村振兴项目办，通过整合政府各部门的文旅产业、农林茶药特色产业、商贸物流、人居环境提升等寻求项目资金政策支持，探索“联合党委旅游＋合作社＋农户电商”模式，逐步形成“一村一景、一村一特、一村一业”的强村富民产业结构。

④ 联合环境治理，共创美丽乡村

依据片区村庄规划、美丽乡村旅游规划，联合党委成立公共服务部，配合各村工作并争取政府政策支持，做好生态环境保护，人居环境的改造和提升，片区营商环境改进，文明、法治，乡村治理等软硬件环境改善提升等方面的工作。通过党建引领，不断完善片区环境规划升级改造，不断提升片区居民环境保护、环境治理意识、共享和谐意识，共建美丽乡村环境，使片区成为村企共建、乡村振兴的样板示范区。

⑤ 联合人才培养，共享发展成果

坚持“党建引领、人才驱动”的发展战略部署，由联合党委人才开发部围绕片区的产业发展规划，制定并实施好乡村振兴人才培养和利用、引进和输出的战略性规划。鼓励“能人”回乡投资创业，带动就业。以完善基础设施为重点工作，立足片区居民需求，大力实施民生工程。

2. 规划策略

（1）发挥国家政策合力，加快推进九龙湾片区开发顺利实施

充分发挥联合党委的先锋引领作用，健全完善村民自治机制，落实“党务、村务、财务”公开，全力打造基层服务型党组织，构建教化与引导、激励与约束、自律与他律相结合的长效机制。培养造就一支懂农业、爱农村、爱农民的“三农”工作队伍。加快推进先行区的核心区、辐射区、拓展区3个圈层建设，促进花卉、茶叶、中药材产业与加工，乡村旅游，农村电商等相互渗透融合。成立九龙湾农民商学院，全面推行农村党员干部进党校、县级以上党校送学下乡制度，鼓励市民下乡、企业兴乡，实现企业兴乡。

（2）以旅游级服务业为核心，目标客源锁定在鄂豫皖时间圈青少年和老年市场

九龙湾项目如何在华中地区乃至全国旅游版图上实现内容市场占位，目标客源问题是要解决的破题关键。通过对英山县游客年龄结构比例的分析，发现青年和中壮年占比较大，均超过30%，而青少年和老年游客占比均不足15%，市场潜力大，根据其旅游动机、消费结构和市场导向（图8-6），九龙湾先行区依托温泉、花卉草药和红色文化，将目标客源锁定在鄂豫皖时间圈的青少年和老年市场。

目标客源年龄结构	少年（18岁以下）	青年（18～35岁）	中壮年（36～55岁）	老年（55岁以上）
英山游客年龄结构比例	12%	48%	31%	9%
旅游动机	倾向于游玩娱乐、探险、修学等活动	倾向于观光浏览、探险挑战、休闲度假等活动	倾向于健身运动、养生休闲等活动	倾向于修身养性、养老度假等活动
消费结构	住宿、餐饮、购物、交通、文化娱乐、研学体验等消费	住宿、餐饮、购物、交通、运动健身、文化娱乐等消费	住宿、餐饮、购物、交通、休闲养生、地产等消费	住宿、餐饮、购物、交通、医疗养生、养老地产等消费
市场导向	素质拓展，户外狩猎，丛林探险，夏令营，冬令营，动物园，植物园，博物馆，传统文化培训，水上乐园，树屋酒店	户外狩猎，丛林探险，极限运动，动物园，植物园，博物馆，树屋酒店，部落型酒店，运动度假村式度假别墅	中草药温泉养生园、水疗中心、瑜伽会所、高级SPA会所、温泉度假酒店、养生度假别墅、运动度假村式度假别墅	中草药温泉养生园、百草园、高级SPA会所、医疗服务、疗养养老服务、健康管理中心、温泉度假店、养老型度假酒店

图8-6　英山县旅游业目标客源分析图

（3）完善旅游服务设施提高游览品质、提升景区知名度、保护景区资源

借鉴非盈利机构的融资模式来经营项目，推进乡村绿化、美化、亮化、净化，加强农村生活污水垃圾的收集和处理，实现农村“三清（水源清洁、田园清洁、家园清洁）”

“四净（水净、厨净、厕净、圈净）”。引进商业服务模式，促进农村基础设施和公共服务条件持续改善，重视科研技术，合理协调自然发展区、廊道与缓冲带，建成全面覆盖、互联互通的乡村公共文化设施网络，打通公共文化服务“最后一公里”（表 8-2）。

表 8-2 旅游相关服务一览表

旅游相关服务	作用
交通设施	提供停车场、厕所、标牌标识系统等设施；形成景区内旅游环线，联动四季花海与九龙湾片区其他乡村的发展
商业服务	景区餐饮、住宿、交通、购物、娱乐等
科研技术	利用九龙湾片区丰富的物产资源修建研发中心和文化产业园等
自然发展区	能够满足游客游览观光、消遣娱乐、康体健身、求知等需求
廊道和连接	作为障碍物将景观不同部分隔开，又作为通道将景观中相似部分连接起来，最显著的作用是运输，也可以起到保护作用
缓冲带	增加景区环境面积，保护自然环境，提供通行廊道和更好的休闲体验

（4）根据九龙湾片区的发展特色和主要项目策划，构建三大旅游产品板块

在旅游业态不断丰富、旅游项目运作模式不断更新的时代，旅游项目作为跨区域性联动带动经济的产业，不仅是为游客提供休闲景区，更重要的是为乡村提供产业平台，集结各方资源。九龙湾依托四季花海、南山集团等龙头带动作用，通过“资源变资产、资金变股金、农民变股民”等途径，带动全县发展生态、文化、农业三大旅游产品，让农民广泛参与并从中受益，实现农业生产、产品加工、红色宣传、休闲体验、教育研发等产业链的上中下游一体，促进价值链的重构和产业功能升级（图 8-7）。

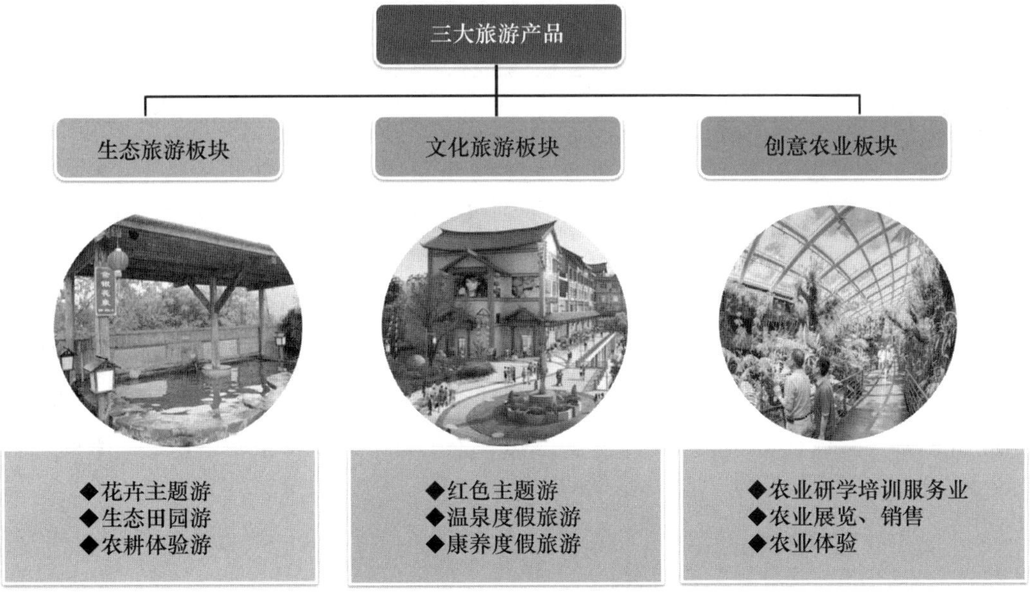

图 8-7 九龙湾示范区三大旅游产品板块

8.1.2 战略与产业发展

8.1.2.1 资源认知

（1）自然资源认知

九龙湾片区自然资源可以分为山、水、草三类，其中，①山：地形以中低山为主，森林覆盖率高，可发展素质拓展、户外狩猎、极限运动、丛林探险、树屋酒店、运动度假村式度假别墅等旅游产业；②水：白莲河穿境而过，生态环境好，可发展水疗中心、水上乐园、温泉度假酒店；③草：气候温暖湿润且四季分明，土壤、气候等自然条件适宜花卉、茶叶、中药材等经济作物生长，可发展中草药温泉养生园、百草园、瑜伽会所、高级 SPA 会所、医疗服务、疗养养老服务、健康管理中心、动物和植物园、养生度假别墅、养老型度假酒店。同时，英山县九龙湾区域周边 50—100km 范围内有着大量旅游资源，其中 50km 范围内有着大别山国家森林公园天堂寨风景区、湖北大别山主峰风景区、薄刀峰、湖北省英山县桃花冲风景区和天峡旅游景区等五大著名景区（表 8-3）。

表 8-3 九龙湾 50km 内主要景区情况统计表

名称	距离（km）	类型	等级
大别山国家森林公园天堂寨风景区	23.7	景区	国家 AAAA 级
湖北大别山主峰风景区	28.1	景区	国家 AAAA 级
薄刀峰	22.8	景区	国家 AAA 级
湖北省英山县桃花冲风景区	37.9	景区	国家 AAAA 级
天峡旅游景区	43.0	景区	国家 AAAA 级

（2）文化资源认知

九龙湾片区以绿色生态游为基底，在农耕文化映衬下，茶歌与茶戏是英山茶艺术的“双璧”。同时，以大别山红色文化为主题，以绿衬红，以红托绿，打造了党员干部教育基地和中小学生校外实践教育基地，成立了英山铭先红色文化有限公司，深入挖掘大别山丰富的红色文化资源，投资近 2000 万元建成了占地面积 1960 亩的英山长征精神体验园，并于 2021 年成功创建省直机关工委党员干部教育基地。九龙湾红色教育基地采取“基地＋课堂”的教育培训模式，以“长征魂·中国梦”为教育主题，以“8＋×”体验式教学为特色。

8.1.2.2 发展战略

（1）因地制宜，融合发展

英山县脱贫摘帽后，农村仍是新征程的重点和难点。打造乡村振兴先行区，发展花卉、茶叶等优势产业，构建农旅融合的乡村产业体系，可激发九龙湾片区的内生动力，为英山县乡村全面振兴提供持久动能。同时，把产业链增值收益更多地留给农民，让更多的农民就地就近就业，农村脱贫攻坚成果才能得以巩固和提升。

九龙湾示范区立足英山县资源特色和生态环境优势，借力四季花海发展基础，进一步挖掘产业与文化特色，探索农业内部融合（荷花、水稻、中草药、果蔬、草莓……集观光休闲于一体，丰富第一产业内涵）、产业链延伸融合（通过水稻、果蔬、中草药、莲藕的分拣包装初加工）、功能拓展融合（以乡村旅游、户外休闲、研学教育、避暑度假为核心，实现三产融合）、新技术渗透融合等多业态融合发展模式，推进先行区差异化、特色化发展，形成优质高效、可持续的融合发展模式，开发乡土化的农业衍生品，实现“产品—礼品”的升级（图 8-8）。

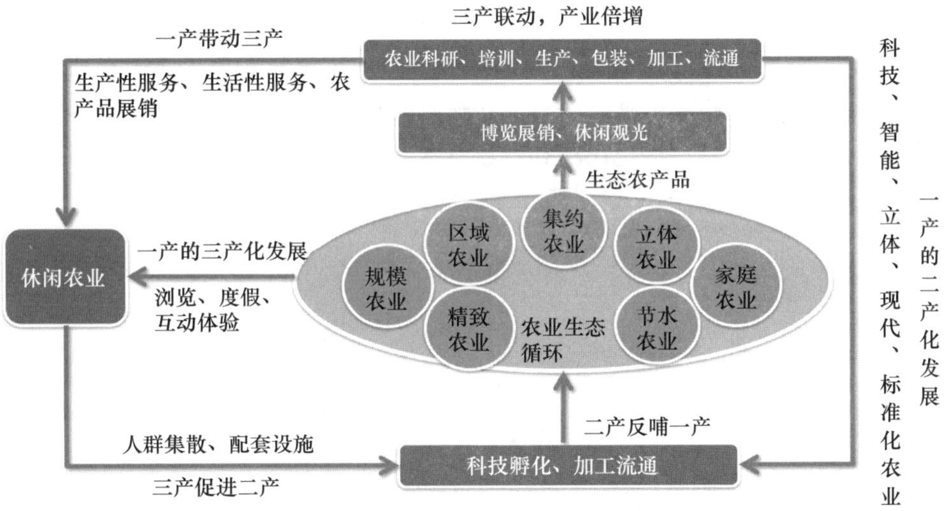

图 8-8　英山县九龙湾产业融合发展图

（2）党建引领，农民主体

在我国对乡村振兴“三步走”战略实施的制度设计框架下，英山县九龙湾片区形成的“党建＋乡村振兴”发展模式得到了省市政府的高度认可，其成立的联合党委在全面推进片区发展进程中取得巨大成绩。“十四五”期间，在国家、省、市全面实施乡村振兴战略的政策背景下，九龙湾示范区需进一步优化“五联五共”组织架构，以组织振兴和产业振兴为统领，扩展“党建＋产业”“党建＋生态”等乡村振兴路径，破除山区乡村振兴的土地、人才、资金、信息、技术等要素瓶颈，为全省全国乡村振兴制度推广先行先试。

其次，坚持乡村振兴过程中的农民主体地位，把带动农民增收作为基本宗旨，保障农民获得合理的产业链增值收益，通过吸引“能人”回乡，激活沉睡的资源，引领农民就业创业和增收致富。提供农民艺术文化演艺场所，用农民群众喜闻乐见的节目形式，宣传党的政策，弘扬中华美德，将优质文化资源延伸到农村基层，使农民群众共享文化发展成果。

（3）生态优先，绿色发展

坚持绿色发展理念，探索生态产品价值实现机制与试点路径，推广“全域旅游＋美丽乡村建设”经验，以美丽乡村建设工程为载体促进产业空间融合发展，推进农村资源变资产。按照调结构、促转型的思路，纵向延长产业链条，横向拓展产业形态，严守生态保护红线和控制各类建设边界，避免过度开发，保护与发展并举进行，促进农村生产、生活、生态协调发展。

8.1.2.3 旅游产品

1. 旅游产业体系规划

（1）九龙湾乡村振兴示范区产业结构

英山县九龙湾乡村振兴示范区形成“景观核心区—居住发展环—产业支撑带”三级结构，即以四季花海旅游区为核心，围绕农业农田，从观光农业、休闲农业角度打造；居住发展环以 8 个自然村为依托，进行乡村振兴建设；产业支撑区在最外围，从功能上包含农业生产、家庭农场、特色民宿和特色景区，以完成对外围大片农林用地的功能赋予（图 8-9）。

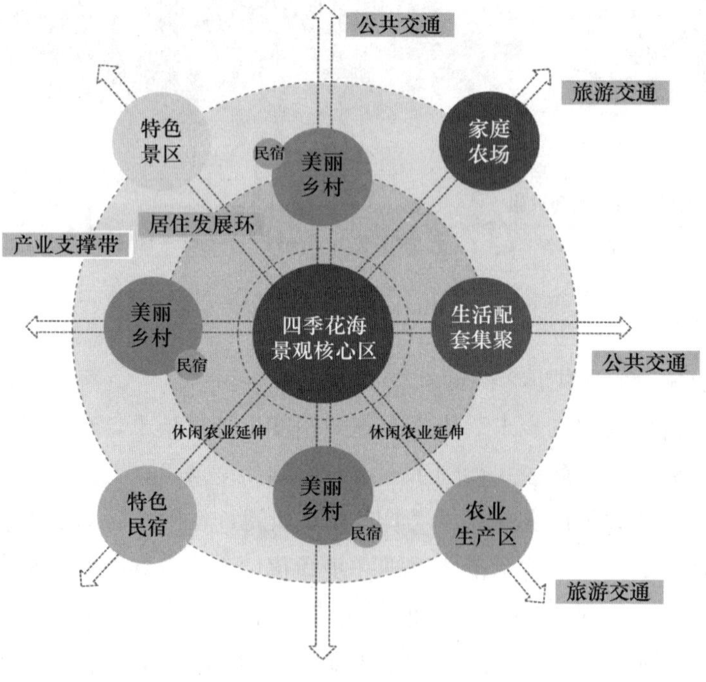

图 8-9 九龙湾产业结构图

（2）九龙湾乡村振兴示范区产业选择思路

① 文旅点状“引爆”

九龙湾示范区为红色文化（红色文化的具象化离不开生态绿色的自然环境，英山大地为其提供了经久不衰的养分）和康养文化（温泉疗养文化，结合生态旅游，进一步强化英山森林氧吧、康养胜地的主题品牌）搭桥，以四季花海鲜花主题文化（依托四季花海、色彩缤纷的花卉游聚集人气，激活乡村闲置资源）为载体，衍生文旅产业，“引爆”诸如苗木、餐饮、研学、康养等多元产业，兼容“农业＋旅游休闲”“流通＋加工”“配套＋服务”“文化＋生态”，丰富区域产业形态（图 8-10）。

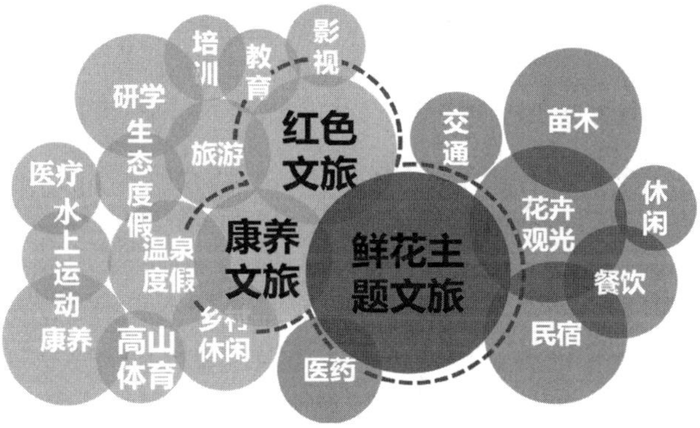

图 8-10　文旅点状“引爆”

② 农旅块状“增量”

随着城乡要素互通加速，农业产业类型和旅游需求逐渐错位互补，在物质要素自主选择最大化经济利益的渗透下，农旅融合的整体环境构建完善，九龙湾乡村振兴示范区将“种什么”“产什么”“卖什么”的农业发展逻辑与“看什么”“玩什么”“住什么”的旅游发展逻辑进行串联，横向拓展农业产业链，促进农旅融合块状增量农业价值（图 8-11）。

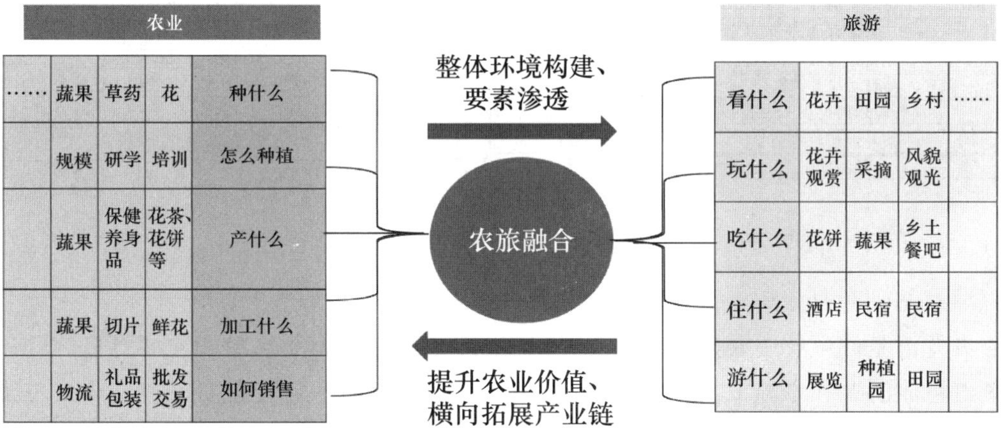

图 8-11　农旅块状“增量”

③ 创意面状“提质”

在“一红一绿”文化（红色文化、茶文化）以及农旅融合发展的基础上，围绕不同类型农产品生产和多元化农业合作模式，根据不同乡村内在特点，对农业空间、农业资源和农业产品进行创意设计，联合多产业面状提质，形成多功能产业空间单元，助力其规模化、品牌化发展（图 8-12）。

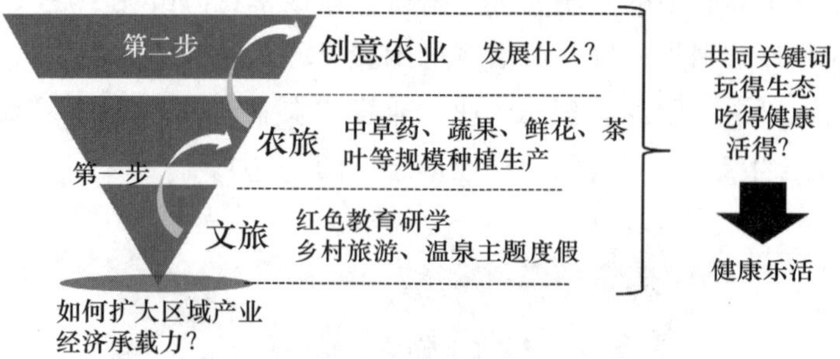

图 8-12 创意面状“提质”

2. 旅游产品设计

依据前文分析的旅游产品选择思路，综合外部条件和自身优势，围绕文化旅游、农旅融合以及创意农业构建基础产业、特色产业以及配套产业三大产业体系（图 8-13）。

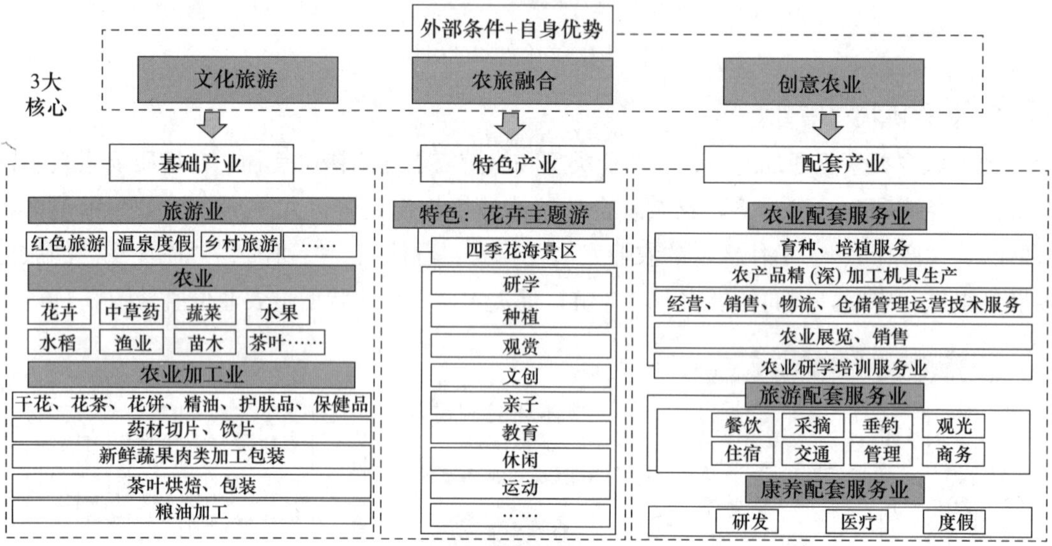

图 8-13 九龙湾旅游产业体系

（1）基础产业

九龙湾基础产业主要为旅游业、农业和农业加工业，其中旅游业主要打造“红色教育＋红色旅游”和“温泉主题游＋康养度假游”两种，以大别山抗日红色文化、英雄文化培训和白莲河水上休闲为基础内容，向“研学、科技、绿色”方向发展；农业和农业加工业主要为茶叶、中草药及其产品加工，通过做强做大云雾山品牌，拓展新的茶叶相关产品，结合中草药药用功效进一步丰富英山山水生态景观、温泉疗养等健康大 IP 内容。

（2）特色产业

九龙湾特色产业主要打造“乡村休闲＋田园观光”和“花卉游＋花卉种植加工”两种，其中乡村休闲以集餐饮、垂钓、住宿于一体的农家乐为基础，配合蔬果采摘、耕作、娱乐体验的田园生活，打造品牌化主题游；花卉游以四季花海为基础，配合初加工以及精细加工的花卉产品，打造芳香特色游，同时依托四季不同景观特点，吸引回头客，转短期游为长期游，延长游客停留时间。

（3）配套产业

九龙湾在发展基础产业和特色产业的同时，根据旅游“吃、住、行、游、购、娱”六要素，兼顾服务获取的便利性与设施运营的效益，农业、旅游业以及康养产业需要一定的配套产业予以辅助，才能充分发挥九龙湾农业、文化等资源特色优势，配套产业有助于联动第一、二、三产业，延长产业链、扩展新功能，统筹推进全资源要素优化配置，形成全域旅游下的乡村振兴板块融合联动发展。

8.1.3 空间统筹与设施配套

8.1.3.1 空间布局

九龙湾乡村振兴示范区以四季花海为核心，以周边村庄农业基地为基础，以水系山脉为根，以花海路、318、201 国省道为脉，以各乡村旅游节点为点，结合交通发展格局、城镇发展体系，构建区域合作、差异发展的“一心引领、三区协同、九园支撑、全域联动”发展新格局，带动英山县全域乡村振兴（图 8-14）。

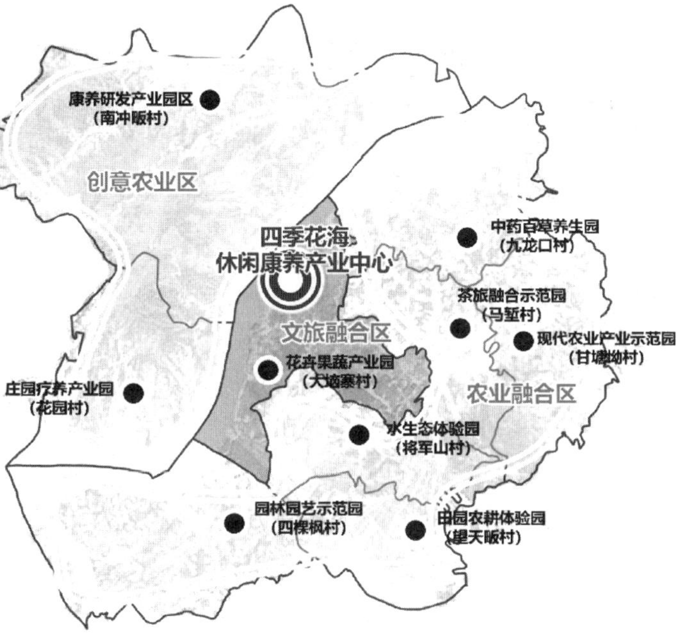

图 8-14　九龙湾空间结构示意图

（1）一心引领，三区协同

“一心”为四季花海休闲康养产业中心，“三区”为文旅融合区、农业融合区以及创意农业区。具体而言，以四季花海景区为核心，全面提升辐射带动功能，打造九龙湾片区的产业核心、组织核心。一方面，高标准建设四季花海景区，建设中华茉莉园等花卉产业示范基地，按照景区标准配套基础设施，推进景区的数字化建设，创新夜间旅游、体育旅游、研学旅游等旅游业态，丰富康养度假、休闲旅游、文化体验等旅游产品，成为花卉主题旅游综合体，形成文旅融合区；另一方面，加强四季花海景区与周边村庄、茶韵古镇、大别山毕昇康养度假区等区域和项目的联动，打造农业融合区和创意农业区，推进景区基础设施、人才培训等公共服务功能向周边村庄延伸，充分发挥九龙湾农民商学院等公益性组织作用，提升核心景区对片区发展的人才支撑、科技支撑、信息支撑作用，打造九龙湾片区的展示中心、信息服务中心、游客接待中心。

（2）九园支撑，全域联动

按照一村一园、一村一品、九龙一体的发展思路，突出山、水、林、田、花、茶、药、养等特色，建设比较优势突出、产业布局清晰、运营管理高效的八大乡村产业园区，培育形成花卉、茶叶、中药材等农产品优势产业集群，整体形成九龙湾产业综合体、生态综合体、旅游综合体。

① 大塥寨花卉果蔬产业园。以花卉为主、以果蔬为辅，推进花卉园林苗木基地、果蔬采摘基地、村内主干道扩宽工程等项目建设，配套农村电商、餐饮、住宿等服务产业，促进村庄与四季花海一体化发展，打造现代高效农业示范基地、观赏农业种植基地。

② 马堑茶旅融合示范园。以茶叶、花卉为主导产业，推进有机茶示范园生产基地、茶叶加工、中华茉莉精深加工、花卉园林苗木批发市场、茶园观光设施配套项目建设，延伸茶叶、中华茉莉的加工、物流、旅游链条，促进基础设施与四季花海片区互联互通，打造九龙湾农产品精深加工中心、茉莉花加工展示体验中心、花卉园林苗木批发中心。

③ 四棵枫园林园艺示范园。以园林园艺、渔业、油菜为主导产业，推进园林园艺体验基地、农耕文化体验基地、五彩油菜花种子生产及观光基地、四季花海体育公园、环库绿道及滨水绿道等项目建设，形成村中环库休闲游线、村西户外观光环线、村东花海度假环线，打造中小学劳动实践教育基地。

④ 望天畈田园农耕体验园。以水稻、油菜为主导产业，推进防洪排涝、高标准农田、五彩油菜花种子生产及观光基地等项目建设，配套田园观光体验设施，打通内外乡村旅游道路环线，建设山地竹林休闲区、农业艺术体验区、滨水绿道观光区三个片区，打造传统农耕文化体验基地。

⑤ 将军山水生态体验园。以水生态旅游为主导产业，推进塘堰等水体治理，实施201省道——花海路扩建工程、201省道——花海路沿线村庄环境整治，完善旅游配套设施，以"渔、赏、闲、趣"为主题，发展捕鱼、垂钓等水上旅游项目，打造水生态旅游基地与科普基地。

⑥ 九龙口中药百草养生园。以中药材种植、农产品物流、旅游接待为主导产业，对接县经济开发区重大项目，推进九龙口至201省道"四好农村路"、大型花草林木批

发市场、游客接待中心等重大交通项目建设，打造农产品集散中心、物流配送中心、游客接待中心。

⑦ 花园庄园疗养产业园。以果蔬等农业基地为基础，依托香炉山、香炉寺等资源，以康养产业为主导，推进庄园疗养基地、沿白莲河游步道、村庄基础设施配套等项目建设，打造集康养、旅游、会议及文化体验为一体，具有独特性特征的复合型度假区。

⑧ 南冲畈康养研发产业园。以中药材等农业基地为基础，联动全县中药材基地，推进中药材研发基地、中药材精深加工、康养基地、两河口码头等项目建设，打造全县中药材研发、加工基地。

⑨ 甘塘坳村现代农业示范园。以茶叶、油茶、蔬果等为基础，发展传统种植业，推进茶叶销售、茶园休闲、康养亲子等项目建设，打造全县茶叶、蔬果种植基地。

8.1.3.2 配套设施

(1) 基础设施配套系统

现如今，基础设施和公共资源分配已经成为乡村振兴和美丽乡村建设的发展难点。美丽乡村规划中的空间布局规划要求以满足人们生活为基础，科学分配公共服务设施，以公共空间为核心，扩大服务范围、满足人们生活需求，让人们在悠闲自乐的环境中感受生活。同时，公共空间作为人们娱乐、休闲的主要场所，科学分配基础设施才能扩大公共空间使用效率。

在所有基础设施建设中道路系统建设尤为关键，九龙湾示范区按照快速（延续现状道路骨架，支撑乡村带形发展）、畅达（修补完善断头路、丁字路）、美观（顺应规划区内的自然山水要素，打造主要干道沿线绿化）、适宜（根据不同地区主导用地性质设置路网密度、级配比例等道路指标）的原则布设路网，并依据美丽乡村要求对各级道路进行升级。

(2) 服务设施配套系统

服务配套设施系统是乡村旅游健康发展的重要依托，九龙湾示范区积极推动大数据、物联网、计算机等科技在文化和旅游领域中的应用，着力发展智慧旅游，提高旅游标准化服务水平。加强城乡商贸服务体系和专业市场建设，推进电子商务进农村综合示范，激活农村消费市场。完善农村消费网络建设，支持村级便利店建设，为农村商业发展提供路径，拓宽农村消费渠道。加大政策扶持力度，加大对农村电商公共服务中心和农村电商服务站体系建设支持力度，推动城乡高效配送体系建设。

九龙湾示范区积极依托自身资源和特色产业，发展特色旅游，营销特色产品。例如大力开发森林康养、度假康养、高山避暑等康养模式，建设一批“森林＋养生”健康旅游展示基地；依托英山茶叶、中药材资源优势，开发适宜于特定人群、具有特定保健功能的生态健康食品，结合生态观光、农事体验、餐饮制作体验等活动，推动健康食品产业链的综合发展；通过主打中医中药文化品牌，将医疗、气候、生态、康复、休闲等多种元素融入养老产业，发展康复疗养、旅居养老、休闲度假型“候鸟”养老等业态，以建设省级医养结合试点城市为契机，发展医养、养护一体的老年健康服务机构；抓好药膳养生开发，融入中医药健康养生元素，推广英山本土的中医药品、养生保健品和中药食品，提高“康养英山·药材之乡”的影响力。

（3）环境设施配套系统

树立“空间安全”的理念，将空间安全的思想与理念贯穿于日常生活，九龙湾示范区在加强乡村空间安全问题研究的基础上，强化对空间风险的评估、管理和监测，与时俱进地以编制城市疫情防控为抓手，建立系统的城乡疫情防控体系，提升城乡空间安全韧性。结合城乡人口的分布，分级分类布局城乡疫情防控设施，做好“平”“战”需求应对预案，全面提升城乡应对突发公共卫生事件的治理能力。

同时，九龙湾示范区依托城市总体规划，优化商业网点布局，提升城市商业功能，打造业态聚集、富有特色、环境良好的购物中心、地标优品商贸街和特色小吃街。改造升级中心农贸市场，优化市场环境，提升市场管理水平，繁荣农村市场，推动城乡商贸和农贸一体化发展，实现农贸市场管理现代化、环境洁净化。

8.1.4 建设与运营策略

（1）九龙湾乡村振兴发展的经济建设

“党建＋乡村振兴”的发展模式，有助于九龙湾示范区健全抓发展推进机制，提升县级统筹产业发展、推进城乡发展、优化营商环境、促进区域协同的能力。深化推进行政事业单位改革，进一步捋顺行政管理机构职能，推动行政部门业务融合发展，提高行政管理效率。优化行政区划设置，提升县城功能和承载力。深入推进文化旅游管理体制改革，推动文化和旅游深度融合。加快开发区布局调整、管理体制、人事薪酬制度等改革力度，提高配套功能、产业水平、投资强度、亩均效益，科学谋划“一区多园”发展格局，全面提升开发区能级和水平，打造经济建设主引擎、高质量发展主力军。

（2）九龙湾乡村振兴发展的生态建设

乡村的生态环境作为产业发展的基础竞争力，诸如山水林田湖生命共同体，是九龙湾旅游发展的重要生态保育地、自然观光地和生态屏障。在新时期国土空间规划背景下，全域土地综合整治成为乡村空间资源要素整理和土地用途管制的必要手段，摸清区域生态本底并有效进行乡村资源配置，有助于引导乡村产业空间重构与优化；通过大力实施国家重点生态修复工程，让本地镇政府、村委、村民和企业等参与村庄产业发展规划的主体人员深入了解生态环境对经济发展的重要性，使生态文明理念深入人心。在项目建设中利用好当地的资源禀赋，做到保护与开发并举。

（3）九龙湾乡村振兴发展的文化建设

保护和传承农村优秀传统文化，加强农村公共文化建设，改善农民精神风貌，是提高乡村社会文明程度的重要手段。九龙湾示范区通过发挥乡规民约、农村思想道德协会和红白理事会作用，深入开展“文明村镇”“文明家庭”“十星级文明户”创建活动和道德讲堂活动，推动形成乡风文明、家风良好、民风淳朴的社会环境。深入挖掘民间艺术、传统民俗、人文典故、地域风情、红色基因，突出村落原始风貌保护，因村制宜营造山水风光型、生态田园型、古村保护型等不同乡村风格特色，让乡村看得见青山、望得见绿水、记得住乡愁。

8.2 浙江省宁海县农旅融合发展规划

8.2.1 背景与现状研读

8.2.1.1 项目背景

（1）政策背景

2021年中央一号文件提出，把乡村建设摆在社会主义现代化建设的重要位置，全面推进乡村产业、人才、文化、生态、组织振兴，全面促进农村消费，为农村现代化勾勒出明确的路径图。宁海县制定了《高质量推进“4566”乡村产业振兴行动方案》，要求培育形成“366”乡村产业发展体系，高质量推进以茶叶、柑橘、水产为主的“3＋X”主导特色农业全产业链建设，加快推进农产品初加工、精深加工、综合利用加工、主食加工、出口加工、商贸流通6个现代加工流通产业，加快发展乡村休闲旅游业、乡村文体康养业、乡村现代化服务业、乡村体验农业、乡村创意农业、乡村数字农业6个三产融合产业。支持一镇（乡）一品、特色农业强镇、特色农产品优势区和田园综合体建设，开展精品绿色农产品基地、种植业“六园”等创建。

（2）乡村振兴背景

按照党的十九大提出的决胜全面建成小康社会、分两个阶段实现两个百年奋斗目标的战略安排，实施乡村振兴战略的目标任务是：到2035年乡村振兴取得决定性进展，农业农村现代化基本实现，到2050年乡村全面振兴，“农业强、农村美、农民富”全面实现。加快农业转型升级是关键一招，宁海县提出按照建设现代化经济体系的要求，加快农业结构调整步伐，着力推动农业由增产导向转向提质导向，提高农业供给体系的整体质量和效率，加快实现由农业大县向农业强县转变。

（3）产业融合背景

农业转型升级的核心在于产业融合，要把握城乡发展格局发生重要变化的机遇，培育农业农村新产业新业态，打造农村产业融合发展新载体新模式，推动要素跨界配置和产业有机融合，让农村第一、二、三产业在融合发展中同步升级、同步增值。推动乡村资源全域化整合、多元化增值，增强地方特色产品时代感和竞争力，形成新的消费热点，增加乡村生态产品和服务供给；实施休闲农业和乡村旅游精品工程，发展乡村共享经济等新业态，推动科技、人文等元素融入农业；打造农村产业融合发展的平台载体，促进农业内部融合、延伸农业产业链、拓展农业多种功能、发展农业新型业态等多模式融合发展。

8.2.1.2 现状解读

（1）区位条件

宁海县位于中国大陆海岸线中段，是浙江省宁波市辖县，县域总面积1931平方千米，地貌呈现“七山一水二分田”的格局。依托地缘优势，紧抓长三角一体化战略中核心城市发展的要素溢出机遇，面向浙江大湾区世界级产业集群对产业链分工的新需求，立足制造业基础优势，促进制造业与服务业深度融合，加快建设宁波市具有国际竞争力的现代产业体系。

（2）“十三五”时期的成效

“十三五”时期，宁海县农业农村发展处于全市前列，农业发展稳步进入高水平发展的新阶段。2020年，宁海县农林牧渔总产值68.97亿元，全年实现农林牧渔业增加值50.06亿元，增长2.7%，农业经济发展态势向好。基本形成水产品、茶叶、柑橘、西甜瓜、蔬菜、笋竹6大主导产业和白枇杷、香榧、桃子、洋芋、土鸡、黑猪6大特色产业发展格局；建成浙江东海岸10万亩循环农业示范园区及六大万亩农业基地；建成省级现代生态循环农业示范区2个、示范主体17个；成功打造发布农产品区域公用品牌“宁海珍鲜”，品质农业发展初具成效。深化“千村示范万村整治”工程，建成省级美丽乡村示范乡镇8个、精品村25个、示范村21个、合格村165个、风景线6条；村庄整体面貌全面提升，被评为浙江省美丽乡村示范县；富民强村工程扎实推进，农村居民可支配收入同比增长6.8%，处于全省前列，城乡居民收入比1.77∶1，城乡收入差距缩小；此外，内聚外迁和对口帮扶工作成效显著。

（3）发展困境

目前，宁海县农旅融合发展困局主要包括以下五个层面：

一是产业升级遭遇瓶颈，受宁海大多数产业规模小、土地流转不稳定、融资难融资贵等因素限制，农业建设用地成为制约农业农村第一、二、三产业融合发展的主要要素瓶颈。此外，宁海的农产品加工、仓储、冷链物流是现代农业产业发展的主要短板。导致宁海外销农产品的损耗大，在一定程度上影响了外销农产品的竞争力。

二是品牌形象建设不够鲜明，产业链打造仍需提升。宁海对绿色无公害及有机农业产品的重视不够，地域特色品牌打造意识不够强。

三是农民素质水平不一，人才队伍建设仍需完善。宁海县农业方面的高层次人才特别是领军型人才不够。主要表现为：总量不足、人才结构不合理和人才分布不均。缺乏创新平台和人才支撑，科技创新发展能力有待提高。

四是农村体制机制改革亟待突破，城乡发展难以均衡，城市的虹吸效应依然显著，进一步导致宁海县的乡村人口向城市转移，导致宁海县乡村空心化、劳动力外流。

五是农业科技力量薄弱，质量安全隐患仍然存在。农业发展数量与质量、规模与结构、成本与效益、生产与环境等方面均存在诸多结构性矛盾，尤其是宁海的规模经营土地承包关系不稳定，矛盾比较突出。农民普遍缺乏质量安全意识，影响农产品供给和质量安全的隐患短期内难以消除。

8.2.2 发展战略与统筹规划

8.2.2.1 资源认知

1. 对农业资源和农村发展的认知

（1）对农业经济发展态势良好

2017年列入国家农村一、二、三产业融合发展试点县，2018年农业现代化发展水平位列浙江省第13位，2019年荣获全国“两山”理论实践创新基地第二位。2020年，宁海县农林牧渔总产值69.06亿元，同比2019年的65.56亿元，增长5.34%。综合来看，“十三五”期间，宁海县农业农村经济呈现“稳中有进、稳中提质、稳中增效”的良好态势。

（2）农业产业结构日趋完善

“十三五”期间，基本形成水产品、茶叶、柑橘、西甜瓜、蔬菜、笋竹6大主导产业和白枇杷、香榧、桃子、洋芋、土鸡、黑猪6大特色产业发展格局，跻身2019中国茶业百强县（全市唯一），获评省粮食生产先进县，建成浙江东海岸10万亩循环农业示范园区以及茶叶、振宁土鸡、宁海白枇杷、蔬菜、笋竹、优质柑橘基地六大万亩农业基地。

2. 对旅游资源和游业发展的认知

宁海是《徐霞客游记》开篇地、“中国旅游日”发祥地，在全国休闲旅游发展中一直走在领先示范行列。宁海更是创新实践“八八战略”的先行地，践行“两山”理念示范地与发展全域美丽经济的样板区，2020获评全国“两山”发展百强县第二位。

随着县域大景区战略深入实施与全域旅游不断发展，相继获评中国生态旅游百强县、全国十佳生态旅游城市、全国休闲农业与乡村旅游示范县、全国休闲标准化示范县、浙江省全域旅游示范县、浙江省旅游经济强县、浙江省旅游发展十佳县等荣誉称号，旅游目标管理考核连续六年全宁波排名第一。

宁海现有旅游景区（点）30个，其中4A级景区3个、3A级景区4个、省级旅游度假区1个；拥有国内旅行社20家（分社4家），其中星级旅行社6家；拥有星级饭店8家、花级酒店10家、民宿（农家乐）386家，全县床位达到20000余张。

3. 对美丽乡村建设的认知

全县建成省级美丽乡村示范乡镇8个、精品村25个、示范村21个、合格村165个、风景线6条。积极推动历史文化村落建设，建成历史文化村落保护利用重点村4个、历史文化村落保护利用一般村20个。积极探索推行“1+X”模式，将美丽乡村建设与农村休闲旅游、产业发展、乡风文明有机结合，积极放大宁海生态优势，着力打造“美丽庭院”升级版，建成美丽庭院整村179个。与中国人民大学艺术学院建立“院地”合作，创新开展艺术振兴乡村行动。大力拓展乡村产业功能，发展“民宿+”新业态，全县民宿（农家乐）达到428家、床位超过1万张，户均年收入达到15万元以上，农村文化礼堂、居家养老服务中心分别实现村、镇全覆盖，美丽乡村品质有效提升。

8.2.2.2 发展战略

（1）坚持政策引导发展

依托政策优势，坚持以重大项目扶持为重要抓手，通过政策推动、资金启动、示范带动，加强对农村基础设施、教育、卫生、文化和社会保障的投入，改善农村基础条件。把土地流转作为构建现代农业的切入点来抓，把发展“七色美丽经济”作为增加农民收入的增长点来抓，把打造美丽乡村升级版行动计划作为提高农民生活水平的突破点来抓。

（2）巩固农民主体地位

积极转变观念、自力更生、自主建设、自主管理，让农民主动参与到美丽乡村建设中来，转变传统生产生活习惯，改变农村面貌，形成宁海县全社会参与共建的强大合力。因此，要牢固树立以人民为中心的发展思想，坚持务实为民，要抽丝剥茧、深研细抓，必须始终把保障农民物质利益、尊重农民民主权利作为工作的根本出发点和落脚点。尊重农民首创精神，积极培育新型职业农民，推动农民成为乡村振兴和农业农村现代化的参与者、建设者、受益者。

（3）深化创新驱动发展

加快转变农业发展方式，积极实施都市农业发展战略，加大改革创新力度，农业综合效益显著提高，为推进全县现代农业发展奠定了坚实的基础。坚持育强扶优，把提升产业化水平作为增强农业竞争力的重要手段，大力培育各类现代农业经营主体，构建新型农业经营体系，完善服务与流通体系，健全农业科技创新、技术推广和农民教育培训体系，显著提高了农业产业整体实力与核心竞争力。

（4）发挥引领示范作用

坚持争先进位、示范带动，以农业“两区”为载体，整合农林、水利、财政、科技、交通、电力等部门资源，集聚发展合力，支持一部分农业经营主体做大做强，充分发挥引领示范作用。“十三五”期间，在村镇规划上，依山顺水，注意保护生态环境，体现文化内涵，形成各具特色的自然村落、田园农庄，防止千村一面；在建设模式上，力求形式多样，体现特色；在方式方法上，先易后难，分步实施，规划建设了一批具有较高标准和较强示范作用的精品示范村，通过示范引导、以点带面，从而点面结合、整体推进。

（5）坚持多业融合发展，丰富产业供给体系

贯彻“跨界融合、多业共荣”的观念，实现农旅、文旅互促“共兴效应”。坚持举办徐霞客开游节，成立徐霞客旅游学院、徐霞客研究会，建成徐霞客大道、徐霞客公园等休闲景点，做深霞客文章，不断提升“中国旅游日发祥地”的知名度。通过“活化”非遗、传统村落、古戏台等文化遗存，挖掘名人名居民俗等人文资源，依托海泉岛礁等自然资源，建成十里红妆、古船、海洋生物等主题博物馆，实施“一镇一品一节”工程。

激活农旅互动产生“共享效应”。培育以民宿为主打、多业态支撑的乡村旅游产品体系，大力发展“七色美丽经济”，全力打造农业旅游综合体，树立民宿区域公共品牌，

打造一批养生养老、文化创意、农耕体验、运动健康、房车营地、露营基地、赶海垂钓等特色业态，满足游客多元化需求。

8.2.2.3　统筹规划

统筹规划的总体目标是巩固全面小康建设的成果，促进城乡融合更加深入，健全乡村产业体系，提升乡村产业质量，优化乡村就业结构，拓宽农民收入渠道。实现农业数字化升级，智能化发展，品牌化运营，持续转型升级，形成规模经营的农业生产格局。实现农村居住环境优化、乡风文明进化、公共服务和基础设施完化。实现农民收入年年攀高，知识技术持续增进，获得感、幸福感、安全感持续增长。

具体目标为：经济实力再攀高阶、农民收入显著增加、农村综合改革效果更加显著、农村环境与公共服务明显改善。统筹规划，提出实施“55789”工程，即以产业融合为方向，以乡村振兴为目标，借助数字经济力量，立足鲜明宁海辨识度，全力推进“五色五带七线八心九村”建设。按照县域国土空间总体规划布局，立足资源环境承载能力，依托“七色美丽经济”建设思路，拓展农业农村整体发展空间，逐步形成“五色”生态经济圈，打造第一、二、三产业融合发展的空间载体。

8.2.3　空间布局与设施配套

1. 总体空间布局

按照统筹规划的目标思路，结合宁海县目前现有的农业、旅游资源以及乡村建设情况，构架宁海县“55789”工程空间结构布局体系，具体空间布局如下：

（1）以农业资源为主导开发的“五色”“五带”布局

以农业资源为主导，以创成部省共建乡村振兴示范省先行县、巩固首批“国家全域旅游示范区”和“全国休闲农业与乡村旅游示范县”为抓手，积极实施休闲农业和乡村旅游精品工程，提升“五色”生态经济圈。在农业农村发展空间建设基础上，以实现农业产业化、产业规模化、规模特色化、特色品牌化为主线，加强农业空间品质的总体控制，拓展农业整体发展空间，打造具有宁海特色的现代农业带状发展路径。

“五色”是指东北片区的乡村休闲旅游蓝色经济圈、西北片区的茶旅融合绿色经济圈、西南片区的古镇风光银色经济圈、东南片区的现代高效农业橙色经济圈、中心片区的城乡融合金色经济圈。“五带”是指越溪乡—长街镇的粮食产业带、茶院乡—胡陈乡的绿色蔬菜瓜果产业带、一市镇—长街镇的水产养殖产业带、长街镇—岔路镇的畜禽养殖产业带和深甽镇—黄坛镇林特产业带。

（2）以旅游资源线路为依托的农、文旅布局

通过对现有旅游资源的梳理与产品提质开发，包括对梁皇山、宁海森林温泉旅游区、桑洲万亩生态茶园、油菜花景区、格桑花基地、桃花基地等自然旅游景观的开发，以及对欢乐佳田主题乐园农场、宁海艺术谷等民俗旅游观光的开发。由此提出重点打造7条乡村振兴风景线，发展全域旅游产业，“七线”包括城乡和美风景线、古镇乡韵风景线、

滨海田园风景线、温泉养生风景线、艺术谷风景线、南山花语风景线、沧海桑田风景线。

（3）以点状引领的美丽乡村建设布局

根据中心村布点规划，集中建设8个中心村，结合小集镇式中心村创建标准和要求，按照“人口集中、产业集聚、要素集约、功能集成”要求，到2022年，推动全县10%的村庄基本实现农业农村现代化；到2025年，30%的村庄基本实现农业农村现代化。

重点打造9个艺术古村落，构筑具有宁海特色的山海风光、农耕文化、艺术田园、艺术产业、诗意民居等多元艺术化乡村体系。依托当地古民居、祠堂、古道、名树等特色文化资源，把艺术设计融入美丽乡村、传统村落、农村文化礼堂等建设全过程，提升宁海县美丽乡村建设品位。

2. 配套设施

（1）重点培育“3＋X”产业体系

以宁海县“366”乡村产业发展体系为基础，高质量推进以茶叶、柑橘、水产为主的主导特色农业全产业链建设，加快推进农产品初加工、精深加工、综合利用加工、主食加工、出口加工、商贸流通6个现代加工流通产业，加快发展乡村休闲旅游业、乡村文体康养业、乡村现代化服务业、乡村体验农业、乡村创意农业、乡村数字农业6个三产融合产业。极力推动宁海主导产业发展，加快形成多业融合的新型农业模式。

（2）加快建设三门湾现代农业产业园

规划形成宁海县国家现代农业产业园“一核一带二心四区”的总体格局。到2025年，把三门湾现代农业园区建设成全市领先、省内先进、国内一流的“高效生态、特色精品、绿色安全、健康养生”现代农业发展示范区和先行区，建成国家现代农业产业园、农村一、二、三产业融合发展示范区和农业科技示范区。

（3）特色小镇建设

挖掘地方特色，打造“一镇一品”。推广老城隍庙、前童古镇、十里红妆小镇等一批文化样板村镇经验，推进“一镇一品”特色文化建设，打造一批文化品牌村镇，促进乡村振兴。具体目标是：到2025年，建成一批国家级、省级休闲农业与乡村旅游示范镇（乡）、示范点、精品线，形成1个以上省级特色小镇，2个以上省级以上休闲农业与乡村旅游示范点和3个以上市级乡村全域旅游示范区。通过旅游与农业、体育、文化、海洋、林业等其他产业的融合，延长和丰富产品线，加快农文旅产品的结构优化和转型升级。

8.2.4 建设与运营策略

1. 重点建设工程

（1）品牌提升工程

建设质量安全标准体系、监管体系。按照“生产有记录、信息可查询、流向可跟踪、质量可追溯、责任可追究、产品可召回”的要求，运用二维码等信息技术，完善水产品养殖、产品施药、环境监测、产品检测、产品销售、追溯查询六大功能板块，建立从产品生产、采收到加工、包装、运输、销售及售后服务全过程各个环节的产品标识和追溯制度，构建从生产到成品消费的安全监管体系，打造“宁海珍鲜”区域公用品牌。

打造宁海区域性“宁海珍鲜”品牌，注册商标，建立产品质量保证规范，推介线上平台、品牌。通过影视制作、文化交流、学术研讨、广告宣传片拍摄、节庆活动、挖掘整理宁海水产养殖文化等活动，加大对宁海水产品的宣传力度，扩大宁海水产品的知名度和影响力。

（2）乡村政务数字化工程

搭建宁海“村民e点通”村级管理服务平台，旨在构建“村情民意快速直达、矛盾纠纷及时化解、群众办事方便快捷、政策宣传纵向到底”的基层治理新模式，探索打造“网上虚拟村庄”。进行“最多跑一次”改革，通过“一窗受理、集成服务、一次办结”的服务模式创新，让企业和群众到政府办事实现“最多跑一次”的行政目标。

开展“雪亮工程”，汇聚全网全行业以及社会环境下的海量监控视频，重点打造全城全网大视频服务平台，运用大数据、云计算深度参与下的人像比对、指挥调度、社情分析、群防群治、一键报警、信息发布、移动APP等创新技术，面向综治、公安、政府职能部门、企业公众等提供视频应用。

2. 实施保障措施

（1）加强组织领导

健全党委统一领导、政府负责、党委农村工作部门统筹协调的农村工作领导体制，落实县乡村振兴领导小组总体责任、乡镇（街道）部门“一把手”主体责任，形成完整的责任链条。拓宽县级农业农村部门和乡镇（街道）干部来源渠道，做好党的农村工作机构设置和人员配置工作，形成人才向农村基层一线流动的用人导向，全面提升“三农”干部队伍的能力和水平。将乡村振兴建设目标及重点项目建设任务分解落实到有关部门和镇（乡、街道），列入年度考核内容，层层明确目标任务。

（2）深化政策保障

积极争取对农业农村发展的政策扶持，着力完善农业农村经济发展的政策支撑体系，以责任落实推动经济发展目标任务完成。按照确定的重点领域和重要任务，研究出台推动大花园建设的制度、标准和政策措施，引导和推动企业实现绿色发展。加大财政政策的引导和扶持力度，制定扶持现代农业农村的相关配套政策，重点要在要素资源保障、新型主体培育、区域品牌共建、人才支撑、财政金融创新、农业资源综合利用、推进农业融合发展和绿色发展等领域发挥政策引领、撬动作用，着力解决现代农业农村发展的瓶颈问题。

（3）加大投入力度

坚持将农业农村作为固定资产投资的重点领域，优先保障财政对农业农村的投入，确保力度不减弱、总量有增加。以政府投资为引导，鼓励和引导社会资本投入农业农村，努力形成多元化的投入格局。重点保障对基础性、公益性、公共类建设的投入，加大专项建设基金对扶贫、水利、农村产业融合、农产品批发市场以及“两区”“一区一镇”等“三农”领域重点项目和工程支持力度。通过金融支持乡村产业融合发展的力度，鼓励金融机构创新开发与新型主体融资需求相匹配的涉农信贷产品。

（4）推进改革创新

加大农业农村改革和创新力度，全面激发农业发展活力。坚持规划引领和项目统筹为主，以现代农业提质增效和改善农村生产生活设施为重点，加大改革力度。创新农村集体土地“三权分置”有效实现形式，探索股份合作等多种经营方式，创新土地流转引导和服务机制，完善土地流转服务平台，鼓励农户流转土地，促进农业适度规模经营；通过涉农资金统筹整合，优化涉农资金支出结构，推动项目形成合力，发挥整个项目的叠加效应，提高涉农资金使用效率。积极引导各类社会资本参与宁海大花园等建设，创新各类投融资方式，加大绿色金融支持，创新金融产品和服务模式。

3. 运营策略

（1）培育现代农业经营主体

强化规模化建设，发挥合作社模范带头作用，推广“龙头企业＋合作社＋农户”模式，做实利益联结机制，发挥农民合作社纽带作用，带动农民增收致富。

培育壮大龙头企业，推动农业产业链同频共振，完善“龙头企业＋合作社＋农户”“龙头企业＋基地＋农户”等联结机制，引导龙头企业参与实施优势特色产业集群、现代农业产业园等项目，为农业区域化布局、规模化经营、产业化发展提供支撑。

支持发展家庭农场，推动农业生产现代化，建立小农户与各经营主体的利益联结机制，结合宁海县建设现代农业产业园区和粮食功能区的有利时机，鼓励家庭农场提高农业集约化水平，推动家庭农场高效、健康、协调发展。

（2）优化新型职业农民“育训”结合机制

引进农业专业人才，提升农业生产经营专业化水平，优化乡村创新创业生态，健全众筹、股份合作等创业机制，建设一批“星创天地”平台，建立宁海县以“两进两回”为重点的人才集聚平台、建立联盟，为各类主体提供科技示范、技术集成、创业孵化、平台服务。

构建新型职业农民培育体系，增强农业发展活力，依托农村实用人才培育工程等项目，基于东海水产研究所、浙江万里学院等科研平台，深入实施百万农民素质提升工程，创新培育机制，加快构建省内外大专院校、农学院、农广校、农业培训机构、农业实训基地等四级联动、多方参与的新型职业农民分层递进培育体系，提升农民就业创业能力。

借助“互联网＋”的强大引擎，畅通培训服务，连接城乡服务网络，建立政府引导、社会参与的数字学习资源运营机制，鼓励各类教育机构提供面向农业农村的优质教育服务。依托“互联网＋”开展信息化培训，让农民低成本、方便快捷地获取优质培训资源，通过网上辅导和在线教学，组织专家进行理论授课和集中答疑，为农民提供农业生产经营等全过程的教育培训服务。

（3）建立健全农业社会化服务体系

大力实施农业社会化服务惠农工程，强化新型农业经营主体与党政涉农部门、涉农企事业单位、农村集体经济组织等横向联合，密切上下级经营主体的纵向合作。通过数字赋能，加强构建宁海县全产业链的农产品信息化标准体系，推进农产品可溯化。

拓展农业社会化服务覆盖面，依托社会化服务项目，统筹规划布局，因地制宜推动托管服务对象由规模经营主体向小农户拓展、服务领域由生产环节向全产业链延伸。在农业产业规模较大的乡镇，加快农业生产服务平台建设，强化农资供应、测土配肥、统防统治、农机作业等生产服务功能。

夯实村级基层农业社会化服务网络，积极培育社会化服务组织，加强农技指导、信用评价、保险推广、市场预测、产品营销等服务，为农民参与产业融合创造良好条件，构建全程覆盖、区域集成、配套完备的新型农业社会化服务体系。

（4）提升数字服务，实现服务创新的乡村金融帮扶

完善农村地区网络基础设施建设，加深宁海县光纤和4G信号覆盖程度，到2025年实现全县范围辖区内5G信号全覆盖，全面提高各乡镇移动终端的使用度。鼓励县域保险机构、担保公司以及小额信贷公司扎根农村，拓展农村市场，支持农村金融体系建设。

以建设乡村金融服务渠道为着力点，利用数字化技术优化农村金融服务。提速农村电子银行建设，全力扩大银行卡受理终端布设区域。积极开展“刷卡无障碍示范镇建设”，开展银行卡助农服务业务，实现数字普惠金融。

（5）强化党组织领导，推进乡村数字化治理

进一步强化党组织对村委会、村集体经济组织、村务监督委员会的领导，充分发挥村民在基层治理中的作用。推进村“两委”班子成员交叉兼职，健全“一肩挑”后村级组织工作规则和运行机制，深化“县乡一体、条抓块统”改革。持续选派优秀干部到乡村振兴一线岗位，把乡村振兴作为培养锻炼干部的广阔舞台，对在攻坚一线、关键岗位工作表现突出的干部要优先重用。

完善村务管理系统中村务决策、村务公开、村务监督、财务管理、便民服务等方面，提高村务管理的效率，让村务信息更加透明、更加公开。将管理区域划分为若干个网格，以网格为单位，每个网格内配备网格管理员，数字化技术将网格员紧密地联系起来，网格员依据显示出来身边的问题，传达政策法规，负责管辖区域内的信息采集，依托网络信息管理系统，及时反映网格动态，解决农村出现的问题，提供村民需要的服务。

8.3 湖北省天门市全域旅游发展规划

8.3.1 背景与现状研读

8.3.1.1 项目背景

1. 全域旅游：引领大众旅游时代区域旅游发展新方向

发展全域旅游是旅游业发展战略的再定位，是一场具有深远意义的变革。全域旅游

重要的战略意义体现在：区域转型升级的重要举措、区域消费升级的重要途径、旅游业提质增效的重要手段、提升生活品质和优化生活方式的重要引领。全域旅游是应对全面小康社会大众旅游规模化需求的新理念、新模式和新战略。全域旅游具有与重大国家战略对接和融合发展的优势，为旅游资源数量和品质一般，甚至缺乏旅游资源的地区提供了一种旅游发展的可能。

全域旅游的区域发展指引——5 大战略路径：

① 产业围绕旅游转：推动旅游业与其他产业共生共荣，旅游关联产业在布局中需充分考虑旅游业发展的需要；

② 产品围绕旅游造：围绕市场需求，着力构建主打旅游产品，实现产品围绕旅游造，打造产品的全域化发展；

③ 结构围绕旅游调：加大旅游人才培育力度，鼓励招商引资，旅游业引领第三产业比重加速提升，实现产业结构优化；

④ 功能围绕旅游配：区域功能布局、基础设施建设紧密围绕旅游业发展合理配置；

⑤ 民生围绕旅游兴：切实增强区域旅游产业实力，使旅游业成为改善民生的主力。

2. 政策背景：国家政策扶持及上位规划

（1）国家政策

① 旅游改革发展和依法监督力度不断加强

近年来，党中央和国务院对旅游业战略定位逐渐提高。2009—2019 年是旅游业政策密集发布的十年，也是旅游业实现跨越式发展的“黄金十年”。此外，乡村振兴、扶贫攻坚、特色小镇等国家战略为全域旅游发展提供了难得的机遇。

② 乡村振兴战略：盘活农村闲置资源，激发农村发展内生动力

2017 年 10 月 18 日，党的十九大报告首次提出实施乡村振兴战略。2018 年中央一号文件正式提出《关于实施乡村振兴战略的意见》。2018 年 3 月 5 日，国务院总理李克强在《政府工作报告》中提到大力实施乡村振兴战略。2018 年 9 月，中共中央、国务院印发了《国家乡村振兴战略规划（2018—2022 年）》，并发出通知，要求各地区各部门结合实际认真贯彻落实。

③ 将旅游业纳入国家战略体系

国务院《关于加快发展旅游业的意见》明确提出，“把旅游业培育成为国民经济的战略性支柱产业和人民群众更加满意的现代服务业”，将旅游业放到了国民经济和社会发展战略全局中更重要的位置。旅游业发展已正式纳入国家战略体系，旅游业与相关产业融合发展的大格局已经逐步形成。

（2）上位规划

《湖北省乡村旅游发展规划（2016—2025）》

《规划》提出，在未来十年内，湖北乡村旅游将重点打造六个片区：武汉乡村旅游发展片区、宜昌乡村旅游发展片区、恩施民族风情乡村旅游片区、鄂东四季花木乡村旅

游片区、鄂西北山地生态乡村旅游片区、江汉平原水乡田园乡村旅游片区。天门市与仙桃市、潜江市同处江汉平原水乡田园乡村旅游片区。

规划衔接：根据该规划，天门地处六片区之一的“江汉平原水乡田园旅游片区”，应突出水乡田园特色，以农旅融合为重点发展方向，打造成湖北乡村休闲游的重要节点城市。

8.3.1.2 现状解读

1. 区位分析

（1）地理区位

天门位于湖北省中南部，江汉平原北部，市域总面积 2622 平方千米，总人口 167 万人。天门市是湖北省直管市，武汉城市圈成员之一，汉江流域主要节点城市。东与汉川、应城接壤，北与京山、钟祥毗邻，南面和西面隔汉江与仙桃、潜江、荆门相望。境内东西最大横距约 85 公里，南北最大纵距约 58 公里。

（2）交通区位

天门位于汉江之滨，是江汉平原的铁路枢纽和重要的公路、水路、货运枢纽，形成了“五高”：沪蓉高速公路、随岳高速、武汉城市圈环线高速公路、沪渝高速、武天宜高速公路（建设中）；“四铁”：长荆、汉宜、江汉平原货运铁路、沪汉蓉高铁（规划建设中）；“两水”：汉江、汉北河航道；3 条一级公路：天仙线、武荆连接线、荷沙线的综合交通格局，是江汉平原区域性综合交通枢纽。此外天门境内还有 4 条国道、9 条省道，6 座汉江大桥。以天门为中心，150 千米半径范围内涵盖湖北省 80％的地区和县市，800 千米半径范围覆盖全国 80％的省会城市和中心城市。天门市区东距武汉中心城区 70 千米，距武汉天河国际机场 1 小时车程。

（3）经济区位

天门是湖北省直管市，武汉“1＋8”城市圈成员之一、汉江生态经济带节点城市、“鱼米之乡”江汉平原的重要组成部分。位于湖北省“两圈两带”区域发展战略的交叉核心，同时也是湖北三大城市群（圈）的中心区域（武汉城市圈、襄十随城市群）。湖北省“一芯两带三区”总体产业格局将江汉平原振兴发展示范区作为全省“三区”之一开展协同发展和产业集聚。绝佳的经济区位为开展区域经济协作、提升区域经济发展水平提供了良好的基础条件。

（4）旅游区位

天门地处“长江国际黄金旅游带”沿线，是武汉城市圈乡村休闲旅游目的地和江汉平原水乡田园乡村旅游主要片区。同时，天门也是连通武汉城市圈和鄂西生态文化旅游圈的必经之地，是武汉—宜昌、恩施自驾游的重要过境地。

2. 自然环境

天门境北缘与大洪山余脉的低丘相连，西、南面有汉水环绕。整个地势自西北向东南倾斜，形成低丘、岗状平原和河湖平原三种地貌（冲积平原又分为平原和滨湖两个亚区），三种地貌面积分别为 33.84 平方千米、739.78 平方千米和 1848.38 平方千米，各占全市总面积的比例为1.3%、28.2%和70.5%。市域范围内，海拔最高191.5米（佛子山顶），最低23.2米（天门工业园的陈家洲），其他一般为28～34米。

天门市属于北亚热带季风气候，具有光照充足，气候湿润，春温多变，初夏多涝，伏秋多旱，生长期长，严寒期短的气候特点。年均气温16.5℃，一般1月最冷，平均气温3.8℃；7月最热，平均气温大多在27～30℃之间，极端最高气温38.7℃，无霜期256天。年均降水量1135毫米。夏季最多，平均为474毫米；冬季最少，平均为98.4毫米，在地区分布上，东南略多于西北。每年6～8月为降雨最为集中的时期，其降水量占全年的39%，形成雨热同季。梅雨期多暴雨，出梅后，常有伏旱或伏秋连旱。

在水文特征上，天门市地属古云梦泽。历史上，河、湖多为吞吐调纳汉江的开敞湖与岔流。随着汉江平原的形成，市境湖、河成为内湖、内河。境内现有大、小河流29条，分属四大水系，即天门河—汉北河水系、天门河—刁汊湖水系、沉湖水系和自排入江（汉江）水系，河道总长600余千米，河网密度为231米/平方千米。其中，汉江源出陕西省宁强县，过钟祥市入本市，市境流长137千米；天门河源出京山县深赶冲，经京山县、钟祥市入本市，市境流长101千米；汉北河为人工河，1970年通水，市境流长35千米。境内有大小湖泊57个，正常水位时湖泊面积35.3平方千米，占全市总面积的1.4%。其中，较知名的湖泊有张家湖、沉湖、青山湖、杜桥湖、西白湖、龙骨湖以及竟陵城区的东湖、西湖、南湖和北湖等。

3. 历史文化

天门是一座历史悠久、文物资源丰富的文明城市，是长江流域人类文明的重要发祥地，存积着大量的文物资源和人文遗产。天门是闻名全国的内陆最大的侨乡、文化之乡、蒸菜之乡和棉花之乡，还是茶圣故里、状元之乡、竟陵派文学发源地。世界文化名人“茶圣”陆羽、唐代诗人皮日休、明代竟陵派文学代表人物钟惺、谭元春和清代状元蒋立镛均诞生于此。

天门文化在楚文化中占有重要地位。源远流长的历史文化繁育出异彩纷呈、具有浓郁地方特色的天门民俗文化，天门的主要文化归纳为陆羽茶文化、石家河文化、侨乡文化、状元文化、竟陵文化、蒸菜文化、民俗文化等。

4. 旅游发展现状剖析

（1）天门旅游发展现状

天门旅游产品少、产业规模较小，市场竞争力低，尚处于起步阶段。2018年，天门市接待旅游者人数99.54万人，其中国内客源人数99.46万人，增长22.7%；国内旅游收入6.07亿元，增长12.0%。总体水平在周边城市中垫底。

（2）天门旅游发展现状剖析

天门发展全域旅游面临问题颇多，具体问题集中表现为以下四点：

① 缺乏显性旅游资源

缺名山大川。天门全市地处江汉平原的核心腹地，地势平坦，田园风光一望无垠，景观相对单一。仅有北部佛子山镇和皂市镇北部有少片丘陵地带，与名山大川差距较大。

茶圣故里与非产茶区的矛盾。天门是茶圣故里，茶文化名扬海内外，但天门又地处平原地带，非传统的产茶区，茶园景观较少，导致茶文化氛围不足。

② 缺少龙头景区引领

实践证明，全域旅游发展势态较好的地方，大多得益于强大旅游业的支撑，而强大的旅游产业往往依靠龙头景区带动，而天门市尚无一家A级旅游景区。

茶圣故里园景观价值和文化价值高，开发规模大，吸引力强，有成为龙头景区的潜质，但目前仍按照公园模式进行管理运营，很难适应旅游市场竞争。且现有停车规模也很难满足大规模旅游接待。

石家河古城遗址历史价值极高，但目前仍处于挖掘阶段，挖掘工作耗时较长，且受严格的文物保护政策限制，短时间内开发难度较大。

天门滨水资源丰富，江汉金滩、沉湖水乡等滨水休闲项目资源禀赋高，适应休闲时代的游客需求，但受制于环保等多方面原因，开发进度受阻。

③ 缺少文化创意打造，资源优势未转化为产品优势

茶圣故里、内陆第一侨乡、竟陵文学等都是天门具有唯一性的高品质文化资源，但由于开发、创意等方面的不足，天门的文化资源优势尚未转化为文旅产品优势。

④ 缺乏体制机制统筹

对旅游的认识不到位。当前，“发展旅游对地方经济带动有限”“平原地区不适合发展旅游”等对旅游的不当认识依然萦绕在许多天门人的心中。

旅游发展信心不足。在旅游产业发展的过程中，部分天门人认为天门不具备发展旅游业的资源条件，与周边地区相比发展旅游没有明显的优势，对于发展全域旅游显得信心不足。

缺乏配套支持政策。截至目前，政府层面尚未出台鼓励、支持旅游发展的有效政策，导致旅游投资热度低，对旅游行业人才的吸引力不足。

（3）天门旅游发展优势分析

通过对天门发展全域旅游的宏观背景、区域环境、产业基础进行分析发现：地处大武汉“1小时通勤圈”为天门发展乡村旅游提供了稳定的客源市场；汉江生态经济带省级发展战略为天门发展提供了强有力的政策扶持；“茶圣”陆羽文化为天门发展文化旅游提供了文化品牌支撑；良好的生态环境和发达的农业为发展乡村旅游提供基础和条件。整体概括为四大优势，分别为：①近邻武汉“五高四铁”的区位交通优势；②253万亩的现代农业空间发展优势；③具有唯一性的陆羽茶文化品牌优势；④137千米汉江滨水生态优势。

8.3.1.3 规划思路与技术路线

1. 规划思路

全面梳理天门市旅游资源状况，围绕国家全域旅游示范区创建，对标分析天门市全

域旅游发展的优势及存在的问题，明确提出天门市全域旅游发展定位、发展模式、战略路径、空间布局和重点项目，从旅游吸引物体系、产业融合、旅游城乡体系、旅游公共服务、市场营销、保障体系等方面谋划天门市全域旅游发展，并制定近期全域旅游行动纲要，指引天门旅游产业实现创新提质跨越式发展。

2. 技术路线

天门市全域旅游发展规划技术路线图见图 8-15。

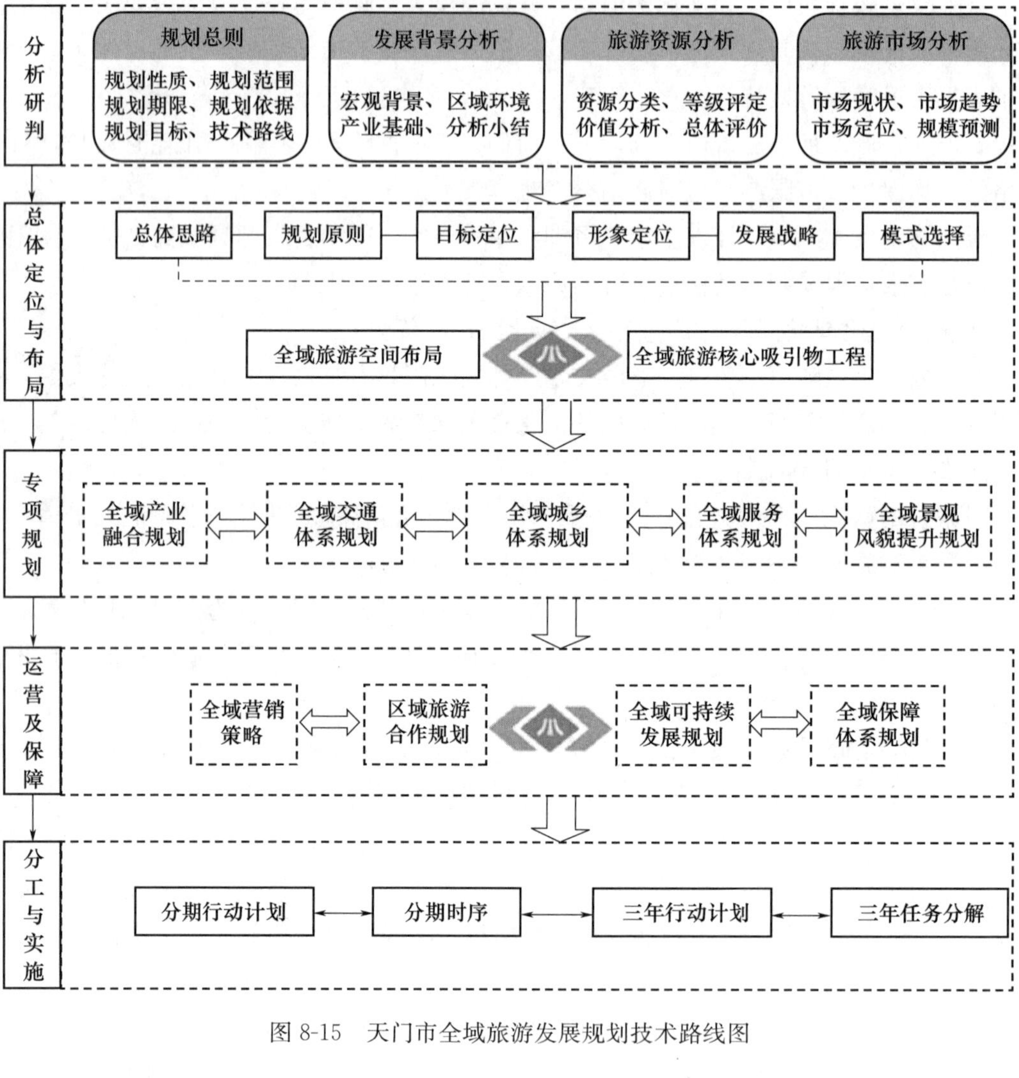

图 8-15　天门市全域旅游发展规划技术路线图

8.3.2　全域旅游战略与产业发展

8.3.2.1　资源认知

1. 旅游资源调查与分类

按照突出全面性、代表性、真实性、科学性的原则，规划组对天门市的旅游资源进行了全面的调研考察。并根据国家标准《旅游资源分类、调查与评价》(GB/T 18972—2017),将天门市旅游资源统计分类,梳理为8主类、21亚类、77基本类型、262处旅游资源点,建立起天门市旅游资源分类与评价系统。

2. 旅游资源价值分析

(1) 数量结构分析

天门市的自然和人文旅游资源类型丰富,且以人文旅游资源在数量上占绝对优势。在统计的262处资源点中,人文资源为183处,占总数的69.85%。这与天门市所处的历史环境、地理位置以及产业现状等密切相关,是天门发展全域旅游的坚实资源基础。

(2) 空间分布特征

天门的空间分布特征:遍布全市,重点突出,相对集中,主要分布在东、北、中三大片区。东部主要以水乡生态和生态农业资源为主,包括张家湖生态湖泊旅游资源和沉湖湿地生态旅游资源等;北部主要以文化旅游资源为主,主要包括石家河古文明旅游资源、佛祖山宗教文化资源以及兴隆水利文化旅游资源等;中部则以陆羽茶文化、华侨文化和城市休闲文化旅游资源为主。

(3) 旅游资源特色凝练

茶圣天下闻名,水乡园林旖旎,田园沃土万顷,历史文化深厚,人文民俗多姿。

3. 旅游资源等级评定

根据《旅游资源分类、调查与评价》(GB/T 18972—2017)所规定的评价方法,选取天门市内具有现实开发利用价值潜力、保存基本完好的旅游资源共262处,依据其开发价值研判及专家打分得出等级评估结论(表8-4)。

表8-4 天门市主要旅游资源等级评估表

级别	旅游资源单体名称	数量	占比(%)
五级	陆羽遗迹及陆羽茶文化、石家河遗址公园及石家河文化	2	0.38
四级	侨乡文化、状元文化、竟陵文学、张家湖生态湖泊、沉湖湿地及生态农业、白龙寺、佛祖山、岳口古镇(国家级特色小镇)、中国(天门)茶圣节、兴隆水利枢纽	10	3.82
三级	汉江滨江生态、长寿山森林生态、青山湖、龙骨湖、天门民俗风情、天门河、汉北河、天海龙田园综合体、方舟生态园、皂市古镇、笑城遗址、天门博物馆、天门名字的由来、天门蒸菜文化、陆羽纪念馆、状元纪念馆、中国棉花博物馆、胡家花园、天门民歌(国家非遗)、天门糖塑(国家非遗)	20	7.63
二级	水域、生物景观;历史文化遗存;建筑与设施;农业生态园等	89	33.97
一级	其他未涉及的具有旅游开发价值的自然资源、文化资源、产业资源等	141	53.82

评价结果表明,特品级旅游资源(即五级旅游资源)2处,优良级旅游资源(即四级、三级旅游资源)30处,其中四级旅游资源10处,三级旅游资源20处。普通级旅游资源(即二级、一级旅游资源)230处。由此可知,天门市高品级旅游资源偏少,旅

游资源开发具有很大的提升空间和发展潜力。

4. 旅游资源总体评价

(1) 平原水乡园林特色明显

天门土地资源广阔（耕地面积达253万亩），且交通体系完善，有利于开发整合。

(2) 文化资源丰富

天门具有深厚的文化底蕴，主要文化包括陆羽文化、石家河文化、侨乡文化、状元文化、竟陵文化、蒸菜美食文化、民俗文化等。尤其是茶圣陆羽文化具有唯一性，且具备打造世界一流文化旅游品牌的潜质。

(3) 农旅融合发展潜力巨大

农业产业规模大、基础好。形成“天西蔬菜”“天东虾稻”“丘陵林果”等多个高效农业板块。目前，天门有家庭农场1268家，农民专业合作社达到2964家，其中国家级示范社10家、省级示范社28家。农业生态园、美丽乡村、田园综合体、农业特色小镇等成为近几年天门旅游发展的重要着力点。

(4) 区域资源环境同质化严重

在天、仙、潜所在的江汉平原基础生态资源大都是水乡田园。地形地貌较为平坦，缺乏起伏，景观打造难度较大。

8.3.2.2 全域旅游定位与战略

1. 总体思路

以“创新、协调、绿色、开放、共享”五大发展理念和“绿水青山就是金山银山”理论为统领，深入研究近年来国家旅游业及相关产业最新政策，广泛借鉴首批71个国家全域旅游示范区全域旅游发展理论探索与实践经验。克服“三大不足”、形成“四个共识”、发挥“四大优势”、实施“四大战略”，为把天门市建设成为武汉城市圈乡村休闲旅游目的地、国家全域旅游示范区、国家文化和旅游产业融合示范区、中国茶文化旅游名城、世界茶文化交流中心而努力奋斗。

2. 目标定位

(1) 总体目标

武汉城市圈乡村休闲旅游目的地、国家全域旅游示范区、国家文化和旅游产业融合示范区、中国茶文化旅游名城、世界茶文化交流中心。

(2) 阶段性具体目标

(1) 近期2020—2025年，为全域旅游启动与快速推进阶段；

(2) 中期2026—2030年，为全域旅游重点建设与深化阶段；

(3) 远期2031—2035年，为全域旅游全面发展与目标全面建成阶段。

3. 形象定位

本规划以天门陆羽茶文化为核心，并结合地域文化优势、生态优势与产业基础优势，将天门的旅游主题形象定位为：

茶圣故里，侨乡天门

——茶圣故里。茶圣陆羽是对天门文化特色的提炼。天门是“茶圣”陆羽的故乡，陆羽是唐代著名的茶学家，被誉为“茶仙”，尊为“茶圣”，祀为“茶神”。陆羽一生嗜茶，精于茶道，以著世界第一部茶叶专著《茶经》而闻名于世。陆羽在全国及国际上均具有较高的知名度，以陆羽作为天门旅游品牌形象不仅有助于彰显天门的知名度，而且有助于茶产业及茶文化的发展，为经济社会注入活力。

——侨乡天门。天门是中国内地最大的侨乡、湖北省第一侨乡、全国著名的内陆侨都。现有 28 万名华侨华人旅居海外 40 多个国家和地区，涌现出了如李三春、鲁超、张德焕等众多知名人士，为世界政治、经济、文化、科技与和平友好事业作出了重要贡献。

4. 发展战略

（1）品牌引领战略

开发茶圣故里茶文化品牌，不仅对天门市开发旅游、文化、康养等系列产品起到巨大的引领作用，同时也有利于全方位推动天门市整体经济社会发展。当下，天门必须把握康养休闲时代的机遇，用“敢为天下先”的精神，聚集国内一流的品牌文化领域专家的智慧，制定推出茶圣故里品牌塑造、宣传、推广，以及系列产品开发包装营销等方面的举措，尽快让茶圣故里——茶文化品牌依托湖北，面向全国，走向世界，引领天门市全域旅游又快又好发展。

（2）景城一体战略

实施全域旅游景城一体战略，发挥天门城区作为旅游集散中心和综合配套服务中心的作用，将整个城市按照旅游景区的要求，统筹布局城市内部交通、环保、绿化、城建等，使整个城市按照“景城一体化”的要求开发建设。未来天门城区包括竟陵、杨林两个街道和天门高新区，城区常住人口将在现有 30 万人口的基础上，突破 50 万。要树立“茶城康都”的城市品牌形象，用茶文化旅游特色魅力吸引 20 万外来人口来天门享受旅游康养幸福生活。

当下实施“景城一体”战略的主要任务是：以茶圣故里园及周边片区为打造核心，建设茶庄、茶室、茶舍等多种休闲业态，营造茶文化氛围；建设张家湖绿道，并配套建设若干旅游景点、特色街区、休闲公园等旅游接待设施；在城区范围内优选地块布局，开发建设适合茶文化旅游康居的系列产品。

（3）汉江联动战略

天门市汉江沿线各乡镇具有丰富的自然生态资源和历史文化资源，具有非常鲜明的全域旅游开发优势，但由于长期缺少高等级公路的连接，使之本来就比较分散的优势资源和产业，无法形成综合开发优势。实施汉江联动发展战略，就是要借助高等级沿江公路的建设，打造“汉江七景”，整合汉江岸线优势资源和产业，形成百里汉江“一线串珠”的经济发展优势。可串接的优势资源和项目包括：张港花椰菜基地、多宝花生基地、汉江龙门沙海、天海龙田园综合体、沉湖湿地、岳口古镇、汉江古渡、沿线乡村非遗等。

(4) 门户先导战略

天门市以“门”得名，交通优势明显，具备打造“门户”的独特优势。天门市实施门户先导战略，重点在于精心打造“四门”，即北门（武荆高速天门高速出口）、南门（天门南高铁站）、中门（沿江高铁武天高速出口）、江门（岳口镇）。每个门户都按照“集散中心＋旅游景区”一体化打造的模式，打造集游客集散、综合服务、旅游休闲、旅游购物于一体的旅游综合体，使之成为天门全域旅游接待体系的重要一环。

(5) 模式选择

2019 年 9 月 20 日，文化和旅游部公布了首批 71 个国家全域旅游示范区名单。通过对 71 个国家全域旅游示范典型区（县）主要类型进行分析，可以归纳为文旅融合创新发展型、旅游扶贫富民创新发展型、景城共建创新发展型、景区带动创新发展型、生态依托创新发展型、休闲度假创新发展型、资源转型创新发展型、边境开发开放创新发展型等类型。这些类型，同时也代表了全域旅游示范区的发展趋势。

天门市发展全域旅游从整体上讲宜采用多业融合发展模式。从优势资源板块着力，宜采用以文、旅、农、康为主导的多业融合发展模式，即以“旅游＋”和“＋旅游”为途径，大力推进旅游业与第一、二、三产业的融合，以及旅游业与文化、农业、工业、商贸、康养等行业的深度融合，规划开发出一批文化休闲、乡村旅游、生态观光、商务会展、康养度假等跨界产品，推动全域旅游要素深度整合，进一步提升区域旅游业整体实力和竞争力。

8.3.2.3 全域旅游产品

1. 全域旅游项目体系（表 8-5）

表 8-5 全域旅游项目体系表

产品类型	项目数量	具体项目
“茶圣天门”茶文化主题产品	4	茶圣故里园旅游区、天门城市客厅、东冈陆羽草堂、火门山陆羽书院
“人文天门”探访研学主题产品	8	中华门文化园、天门市中小学校外综合实践基地、皂市古镇、石家河遗址公园 & 石家河文创收藏小镇、状元府、彭家垴爱国基地、侨乡小镇、石油文化研学展示馆
“茶城康都”休闲度假主题产品	8	张家湖湿地公园、方舟牧歌生态旅游区、医道田园研学旅行小镇、长寿山生态度假小镇、张家湖绿道、童梦渔湾农场、“欢乐水都”水上游乐园、“梦幻太空”主题乐园
“百里汉江”滨水生态主题产品	8	汉江金滩乡村民宿度假村、天海龙田园综合体、沉湖水乡文化旅游区、汉江移民文化体验中心、张港花菜田园综合体、汉唐服装小镇、汉江廉政警示教育基地、汉江富硒健康食品基地
“江汉平原”田园采摘体验主题产品	6	南湖新村田园综合体、火门山田园综合体、菊花小镇、龙骨湖花田渔村、谢梨家庭农场、十丰欢乐园

在对天门全市旅游资源以及旅游项目进行调查分析的基础上，重点从基础条件以及开发条件两个方面，整合考虑资源禀赋、品牌竞争力、产业基础、区域战略方向契合度、交通条件、场地建设条件、产业带动性等因素，并结合品牌引领、景城一体、汉江联动、门户先导四大战略，主要打造茶圣天门、人文天门、茶城康都、百里汉江、江汉平原五大品牌主题产品，确定了34个支撑天门未来旅游发展的核心项目。

2．“茶圣天门”茶文化主题系列项目：茶圣故里园旅游区

（1）规划范围：天门中心城区，由陆羽故园、竟陵唐街、蒸菜一条街、印象西江等项目联合打造。

（2）目标定位：国家5A级旅游景区、世界茶文化交流中心。

（3）功能定位：茶文化旅游、茶文化研究、茶产品贸易、茶业科技研究示范等。

（4）主题形象定位：陆羽故里，世界茶都。

（5）策划思路：依托现有建成项目，以茶圣陆羽为主题，以两湖（东湖、西湖）一带（后壕）为轴，构筑一园（陆羽故园）、一寺（西塔寺）、一楼（茶经楼）、一街（竟陵唐街）、一区（印象西湖茶产品交易区）的发展格局，将该区打造成以茶文化为内涵，集文化旅游、茶品贸易、科技研发、教育培训等多种功能于一体的国家5A级旅游景区、世界茶文化交流中心。

（6）建设项目：陆羽故园（待提升）、西塔寺（已重建）、蒸菜一条街（天门河边上的青石板老街改造）、茶经楼（已建成待完善）、竟陵唐街（已建成）、印象西湖茶产品交易区（已建成）、茶科技园（建设中）、茶文化交流中心（建设中）、茶产品交易中心（建设中）、茶叶检测中心（建设中）、茶教育培训中心（建设中）等。

3．“人文天门”探访研学主题系列项目：石家河遗址公园&石家河文创收藏小镇

（1）石家河遗址公园

项目选址：石家河古城遗址。

功能定位：遗址保护、文物展示、新石器文化体验、研学旅行等。

保护开发思路：根据《石家河遗址保护规划》，全面贯彻“保护为主，抢救第一，合理利用，加强管理”的工作方针，充分挖掘其历史文化价值、艺术价值、旅游价值和社会价值，还原护城河、古城墙、墓葬群落等古城风貌，建设玉器、陶器、石器、农具等展示场馆，打造成集考古科研、文化旅游、文物保护等功能于一体的遗址公园。

建设项目：古城风貌还原（包括护城河、古城墙、墓葬群、手工作坊等）、生态停车场、石家河文化广场、公园大门、玉器展示馆、陶器展示馆、石器展示馆、农具展示馆等。

（2）石家河文创收藏小镇

项目选址：石家河文创收藏小镇选址石家河镇区。

功能定位：文化藏品展示、休闲购物、科普教育、文化创意。

策划思路：石家河古文化遗址丰富，考古遗址公园是长江中下游地区迄今发现的分

布面积最大、保存面积最完整的新石器时代遗址。基于遗址丰富的资源，统一规划、整体打造石家河文创收藏小镇，以收藏展品为核心，按照自然随性的要求，合理布局藏品珍品展销、游客服务、餐饮、购物等功能业态，为游客提供文化体验、文化产品展示等多种消费服务项目。

主要建设项目：古玩大院（四合院形式，是集古玩鉴赏、修复、收藏、展示、拍卖等功能于一体的体验式博物馆）、百宝街（收集并售卖各地区各时代的陶瓷、书画、玉器、竹、木、牙、角、文房四宝、漆器、绣品、铜器、佛像、鎏金器物等杂项古玩产品）。

4．“茶城康都”休闲度假主题系列项目：张家湖湿地公园

（1）项目选址：张家湖沿岸。

（2）目标定位：国家4A级旅游景区、省级旅游度假区。

（3）策划思路：以生态湿地为基底打造大环境，融入泛旅游概念，与现代观光农业有机结合，构筑生态科普、休闲游憩、文化体验、旅游度假综合性湿地游览区。

（4）建设项目：游客中心、湿地文化长廊、亲水休闲园、湿地植物园、休闲垂钓园、康养社区、滨湖度假酒店等。

5．“百里汉江”滨水生态主题系列项目：天海龙田园综合体

（1）规划范围：项目位于天门市麻洋镇天仙大道仙北方向23千米处。规划范围东起新农渠，西至郭湖村—小邱湾—邹湾村（北向南）一线，北起张家湾一线，南至东河一带。

（2）目标定位：国家田园综合体示范基地、国家农业产业化综合体示范基地、全国休闲农业和乡村旅游示范点。

（3）功能定位：田园休闲体验、低空飞行旅游、现代有机农业、通用航空产业。

（4）开发思路：以国家田园综合体创建规范为指针，以乡村振兴和农村农业现代化为己任，充分利用天海龙现代农业产业园良好的水乡田园生态和雄厚的现代农业产业技术优势，并结合天门独特的地域文化特色，通过科学规划与精心策划，有效实施农旅、文旅和第一、二、三产业融合发展，不断培育休闲农业和乡村旅游新业态，不断延伸农业产业链条，提升产业素质，力争用5—10年的时间，将天海龙打造成为生态良好、产业兴旺、以中西田园休闲和低空飞行旅游为特色，以现代有机农业、循环农业、创意农业和智慧农业为主要支撑的宜居、宜游、宜业的田园综合体，努力创建成为国家田园综合体示范基地、国家农业产业化综合体示范基地、全国休闲农业和乡村旅游示范点。

（5）功能分区：现代农业产业区、田园休闲体验区、通用航空产业区和意大利农场风情区。

（6）建设项目：游客中心、田园社区、葡萄庄园、海龙岛飞行基地、田园超市、植物迷宫、风荷野菱等。

6．“江汉平原”田园采摘体验主题系列项目：火门山田园综合体

（1）项目选址：选址于天门市佛子山镇佛子山生态园。

（2）开发潜力：目前已经建成了1500亩精品果蔬采摘基地，500亩茶叶基地，另外还有2000亩山林资源。此外还有大官桥水库，是天门市唯一一处有山有水有茶的地方，极具旅游开发价值。

（3）规划思路：依托现有的佛子山生态园，充分利用山林资源、茶生态资源以及果蔬种植基础，按照农旅融合的发展理念，打造集种植、采摘、观光、研学、康养等功能于一体的茶文化主题田园综合体。

（4）建设项目：阳光牧场、乡味街、采摘大棚、四季花溪、猕猴桃园等。

8.3.3 全域旅游空间统筹与功能配套

8.3.3.1 全域旅游空间布局

1. 全域旅游空间结构

天门市全域旅游的空间结构为：一心、一轴、一环、三带、四区。

2. 空间布局解读（表8-6）

表8-6 天门市全域旅游空间布局一览表

	格局	范围	功能定位
一心	全域旅游综合服务中心	竟陵街道、九真镇南部	旅游集散、陆羽茶文化体验
一轴	全域旅游发展主轴	皂市天门北高速出口—S213毛皂公路—S214—天门南高铁站，整个轴线全长63千米	生态观光、文化休闲、康养度假
一环	全域旅游交通发展环	武大公路、天蓝公路、213省道、346省道等合围的外环公路	旅游交通
三带	滨江多业融合发展带	汉江天门段沿线	生态观光休闲、文化体验
	文旅融合发展带	天门境内240国道沿线区域，全长约40千米	文化体验、研学旅行、科普教育及乡村旅游
	农旅融合发展带	天门西部G348武大公路沿线	特色产业、休闲农业
四区	北部文化旅游融合发展区	拖市镇、佛子山镇、石家河镇、渔薪镇、九真镇大部、皂市镇	文化体验、乡村休闲
	中部城乡协调互动发展区	天门高新园、竟陵街道、杨林街道、黄潭镇、汪场镇、小板镇、九真镇南部	陆羽茶文化体验、城郊休闲、新型城镇化
	南部滨江多业联动发展区	天门工业园、麻洋镇、彭市镇、岳口镇、蒋场镇、张港镇、多宝镇	休闲农业、生态观光、滨江休闲
	东部武汉都市联动发展区	胡市镇、卢市镇、净潭乡、马湾镇、干驿镇、横林镇、沉湖	地域文化体验、乡村康居、湿地休闲

（1）一心——全域旅游综合服务中心

规划范围：竟陵街道、九真镇南部。

功能定位：旅游集散、陆羽茶文化体验。

发展思路：按照 60 万人口中等城市规模格局（包括吸引外来康居人口 30 万），塑造茶城康都的城市品牌形象，建设湖北健康生活目的地，将该区域打造成全市的全域旅游吸引核心、旅游形象展示中心及旅游综合服务中心。

（2）一轴——全域旅游发展主轴

规划范围：皂市天门北高速出口—S213 毛皂公路—S214—天门南高铁站，整个轴线全长 63 千米。

功能定位：旅游交通、生态观光，串联沿途旅游景区景点和休闲农业园区。

发展思路：以国道、省道等交通主干道为轴线，树立交旅融合的理念，串联皂市、九真、竟陵、杨林、天门工业园等重点旅游发展板块，推动沿途景区景点及观光农业园区的开发。在此基础上，按照国家一级公路和旅游主通道的规范要求，分别按照“侨乡文化主题（天门南至杨林街道 S214 路段）—陆羽茶文化主题（S213 城区路段）—天门历史文化主题（S213 城区以北路段）”进行人文景观营造，打造成联通天门全域旅游发展的主动脉。

（3）一环——全域旅游交通发展环

规划范围：武大公路、天蓝公路、213 省道、346 省道等合围的外环公路。

功能定位：旅游交通。

发展思路：按照旅游公路的标准，将天门市外围乡村的县道、省道、国道合围的环路进行提档升级，完善标识标牌系统，配套建设旅游驿站、旅游厕所等设施，作为联动天门全域旅游发展的主环线。

（4）三带之一：滨江多业融合发展带

规划范围：汉江天门段沿岸区域。

功能定位：生态观光休闲、汉江文化体验。

发展思路：以沿江公路为串联，以汉江为品牌，充分挖掘多宝、张港、岳口、彭市、麻洋、天门工业园等沿线 6 个乡镇的滨江生态资源、历史文化及特色产业资源，连接天海龙田园综合体、沉湖水乡文化旅游区、汉唐服装小镇、张港花菜田园综合体、汉江金滩乡村民宿度假村等主要项目，打造全长 90 千米的汉江滨江风景廊道。

（5）三带之二：文旅融合发展带

规划范围：天门境内 240 国道沿线区域，全长约 40 公里。

功能定位：文化体验、研学旅行、科普教育及乡村旅游。

发展思路：以 240 国道为串联，充分挖掘沿线的新石器古城历史、名人文化、佛教文化、岳口古城文化等特色资源，以石家河遗址公园等项目为引领，展现天门悠久灿烂的历史文化，按照文旅融合、农旅融合的发展方式，推动全域旅游发展。

（6）三带之三：农旅融合发展带

规划范围：天门西部 348 国道、345 省道、214 省道沿线区域，全长约 73 公里。

功能定位：特色产业、休闲农业。

发展思路：以G348武大公路为串联，依托沿线的菊花、花生、蔬菜、瓜果等特色种植产业以及米醋、榨油等传统工艺，针对乡村休闲和亲子游市场，打造系列的休闲农业主题的特色小镇，形成特色乡村休闲的集聚带。

（7）四区之一：中部城乡协调互动发展区

规划范围：天门高新园、竟陵街道、杨林街道、黄潭镇、汪场镇、小板镇、九真镇南部。

区域特色：陆羽茶文化。

发展思路：以竟陵街道为核心，围绕千年茶圣陆羽文化，依托城市综合服务功能，大力发展城市文化休闲产业，带动天门高新区、杨林、小板等周边街道及乡镇文旅产业的发展，重点打造陆羽茶文化产业区、杨林街道方舟牧歌生态旅游区等重点项目，突出陆羽茶文化品牌形象，引领天门市全域旅游的发展。在此基础上，充分利用湖泊、茶文化、田园等资源，大力发展康养产业，打造以茶文化为特色的“茶城康都”。

（8）四区之二：北部文化旅游融合发展区

规划范围：拖市镇、佛子山镇、石家河镇、渔薪镇、九真镇大部、皂市镇。

区域特色：历史文化体验、康养旅游。

发展思路：依托石家河古城文化、佛子山镇宗教文化、皂市镇历史文化、九真镇的湖泊资源，打造石家河古城遗址公园、石家河文创收藏小镇、皂市古镇等文旅融合项目，带动拖市镇、渔薪镇的特色种植产业，共同打造成江汉平原历史文化游的核心目的地。

重点项目：火门山田园综合体、皂市古镇、石家河遗址公园、石家河文创收藏小镇等。

（9）四区之三：南部滨江多业联动发展区

规划范围：天门工业园、麻洋镇、彭市镇、岳口镇、蒋场镇、张港镇、多宝镇。

区域特色：汉江文化。

发展思路：充分发挥岳口、天门工业园的门户效应，按照农旅融合（多宝、张港）、商旅融合（岳口、蒋场）及工旅融合（天门工业园、彭市、麻洋）的发展理念，以滨江多业融合发展带为驱动轴，进一步提升天海龙田园综合体，规划建设南湖新村田园综合体、汉江金滩乡村民宿度假村、天门工业园汉唐服装小镇等项目，带动天门南部全域旅游多业融合发展。

（10）四区之四：东部武汉都市联动发展区

规划范围：胡市镇、卢市镇、净潭乡、马湾镇、干驿镇、横林镇、沉湖。

区域特色：侨乡文化、状元文化。

发展思路：承接武汉大都市区的辐射功能，依托马湾镇的侨乡文化、净潭乡的状元文化、干驿镇的传统作坊文化和沉湖国家湿地公园等全域旅游重要资源，开发汉江水乡旅游区等天门地域特色文化的旅游产品，带动东部各乡镇的全域旅游发展。

8.3.3.2 全域旅游配套设施

1. 全域交通体系规划

基于“金线串宝珠”的思路，严格按照“三化”（绿化、亮化、美化）和国家全域旅游示范区相关验收标准，对天门市全域旅游的交通规划提出重点“一轴、两道、三带、四门户”的建设发展目标。

“一轴”：按照国家一级公路建设标准和旅游主通道的规范要求，迅速完成全长49千米的全域旅游主轴公路建设（具体是“皂市天门北高速出口—S213毛皂公路—G240—岳口镇”的交通主干道）。

“两道”：围绕打造湖北健康生活目的地，建设环张家湖健康绿道，以及建设一条主题风情廊道，即天门南部长约89.5千米的汉江沿岸风情绿道。

“三带”：文旅融合发展带、农旅融合发展带、滨江多业融合发展带。

“四门户”：现代高速公路和高铁站已成为城际之间的新门户，这四大门户分别是：北门（皂市镇沪蓉高速出口）、中门（杨林街道沿江高铁站）、南门（岳口镇随岳高速出口）、东门（天门南高铁站）。为了充分利用四大高速公路出口门户的优势，天门必须制定优惠政策，创意打造极富魅力的门户形象，引进资金、人才投入天门全域旅游发展。依托四大门户，打造“迎门工程”，把四大门户建成天门来客第一形象、第一站，乃至第一景区和第一产业园区。

2. 全域服务体系规划

（1）住宿服务体系规划

规划目标：扩总量、调结构、提档次、升质量、优布局、善功能。

天门市商务酒店较多，能够满足商务游客需求，但酒店旅游服务功能不凸显、特色不明、品质不够。应该支持青年旅社、自驾车露营地、乡村旅游点等建设，实现旅游、住宿、接待多元化，提升住宿系统，形成集主题文化酒店、星级酒店、经济型酒店、度假酒店、农家庄园、产权度假酒店、养老公寓等为一体的多元化的住宿接待体系。

（2）餐饮服务体系规划

以特色化、规范化为核心方向，推出天门“非吃不可”美食系列和创意特色宴，重点突破天门旅游餐饮特色不足和规范性欠缺的问题。打造非去不可、非吃不可的“名店、名厨、名宴、名菜”。

（3）购物服务体系规划

立足天门丰富物产资源和特色文化资源，结合文创手段，运用本土原材料，引进创意旅游商品研发设计团队，进行市场化开发，打造天门特色旅游商品体系，增加旅游消费点，建设成为天门旅游经济收入的重要一极。

（4）娱乐服务体系规划

完善娱乐服务设施，丰富娱乐活动，同时创意开展面向本地市民的娱乐活动；推进大型文化演出活动与旅游的结合，形成“全域有活动、处处有欢乐、日夜共欢畅”的娱乐体系。

（5）智慧旅游服务体系规划

① 构建智慧旅游网络支持服务体系

智慧旅游门户网站，提供在线预订、景点介绍、虚拟旅游、旅游气象服务、地图导航、住宿推荐、餐饮推荐、购物推荐等服务。

② 构建智慧旅游移动应用服务体系

对接天门市和湖北省网络平台，构建天门市旅游大数据平台：通过智慧旅游信息数据库、旅游政务网、旅游资讯网、旅游电子商务网“一库三网”的建设，搭建天门市智慧旅游服务平台，实现旅游与交通、公安、商务等数据信息共享。

③ 构建旅游企业智慧管理系统

（6）旅游厕所及环境提升

① 推进厕所革命改进建设

厕所革命建设重点：重点推进主要旅游干线上加油站厕所改造提升，加快旅游服务镇公共厕所、乡村旅游点、重点旅游公交车站厕所建设，新建和改扩建旅游厕所50座，且全部达到A级标准。

建造主体责任落实：旅游景区、宾馆饭店、旅游餐饮点、旅游购物场所由相关旅游企业负责建设，旅游集散点、休闲步行区由政府主导，乡村旅游点以经营户为主体建设，旅游交通线路由交通运输部门规划建设。

人性化服务：开展第三卫生间和母婴设施建设，推进厕所无障碍化，第三卫生间及母婴室将在4A级以上旅游景区实现全覆盖。

② 实施厕所革命管理维护行动

在天门市全域旅游中的A级景区及特色小镇中进行旅游厕所革命，发起清理整治活动，一改旅游景区厕所脏乱差的现象。满足“数量充足、干净无味、实用免费、管理有效”的要求。实现旅游厕所A级标准，广泛应用无水冲、泡沫节水、微生物降解等厕所技术。

3. 全域景观风貌提升

（1）景观风貌提升思路

天门城市景观风貌提升的核心思路是按照打造国际旅游目的地战略目标，提炼旅游主题要素进行全域景观改造，以文化为基因，以特色为导向，以生态为理念，以全域旅游化为路径，开展天门全域旅游景观化提升“革命”，形成处处是风景、处处有文化、处处藏惊喜的天门全域旅游景观格局。

（2）市区景观旅游化提升

天门的公共休闲服务设施、道路系统景观塑造，充分考虑旅游服务功能要求，构建主题特色突出的城市景观风貌，提高城市服务水平，塑造城市门户形象，并充分利用陆羽茶文化公园、胡家花园等项目，绿化、亮化、美化城区环境，完善开放空间与步行系统，将天门城区打造成全市的全域旅游形象展示中心。

（3）镇区景观旅游化提升

按照“一镇一品”的提升思路，挖掘小镇特有的历史文化内涵及产业特色，以小镇“特色”为灵魂，以旅游景观化为要求，结合文化创意，形成各具特色的景观小镇、文化小镇、产业小镇。

（4）景区景观风貌特色化提升

挖掘每个景区核心文化元素，形成景区园区风貌主题化，景区内建筑、景观、游步道、基础设施等，以众星拱月的形式烘托主题。

（5）乡村景观旅游化提升

挖掘每个景区核心文化元素，形成景区园区风貌主题化，景区内建筑、景观、游步道、基础设施等以众星拱月的形式烘托主题。

8.3.4 建设与运营策略

1. 政治建设

（1）管理机制

① 成立综合性旅游管理机构

借鉴北京市旅游管理体制改革的经验，结合天门市实际情况，管理综合性的旅游机构—天门市全域旅游工作领导小组，扩充机构职能，主要承担四大管理职能：

政策职能：负责全市旅游业保护性、奖励性、扶持性政策的制定。

规划职能：确立全市旅游产业发展战略、思路、模式和措施。

管理职能：实现旅游全行业管理，负责旅游重大投资项目审批，维护市场秩序，提升全市旅游服务质量。

市场营销职能：以旅游消费需求为导向，引导市场、开发市场、创造市场，树立旅游市场新风向。

② 全流程管理创新

科学合理构筑顶层设计，由旅游委统筹、计划、管理，以全域旅游为目标，协调预警多部门配合，有效推动，滚动开发，统一标准，统一评估体系，旨在打造天门全域旅游和全面优质服务。

（2）旅游政策

① 资源政策

通过旅游资源政策的设计，强化生态与文化保护先行的开发理念，严禁没有投资实力的企业抢占资源，对于长期占据资源不开发的企业将视情况限期收回。降低旅游资源浪费现象，实现高品质资源的高效化利用。

② 人才政策

通过政策优化，提升天门对中高端旅游人才的吸引力，推进旅游人才结构合理化，构建季节性人才管理机制，减少人才季节性流动，为天门旅游业发展提供良好的人才保障。

③ 用地政策

完善天门市旅游产业用地管理措施政策，推进土地利用差别化管理与引导旅游产业结构调整相结合，研究制定旅游用地差别化政策，优先保障重点旅游项目用地供给。支持以土地流转的方式开发乡村旅游，加大土地供给，支持重点乡村旅游项目用地供给。

2. 经济建设

(1) 设立天门市全域旅游发展年度资金

对接中国旅游产业基金，市财政将每年 GDP 的 0.3%～0.5%设立为旅游发展年度资金，主要用于旅游宣传推广、旅游发展奖励、旅游文化打造和旅游项目规划及申报等工作。整合小额担保贷款贴息、就业贷款贴息、财政扶贫贷款贴息、农业综合开发经营贷款贴息等专项资金，对从事旅游产品开发与服务的个体户或中小企业实行政府贴息。

(2) 贯彻旅游业发展奖励性政策

对全市旅游业发展作出重要贡献的单位和个人，如：国家 5A、4A、3A 级旅游景区，湖北省旅游名镇、名街、名村，省级旅游度假区，工农业旅游示范区，红色旅游区的市场主体，饭店、农庄、民宿、农家乐，旅游企业、单位、个人、旅行社等给予适当奖励。

(3) 推动金融机构与旅游企业对接与合作

由天门市人民政府、旅游委牵头打造战略合作平台，为旅游企业和金融行业之间搭建桥梁，实现旅游项目与银行、企业对接，实现金融业助推旅游业大发展。金融机构要大力扶持符合服务产业导向的新建、扩建、改建旅游项目，优先安排贷款资金。积极探索发行旅游产业债券，为旅游产业发展建立新的融资渠道。

(4) 综合运用多种投融资工具，引导社会资本跟进

一是利用资产抵押的方式向银行借款。开发商可在对旅游资源进行开发时使用土地使用权、开发经营权、未来门票或其他收费权抵押借款；二是将旅游项目打包，通过信托凭证，向社会集资，进行信托融资；三是通过私募资本进行融资；四是采用建设—经营—转让模式将整体项目进行融资；五是充分利用国家鼓励政策，进行政策支持型的信贷融资，包括旅游国债项目、扶贫基金支持、生态保护项目、文物保护项目等。

(5) 引入民营资本投资，助推旅游发展新局面

逐步推进景区经营企业化、景区运作市场化、市场主体多元化，增强发展活力。鼓励非企业性的国有旅游景点通过拍卖、竞标等方式出让开发权和经营权，变换经营主体，盘活旅游资源。通过改组、改制、控股、联合重组等形式，组建专业化的旅游集团，不断壮大民营旅游企业规模。

3. 社会建设

(1) 政府主导

以政府为主导，引进社会资本，由政府和社会资源共同投资参与，成立开发运营项

目公司，推动项目建设。政府搭建诱导性旅游公共服务平台和数据库，项目公司统筹经营企业集中进行旅游项目开发。

（2）行业协会参与

发展行业协会：对同行业进行组织、管理，为同行业提供有针对性的市场信息；举办培训；监督管理，规范市场行为，调配市场资源，抵御市场风险；减少单个企业的运作成本，维护企业共同权益。

旅游生态保护协会：以生态环境保护为目的自发形成的行业组织，促进湖泊湿地生态与旅游发展的和谐共生。

景区协会：构建景区购票“绿色通道”，倡导无障碍旅游；加强信息交流，逐步建立统一的旅游信息服务体系；建立景区门票、住宿、餐饮等优惠价格协作体系；启动联盟运作，定期召开会议，制定协会章程及相关文件。

乡村民宿旅游协会：由发展乡村旅游的村、镇、企业，各民宿、农家乐、渔家乐等组成，制定乡村旅游、民宿管理规范，整合乡村旅游资源，引导乡村旅游、民宿成片区发展、特色化发展，维护天门市乡村旅游、农家乐、民宿有序竞争，引导乡村旅游及民宿业态提档升级。

（3）全民参与

环境建设：参与到绿色工程建设，共同维护水系生态、文化环境。

投资运营：知识青年返乡计划，农民企业家工程，招商引资工程，推行 PPP、BOT、EPC、ABS 等投资运营模式。

管理服务：全民导游、全系统服务管理。

社区营造：旅游新社区、社区新公民建设。

（4）外引内联，培育市场主体和龙头企业

改善旅游企业经营环境，提高旅游企业市场化程度，促进旅游企业向集团化、品牌化、特色化方向发展，支持各种形式的旅游联合体和旅游联盟，着力培育一批跨地区、跨行业、跨所有制的旅游企业集团。积极引进大资本、高技术、高管理水平的旅游管理集团，发挥其管理、品牌、资本、技术、市场和人才优势，促进旅游企业优化整合和改造提升。鼓励优势旅游企业采取兼并重组、品牌连锁、特许经营等新形式，扩大企业规模，拓展经营网络。

参考文献

[1] 张明之，陈鑫．“全域文化＋全域旅游”：基于产业融合的旅游产业发展模式创新［J］．经济问题，2021（01）：112-118.

[2] 毛峰．乡村全域旅游：新时代乡村振兴的路与径［J］．农业经济，2019（01）：46-48.

[3] 尹奎．基于绿色旅游的乡村发展影响因素分析［J］．中国农业资源与区划，2019，40（06）：207-213.

[4] 周春芳，史文涛，袁风刚．新一轮中国农村土地制度改革的模式与成效［J］．湖北农业科学，2019，58（10）：164-166，190.

[5] 张璠．基于GIS分析的景德镇古窑区空间要素研究［D］．北京：北方工业大学，2019.

[6] 张红娟，杨振华．“田园综合体”模式对乡村旅游发展的借鉴与思考：以陕西袁家村为例［J］．杨凌职业技术学院学报，2019，18（01）：31-34.

[7] 曹诗图，范安铭，吴依玲．基于旅游视角的衰落乡村拯救与振兴问题探讨［J］．旅游论坛，2019，12（01）：69-77.

[8] 刘超瑜．长城文化视域下的京津冀旅游文创产品设计研究［D］．天津：天津工业大学，2019.

[9] 郑桂平．通辽市旅游产品开发策略研究［D］．沈阳：沈阳大学，2019.

[10] 董书羽．西柏坡红色旅游文创产品设计研究［D］．北京：北京印刷学院，2019.

[11] 杨冬琳．全域旅游背景下的乡村振兴发展研究［A］．中国城市规划学会，杭州市人民政府．共享与品质：2018中国城市规划年会论文集（18乡村规划）［C］．中国城市规划学会，杭州市人民政府，中国城市规划学会，2018：11.

[12] 肖汉平．新时代乡村振兴与金融结构优化研究［J］．开发性金融研究，2018（04）：11-18.

[13] 王磊．文化创意产品在旅游业中的作用［J］．科技风，2018（23）：149，171.

[14] 何静．河南省乡村旅游资源分类及评价［J］．中国农业资源与区划，2018，39（06）：210-216.

[15] 郑知廷．全域旅游视角下的乡镇“五位一体”发展机制研究：以杭州市淳安县威坪镇为例［D］．杭州：浙江工商大学，2018.

[16] 李惠强．探究全域旅游视角下的乡村旅游发展战略［J］．中国市场·营销研究方向，2018（05）：35-36.

[17] 范安铭．基于旅游视角的衰落乡村拯救与振兴问题探讨［D］．武汉：武汉科技大学，2018.

[18] 冯姝雅．基于旅游发展的特色小镇开发研究［D］．武汉：华中师范大学，2018.

[19] 付佳佳．基于旅游发展的田园综合体开发研究［D］．武汉：华中师范大学，2018.

[20] 武清菊．基于民俗文化的乡村民宿旅游开发研究：以凤娃古寨民宿旅游开发为例［D］．武汉：华中师范大学，2018.

[21] 金常全．KF市都市生态农业在全域旅游发展中的路径研究［D］．西宁：青海师范大学，2018.

[22] 张海敏，黄定官．体验经济下的旅游产品设计开发模式研究［J］．赤峰学院学报（自然科学版），2018，34（02）：76-78.

[23] 刘楝子．乡村振兴战略的全域旅游：一个分析框架［J］．改革，2017（12）：80-92.
[24] 刘烨娜．全域旅游视角下赤壁市旅游产业升级研究［D］．武汉：武汉轻工大学，2017.
[25] 陈思成．山地村庄度假旅游规划策略研究［D］．北京：北京建筑大学，2017.
[26] 高欣．湖北省A级景区空间结构的区域分异研究［D］．武汉：华中师范大学，2017.
[27] 李金早．从景点旅游模式走向全域旅游模式［J］．紫光阁，2016（03）：42.
[28] 张辉，岳燕祥．全域旅游的理性思考［J］．旅游学刊，2016，31（09）：15-17.
[29] 张博野．武汉城市圈空间结构演化与空间整合研究［D］．武汉：华中师范大学，2015.
[30] 高静茹．青岛市旅游产业集群竞争力评价与提升［D］．青岛：中国海洋大学，2015.
[31] 沈惊宏，余兆旺，沈宏婷．区域旅游空间结构演化模式研究：以安徽省为例［J］．经济地理，2015，35（01）：180-186.
[32] 赵建彤．当代北京旅游空间研究［D］．北京：清华大学，2014.
[33] 厉新建，张凌云，崔莉．全域旅游：建设世界一流旅游目的地的理念创新：以北京为例［J］．人文地理，2013，28（03）：130-134.
[34] 曹圣鑫．潜江市文化旅游产业集聚发展研究［D］．南宁：广西大学，2013.
[35] 蒋铭萍．基于聚集分形的江苏省旅游景区（点）空间结构演化研究［D］．南京：南京师范大学，2013.
[36] 刘博．丘陵地区中小城市空间结构优化研究［D］．重庆：重庆大学，2012.
[37] 刘璇．辽宁中部城市群旅游空间结构优化研究［D］．沈阳：沈阳工业大学，2010.
[38] 郭文．无景点旅游：一种新型旅游方式的兴起及影响研究［J］．旅游论坛，2010，3（05）：566-571.
[39] 蔡碧凡，俞益武．乡村旅游产品的设计思路及应用［J］．资源开发与市场，2009，25（03）：269-271.
[40] 王兆峰．基于产业集群的旅游产业结构升级优化研究［D］．长沙：中南大学，2009.
[41] 石龙．乡村旅游就业研究［D］．上海：华东师范大学，2008.
[42] 潘顺安．中国乡村旅游驱动机制与开发模式研究［D］．长春：东北师范大学，2007.
[43] 李娜．旅游产业集群模式与发展研究：以陕西省旅游产业集群发展为例［D］．西安：陕西师范大学，2007.
[44] 汤芳．自然资源的价值与有偿使用研究［J］．经济论坛，2004（20）：20-21.
[45] 卞显红．城市旅游空间成长及其空间结构演变机制分析［J］．桂林旅游高等专科学校学报，2002（03）：30-35.
[46] 朱孔山．论旅游产品设计与开发的原则［J］．商业研究，2002（14）：116-118.
[47] 赵海燕，赵宝刚，胡玉红．论自然资源的价值与价格［J］．黑龙江八一农垦大学学报，2002（02）：126-128.